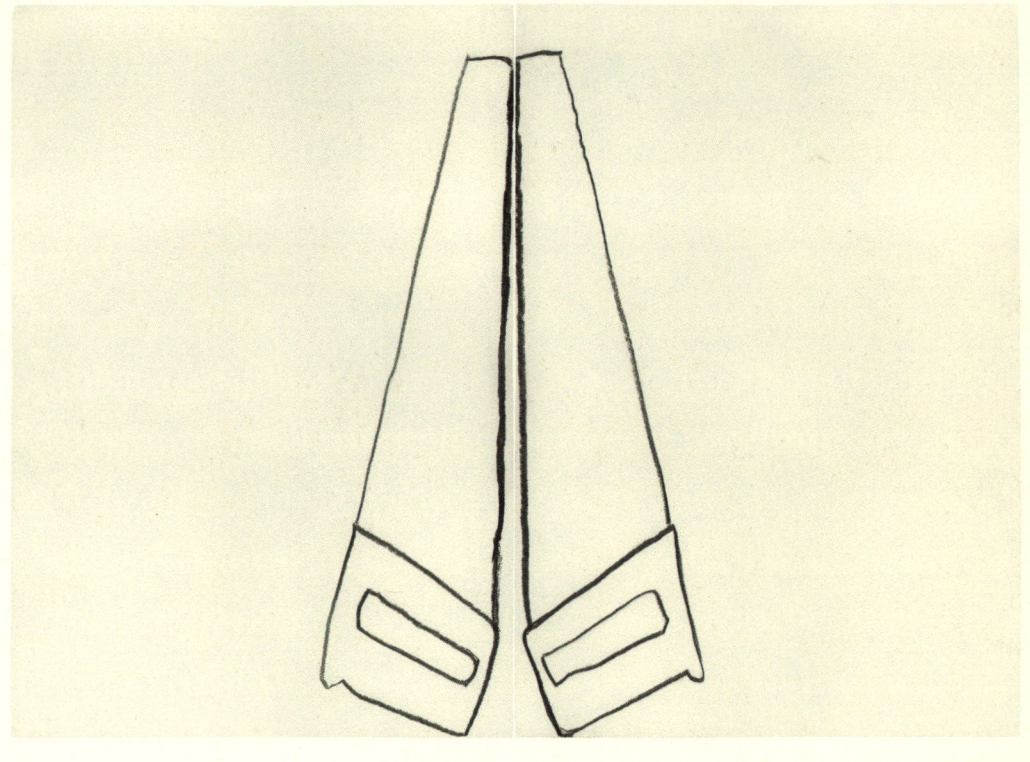

CB034510

9788560168422

Há mais de 30 anos Eloar Guazzelli vem desenhando uma cidade que existe entre sua imaginação e folhas de A4 – emendadas, elas já passam de 30 metros. É em torno de uma amostra dessa "Cidade nanquim" que a *serrote* explora a complexidade de cidades bem reais em tempos turbulentos. ◖Centro do poder, Brasília é o ponto de vista de Ilana Feldman para um retrato inquietante da vida sitiada, até nos sonhos, pela extrema direita e pela pandemia que já matou mais de 500 mil brasileiros. ◖Bruno Paes Manso vai à Zona Oeste do Rio de Janeiro para entender, na organização do crime local, a inspiração miliciana de uma nada fantasiosa República Federativa de Rio das Pedras. ◖No início do século 20, a então capital federal produziu coisa bem melhor, uma sofisticada cultura popular que, sublinha Rafael Cardoso, é inseparável do legado elitista do modernismo. ◖Foi ainda em terras cariocas que desembarcou parte significativa dos 4,8 milhões de escravizados sequestrados pelo tráfico transatlântico. A longa e brutal vigência do comércio humano está, para Ynaê Lopes dos Santos, na raiz de nosso racismo, e é nos laços de resistência a essa barbárie que se abrem novas possibilidades de liberdade. ◖É, finalmente, na cidade, em qualquer cidade, que segundo Otavio Leonidio está a possibilidade de se enfrentar, para valer, o controle e os abusos do Estado. ◖O EDITOR

RACISMO
4 Ynaê Lopes dos Santos / Arjan Martins

Um pouco de navio negreiro

IDENTIDADE
22 Stephanie Borges / Sheyla Ayo

As raízes e a cabeça

ALFABETO *SERROTE*
32 Evandro Cruz Silva

G de genocídio

POLÍTICA
38 Bruno Paes Manso / Camila Soato

República Federativa de Rio das Pedras

ENSAIO PESSOAL
50 Ilana Feldman

Não ver

ENSAIO VISUAL
80 Eloar Guazzelli

Cidade nanquim

URBANISMO
114 Otavio Leonidio / Ricardo Basbaum

Reivindicar a cidade sem forma

CULTURA
132 Rafael Cardoso

Modernidades ambíguas, modernismos alternativos

DECOLONIZAÇÃO
160 Coco Fusco

Desmembrando o império

LITERATURA
178 Otto Friedrich / Maira Kalman

O túmulo de Alice B. Toklas

Um pouco de navio negreiro

Ynaê Lopes dos Santos

Maioria entre os mortos na pandemia, a população negra brasileira encontra no tráfico de escravizados as raízes da exclusão, e nos laços históricos de resistência a essa barbárie, uma outra visão de liberdade

Arjan Martins
Sem título (detalhe), 2020
Cortesia do artista e da galeria
A Gentil Carioca

MERITOCRACIA. Assim mesmo, em caixa alta, deve ser uma das palavras mais caras aos neoliberais de modo geral, e aos brasileiros em particular. Uma palavra composta pelo latim *"mereo"* (ser digno) e o sufixo grego *"krátos"*, ou *"cracia"* (força, poder). O bom e velho *Houaiss* define meritocracia como "a predominância dos que têm mérito", ou "método que consiste na atribuição de recompensa aos que possuem mérito". Dito de outra forma, meritocracia é o poder do mérito.

I. Michael Young, *The Rise of the Meritocracy, 1870-2033: An Essay on Education and Equality*. Londres: Penguin, 1958.

O que pouca gente sabe é que se trata de um neologismo relativamente recente, criado em 1958 pelo sociólogo inglês Michael Young em *The Rise of the Meritocracy*.[1] Numa abordagem futurista, o autor imagina uma Inglaterra em que as pessoas seriam classificadas de acordo com seu mérito – perspectiva que parece absolutamente coerente para os liberais de hoje, mas que para Michael Young, um intelectual de esquerda, implicava uma série de contradições, já que o sistema estava pautado em desigualdades estruturais. O que parecia ser justo se torna uma locomotiva de desigualdades. A meritocracia nasceu morta. E essa é a grande crítica de seu criador.

As palavras também são, no entanto, o que fazemos delas. Nas últimas décadas, os liberais parecem ter se esquecido da inviabilidade genética do termo para explorá-lo ao máximo, usando-o como uma espécie de justificativa moral que lubrifica as engrenagens de um sistema que, ao creditar dignidade a alguns poucos, transforma a desigualdade num fosso intransponível.

Um dos grandes charmes e atrativos da meritocracia é a luz que ela joga sobre ações e experiências individuais. Homens e mulheres que, por meio de esforços próprios, escrevem seus nomes em calçadas da fama, trilhando caminhos de sucesso que se materializam de diferentes formas: casas próprias, viagens internacionais, carros caríssimos. E o mais empolgante: para a meritocracia funcionar, bastaria a gente querer e se esforçar. Toda a potência está no indivíduo e na sua capacidade de empreender a si próprio. O "x" da questão é: de que indivíduo estamos falando?

A meritocracia pode ser facilmente adaptada a vicissitudes e realidades distintas. No Brasil, ela caminha de mãos dadas com o racismo. Ou, melhor posto, a meritocracia é o verniz que deixa lustrosa a nossa cara de pau, a ponto de não enxergarmos (ou não querermos enxergar) as desigualdades que nos constituem, mesmo quando elas têm cores bem definidas. E, quando tem cor, a desigualdade em geral se expressa por meio de uma territorialização específica, o que nos leva ao cerne deste ensaio: o Brasil não é apenas uma sociedade estruturalmente racista, o Brasil é uma sociedade SEGREGADA (novamente as maiúsculas se fazem necessárias).

Essa constatação pode soar extremada, até mesmo dentre os setores mais progressistas. Afinal de contas, uma das marcas do Brasil é a mestiçagem. A outra, sua pretensa passividade.

Sem título, 2020
foto: Wilton Montenegro

"Evidentemente, o Brasil é um país racista", diriam muitos. "Mas não podemos importar padrões de fora (leia-se, dos Estados Unidos) para compreender nossa dinâmica racial", concluiriam.

Todos sabemos que o Brasil nunca teve leis segregacionistas aos moldes dos Estados Unidos. Nada próximo às leis Jim Crow foi desenhado em terras brasileiras. Essa simples constatação parece ser o suficiente para respirarmos aliviados, porque implica uma certeza pueril de que por aqui as coisas não são tão ruins assim. Curiosamente, já fui questionada diversas vezes sobre qual tipo de racismo eu considerava pior: o do Brasil ou o dos Estados Unidos? Não tenho como determinar se essa pergunta foi feita porque sou uma mulher negra, porque sou uma professora que trabalha com as relações raciais nas Américas ou, ainda, porque sou as duas coisas ao mesmo tempo. Minha resposta é sempre a mesma: "Sou uma mulher negra brasileira, que vive o racismo no Brasil".

Assim tento pontuar duas questões que me parecem essenciais. A primeira é que o racismo não é uma realidade fechada. O racismo tem histórias – no plural –, e suas trajetórias estão ligadas a locais e épocas específicos. A segunda questão é que não há como escalonar o racismo. É impossível criar uma espécie de pódio e designar qual dos tipos de racismo é mais deletério, mais violento, mais destrutivo – não estamos numa corrida de 100 metros rasos. É evidente que, sobretudo para fins de análise histórica e sociológica, podemos e devemos comparar as dinâmicas do racismo, examinando semelhanças, ponderando sobre diferenças. Todavia, fazer essa comparação na busca do "pior racismo possível" é um desserviço que, no caso brasileiro, contribui para continuar encobrindo nossa dificuldade quase patológica em assumir que, sim, somos um país racista. E, como afirmei com letras garrafais, também experimentamos o racismo por meio da segregação.

Não precisamos ir muito longe para constatar essa dificuldade em enxergar nossa essência racista e segregada. O assassinato de George Floyd, em Minnesota, no dia 25 de maio de 2020 – em plena pandemia de covid-19 –, incendiou o #BlackLivesMatter, movimento que tem ganhado espaço no debate público e político dos Estados Unidos, reunindo um número cada vez maior de cidadãos. Suas ações começaram em 2013 com o uso sistemático das redes sociais para denunciar as diferentes formas de opressão, violência e desigualdade geradas pelo racismo. As mortes de Trayvon Martin, em 2013, e de Michael Brown, no ano seguinte, bem como os protestos em Ferguson e Baltimore, se tornaram marcos na defesa de que vidas negras importam. O BLM chegou ao Brasil em 2016, ecoando diferentes lutas antirracistas já existentes.

Para as grandes massas e os veículos de comunicação brasileiros, as vidas negras pareceram realmente importar somente após a repercussão da morte de George Floyd. Mas que fique claro: as vidas negras que importavam eram as dos Estados Unidos. O tom da cobertura jornalística da tragédia em Minneapolis trazia uma indignação quase infantil. Uma espécie de inocência alucinada de um país que mata negros a torto e a direito, de forma absolutamente naturalizada. Como se, por aqui, fosse impensável haver situações como a que matou Floyd. Aldir Blanc e Maurício Tapajós já haviam dito: "O Brazil não conhece o Brasil/ O Brasil nunca foi ao Brazil".

A mesma pandemia que desnudou a violência do racismo nos Estados Unidos deu a exata medida do tamanho do racismo à brasileira. É significativo que, no Brasil, uma das primeiras vítimas do novo coronavírus tenha sido uma mulher negra, empregada doméstica, obrigada a trabalhar na casa de seus patrões quando estes estavam infectados e lançada à própria sorte quando apresentou os primeiros sintomas da doença. Essa poderia ser apenas uma história triste, ou uma tragédia pontual, não fosse a constatação de que boa parte dos mais de 500 mil mortos pela pandemia no Brasil são homens e mulheres negros.

"Mas a pandemia é uma situação excepcional", diriam alguns. De fato. Todavia, o que a pandemia fez foi embaçar aquele brilho vistoso, resultado da combinação entre meritocracia e racismo, revelando nossas contradições e também a profunda crise em que estamos metidos. Como lembra a grande historiadora Emília Viotti da Costa, "crises são momentos de verdade".[2] Infelizmente, a nossa verdade está na morte do menino Miguel, no Recife; nas ações mal planejadas e ilegais da polícia que resultaram na morte de pelo menos 12 crianças em comunidades e favelas do Rio de Janeiro só em 2020; na morte por sufocamento de João Alberto Freitas pelos seguranças do supermercado Carrefour no Rio Grande do Sul; na ineficiência da polícia e na pouca cobertura da mídia no caso do desaparecimento de três meninos em Belford Roxo; na ação genocida do estado do Rio de Janeiro, que resultou num banho de sangue na favela do Jacarezinho – a mais letal ação policial da história, que deixou ao menos 28 mortos.

Percebam que, num único parágrafo, a palavra "morte" foi usada quatro vezes. Todas elas para falar do destino violento e cruel imputado a pessoas negras – muitas delas crianças e adolescentes. A verdade, portanto, é esta: o Brasil mata negros. Inclusive – e talvez, sobretudo – a juventude negra.

No entanto, essa é apenas a ponta do *iceberg*. Para além de todos esses assassinatos, temos também o racismo do dia a dia. Aquele racismo maroto, que "parece, mas não é". Escorregadio e viscoso. O racismo que deixou milhares de crianças negras órfãs. Ou, ainda, o racismo que, em plena pandemia, obriga milhares

2. Emília Viotti Costa, *Coroas de glória, lágrimas de sangue – Rebelião dos escravos de Demerara em 1823*. São Paulo: Companhia das Letras, 1998, pp. 13-14.

Ao lado e na p. 8:
Sem título (detalhe), 2018
Cortesia do artista e da galeria
A Gentil Carioca

de homens e mulheres a se apinharem em ônibus e trens para chegar ao trabalho, sem que haja fornecimento de máscaras, zelo com o distanciamento social e até mesmo segurança básica no transporte. Transporte público funcionando muito acima de sua capacidade máxima, expondo motoristas e trabalhadores, boa parte deles negros, a um "covidário em movimento".

Combinando Jorge Benjor e Marcelo Yuka, no "país tropical, abençoado (??) por Deus e bonito por natureza", não é apenas "todo camburão" que "tem um pouco de navio negreiro". O país inteiro é um tumbeiro.

Corta!

Oceano Atlântico, ano de 1845. Mahommah Gardo Baquaqua foi capturado em Djougou, no atual Benin. Assim como ocorreu com milhares de homens antes dele, sua prisão estava diretamente relacionada ao processo de escravização e venda de escravizados para as Américas. Com Baquaqua não foi diferente: saiu da África Ocidental para o Brasil. Mas, diferentemente da imensa maioria dos mais de 12 milhões de africanos que aportaram em terras americanas subjugados pela escravidão, Baquaqua pôde contar sua história em primeira pessoa, a partir de sua experiência. Suas memórias – publicadas pela primeira vez em 1854 – trouxeram informações importantes para a compreensão da violência que balizou a escravidão, notadamente sobre a experiência no navio negreiro:

> Os seus horrores, ah! Quem poderá descrever? Ninguém poderá representar tão verdadeiramente os seus horrores como o pobre infeliz, miserável desgraçado que foi confinado dentro dos seus portais. Ó amigos da humanidade, tenham piedade do pobre africano, que foi ludibriado e vendido do convívio dos seus amigos e do seu lar, e enviado para o porão de um navio negreiro, para esperar por mais horrores e misérias em uma terra distante, no meio dos religiosos e benevolentes. Sim, exatamente no meio deles; mas rumo ao navio! Fomos lançados no porão do navio em estado de nudez, os homens espremidos de um lado e as mulheres do outro; o porão era tão baixo que não conseguíamos ficar de pé, mas éramos obrigados a nos agachar sobre o piso ou a nos sentarmos; dia e noite eram a mesma coisa para nós, o sono nos era negado pela posição de confinamento dos nossos corpos, ficamos desesperados com o sofrimento e a fadiga. [...] A única comida que tínhamos durante a viagem era milho cozido mergulhado em água. Não consigo dizer quanto tempo ficamos confinados daquela maneira, mas

Ao lado e na p. 15:
Sem título (detalhe), 2017
Cortesia do artista e da galeria
A Gentil Carioca

3. Samuel Moore, *Biografia de Mahommah Gardo Baquaqua (1854)*. Chapel Hill: University of North Carolina, 2001, pp. 68-69.

4. Olaudah Equiano, "The Interesting Narrative of Life of Olaudah Equiano, or Gustavus Vassa, the African. Writing by Himself (1789)" *in Slaves Narratives*. Nova York: The Library of America, 2000.

5. Banco de dados sobre a história do tráfico de africanos escravizados, que pode ser acessado no site: www.slavevoyages.org.

6. Luiz Felipe de Alencastro, *O trato dos viventes: formação do Brasil no Atlântico Sul*. São Paulo: Companhia das Letras, 2000; Manolo Florentino, *Em costas negras: uma história do tráfico de escravos entre a África e o Rio de Janeiro (séculos XVIII e XIX)*. São Paulo: Editora Unesp, 2015; Jaime Rodrigues, *De costa a costa*. São Paulo: Companhia das Letras, 2005.

pareceu um período muito longo. Nós sofremos muitíssimo com a falta d'água, mas nos era negado tudo o que precisávamos. Meio litro por dia era tudo o que era permitido, e nada mais; e um grande número de escravos morreu na travessia.[3]

É preciso ler e reler o testemunho de Baquaqua. A descrição dos horrores vividos, da pouca comida, da falta de água, do morticínio dentro dos navios negreiros confere humanidade a uma tragédia que chega até nós apenas por meio de números. Foram mais de 12 milhões de africanos escravizados transportados da África para a América em navios negreiros ao longo de 300 anos. Uma história criminosa que fundou o mundo que conhecemos hoje. A sociedade moderna nasceu do tráfico transatlântico, e atualmente esse infame comércio é reconhecido como a maior tragédia da humanidade. E o que sabemos de fato sobre ela? O que conhecemos realmente sobre o tráfico transatlântico? Pouco ou quase nada. E não por mero acaso. Por isso, testemunhos como o de Baquaqua (1854) ou de Olaudah Equiano (1789)[4] são verdadeiros tesouros.

A história brasileira está intimamente ligada ao tráfico transatlântico. O Brasil foi o território americano que mais recebeu africanos escravizados em toda a história – de acordo com os dados do Slave Voyages,[5] aproximadamente 4,8 milhões de homens e mulheres desembarcaram nos portos brasileiros –, e muitas das fortunas do país foram criadas a partir desse comércio de gente. Trabalhos fundamentais como os de Luiz Felipe de Alencastro, Manolo Florentino e Jaime Rodrigues demonstram a presença constante de brasileiros nesse comércio.[6] Não só no período colonial, mas também a partir de 1822, quando o Brasil já era um Estado soberano. Homens que compravam africanos escravizados na costa da África, homens que eram proprietários ou sócios de navios negreiros, homens que revendiam esses africanos (já escravizados) em terras brasileiras. Um comércio de altíssimo risco, mas proporcionalmente lucrativo.

Além de facilitar a acumulação de fortunas, o tráfico transatlântico criou no Brasil uma espécie de cadência, de ritmo acelerado na compra de pessoas, permitindo que, por aqui, o/a escravizado/a fosse um bem facilmente adquirido. Linhas de crédito possibilitaram que até mesmo pessoas pobres adquirissem escravizados, comprados a prazo, com o dinheiro vindo do trabalho do próprio escravizado. Uma dinâmica que transformou essas pessoas no bem mais acessível no Brasil, fazendo com

Placidez e perplexidade, 2020
Cortesia do artista e da galeria
A Gentil Carioca

que a escravidão estivesse nas fímbrias da sociedade brasileira até 13 de maio de 1888. Ou, quem sabe, até um pouco mais tarde.

Essa profunda capilaridade da escravidão brasileira só foi possível porque os horrores descritos por Baquaqua não se limitaram ao navio negreiro. Violência era a palavra de ordem na organização da vida do escravizado, na substituição de seu nome em um batismo forçado, na separação de seus familiares, no estupro, na exploração máxima do seu trabalho, nos castigos físicos imputados. Uma organização que, como é de imaginar, tinha cores definidas. O alto índice de miscigenação brasileira não mudou a estrutura racial da escravidão no Brasil. O escravizado era sempre negro. E o proprietário, na maior parte dos casos, branco.

Ainda que durante a vigência da escravidão não tenhamos tido um Código Negro, as instituições criadas para controlar os escravizados e garantir a ordem de uma sociedade escravista fizeram da cor da pele um importante mecanismo de controle. No Rio de Janeiro, por exemplo, a polícia foi criada em meio às transformações acarretadas pela transferência da Corte, em 1808. Na maior cidade escravista do mundo, que refletia a aposta do Brasil no comércio de pessoas negras, a Intendência Geral da Polícia da Corte fazia as vezes de feitor, controlando os escravizados nos espaços públicos da cidade. Quem pesquisou a história do Rio de Janeiro no século 19 já se deparou com inúmeras situações – documentadas pela própria polícia – em que homens ou mulheres livres e libertos foram tomados por escravizados por serem negros.

Uma realidade que se estendeu de diferentes formas por todo o território brasileiro e que sustentou a instituição escravista. Atualmente, diferentes e importantes correntes historiográficas concordam que a classe política brasileira firmou um pacto para a manutenção da escravidão. Um pacto que adiou ao máximo a extinção do tráfico transatlântico – promulgada pela primeira vez em 1831 – e permitiu sua retomada, na ilegalidade, entre 1835 e 1850. Nesses 15 anos, aproximadamente 800 mil africanos desembarcaram ilegalmente no país. E, como bem analisado por Beatriz Mamigonian, apenas 11 mil conseguiram comprovar sua entrada ilegal, sendo classificados como "africanos livres" – condição que, como a autora demonstrou, não significou a liberdade para esses homens e mulheres.[7] O Brasil apostou na escravidão. E a escravidão conhecida até então só era possível graças ao infame comércio. Nada mais natural do que manter a combinação que vinha dando certo havia décadas.

7. Beatriz Mamigonian, *Africanos livres: a abolição do tráfico de escravos no Brasil*. São Paulo: Companhia das Letras, 2017.

E, como tragédia pouca é bobagem, a história não parou por aí. Além de manter a instituição escravista e o tráfico num momento em que ambos eram internacionalmente combatidos, as ações da elite brasileira da época estavam em grande medida alicerçadas nos ditames do racismo científico. Essa pseudociência forjou a ideologia dominante do mundo Ocidental oitocentista e propagou a falácia de que a humanidade não só estava dividida em raças como essas raças eram hierarquicamente organizadas. Brancos ocupavam o topo da escala evolutiva, negros estavam no lugar mais primitivo e selvagem da humanidade.

A partir da década de 1860, o racismo científico foi utilizado tanto pelos intelectuais (quase todos homens brancos) que defendiam a manutenção da escravidão quanto por aqueles que defendiam sua abolição. Se a instituição escravista estava em xeque, a compreensão da população negra como inferior era uma máxima amplamente divulgada. E isso não se restringiu ao Brasil. Em grande medida, o racismo científico esteve por trás das leis de segregação racial nos Estados Unidos, elaboradas após a Guerra de Secessão. Aqui, essa mesma ideologia pautou as ações de boa parte da classe dominante nos anos finais do Império e da experiência republicana em suas primeiras quatro décadas – numa abordagem bem conservadora de minha parte.

O período conhecido como Primeira República, ou República Velha (1889-1930), foi marcado por uma série de políticas públicas que visavam à extinção da população negra. Se, por um lado, não ganharam o *status* de leis segregacionistas, essas políticas permitiram a naturalização da segregação racial no Brasil por meio de medidas que buscavam abertamente a exclusão da população negra dos ideários e signos da modernidade – já que a população negra não parecia prestar nem como trabalhadora. Basta lembrar que o mesmo Estado que promoveu a imigração de milhares de europeus, sob o argumento de recrutar mão de obra qualificada (ainda que a imensa maioria desses homens fossem camponeses pobres), desenhou e executou uma política aberta de embranquecimento da população brasileira – que não por acaso contava com a participação ativa desses imigrantes.

Este ensaio não tem a pretensão de revisitar a história do Brasil República, ainda que essa tarefa hercúlea seja necessária. Mas trago aqui um lembrete, feito há muito por intelectuais negros como Abdias do Nascimento, Clóvis Moura, Guerreiro Ramos, Lélia Gonzalez e Beatriz Nascimento: é fundamental que a perspectiva racial esteja em toda e qualquer interpretação da sociedade brasileira.[8]

8. Sobre a produção de intelectuais negros que trouxeram o debate racial para o cerne da compreensão do Brasil, ver: Abdias Nascimento, *O genocídio do negro brasileiro: processo de um racismo mascarado*. São Paulo: Perspectiva, 2016; Guerreiro Ramos, *Introdução crítica à sociologia brasileira*. Rio de Janeiro: Editora UFRJ, 1997; Clóvis Moura, *Sociologia do negro brasileiro*. São Paulo: Perspectiva, 2019; Lélia Gonzalez, *Por um feminismo afro-latino-americano*. Org. de Flavia Rios e Marcia Lima. Rio de Janeiro: Jorge Zahar, 2020; Alex Ratts, *Eu sou atlântica: sobre a trajetória de vida de Beatriz Nascimento*. São Paulo: Instituto Kuanza/Imprensa Oficial, 2006.

E mais: é preciso lembrar que o racismo foi uma tomada de decisão reiterada em diferentes momentos da história deste país.

A grande perversidade de nossa história, e da forma como ela é contada, é que a herança da escravidão brasileira nos é esfregada na cara todos os dias. Só não vê quem não quer. E quem imagina ser possível lutar por uma sociedade mais justa e igualitária sem enfrentar os nossos "navios negreiros" estará fadado, mesmo que de forma inconsciente, a uma percepção sempre excludente e racista do país.

O Brasil é um país segregado. O Brasil é um país racista. O Brasil é um país genocida. Tudo isso porque o Brasil ainda carrega em si muito de um navio negreiro. Dessa feita, a melhor forma de mudar essa realidade é, em primeiro lugar, reconhecê-la. Mas também é necessário agir. E nada melhor do que aprender com quem faz isso há muito, muito tempo.

Para além da violência que sustenta nossa segregação "velada", é preciso lembrar que homens e mulheres transportados nos navios negreiros eram pessoas, sujeitos históricos com visões de mundo múltiplas, que sempre lutaram por outros sentidos de liberdade. Na própria travessia atlântica, em meio aos horrores descritos por Baquaqua, aquelas pessoas estavam redesenhando sua humanidade, tecendo-a sob novas condições. Os africanos escravizados passaram a chamar seus companheiros de viagem de *malungos*, uma palavra de origem quicongo para designar companheiro, amigo. Uma nova condição, imposta pelo tráfico, que forjou outras sociabilidades, outros sentidos de amizade e família, e que informaram a vida desses homens e mulheres nas Américas.

No próprio navio negreiro já existiam outras possibilidades de ser e estar no mundo. Outras visões de liberdade.

É preciso, pois, conhecer essas histórias. Elas também são o Brasil.

A historiadora **Ynaê Lopes dos Santos** (1982) é especialista em história da escravidão nas Américas. Professora da Universidade Federal Fluminense, é autora de *Além da senzala: arranjos escravos de moradia no Rio de Janeiro (1808-1850)* (Hucitec, 2010), *História da África e do Brasil afrodescendente* (Pallas, 2017) e *Juliano Moreira: o médico negro na fundação da psiquiatria brasileira* (Eduff, 2020). Em 2021, lançará o livro *Uma breve história do racismo no Brasil*, pela Todavia.

Em suas pinturas, o carioca **Arjan Martins** (1960) reflete sobre a diáspora negra nos territórios afro-atlânticos, retratando o corpo negro e imagens simbólicas da violência colonial, como caravelas, instrumentos de navegação e mapas das rotas do tráfico de escravizados.

Ao lado e na p. 18:
Sem título (detalhe), 2020
foto: Wilton Montenegro

As raízes e a cabeça

Stephanie Borges

Os cabelos foram o ponto de partida de um percurso de descolonização que passa pela tradução e chega à poesia

Em algum momento da minha vida, meus cabelos se tornaram um problema. Não sou capaz de situar exatamente quando, embora dois elementos marquem a minha memória – a dor, quando eu ainda não era capaz de cuidar do meu cabelo, e a forma como as pessoas se referiam à minha aparência. "Os cabelos são a moldura do rosto", repetia minha avó, que em algum momento passou a insistir que deveríamos procurar um cabeleireiro e "fazer alguma coisa". Meus cabelos foram o primeiro traço do meu corpo a me colocar diante de questões de identidade e de gênero. Eles revelavam que, mesmo com a pele clara, a negritude se anuncia de forma inegável.

Nascida numa família inter-racial, durante muitos anos convivi com a sensação de "não ser uma coisa nem outra". Mas nunca me entendi como branca. Meus traços e o tom da minha pele depois de exposta ao sol sempre marcaram a diferença. Eu não era escura como as pessoas negras da família, mas também não era como os meus parentes brancos. Meus cabelos

Sheyla Ayo
Sem título, da série *Vazante*, 2018

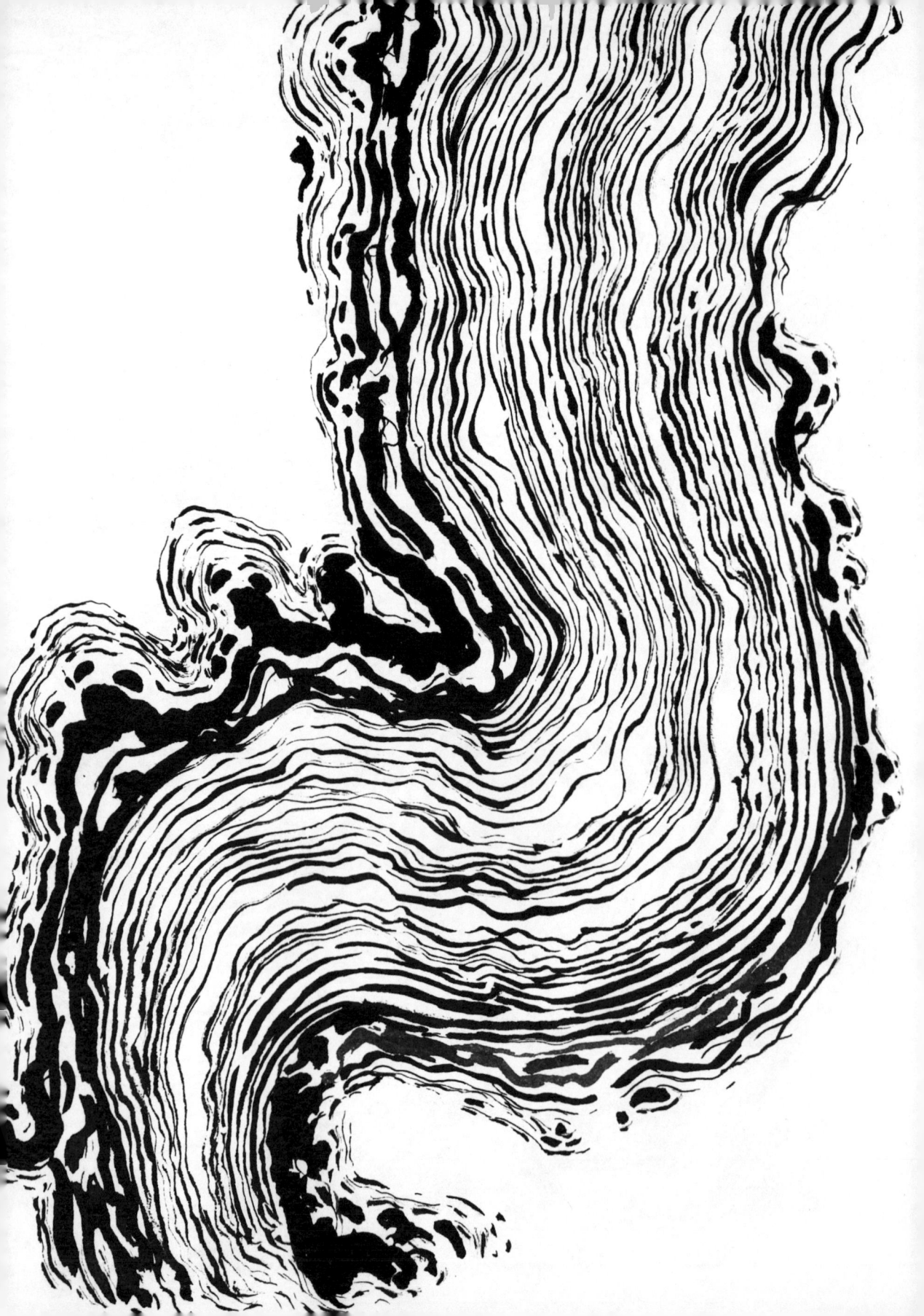

cacheados, volumosos, macios, com uma textura levemente crespa, não se alinham aos padrões de beleza. Há neles algo de instável, imprevisível, que não se adequa às imagens e ideias de uma feminilidade convencional.

Houve um tempo em que "cuidado" significava recorrer às técnicas para alisar, relaxar, alongar. Desembaraçar os cabelos usando pentes que não foram feitos pensando nos meus fios. Aplicar produtos químicos que alteravam sua estrutura, suavizando os cachos mas provocando queimaduras no couro cabeludo. O que me faltava não era apenas o conhecimento sobre corte, hidratações e tratamentos, mas a percepção de que perseguir uma estética criada para corpos com características tão diferentes do meu próprio corpo era uma forma de apagamento, de não reconhecer características que me constituem.

Relaxar os cabelos na adolescência era estabelecer uma nova relação com o tempo. A rotina de frequentar o salão a cada três meses, a preocupação com o dinheiro para "fazer o cabelo". A ansiedade quando a diferença de textura e volume dos fios se tornava aparente entre as raízes que cresciam e os fios alterados quimicamente. Prender o cabelo era uma tentativa inútil de esconder os traços hereditários, que ressurgiam, inevitáveis. De tempos em tempos, o acúmulo de produtos químicos danificava os fios de forma irrecuperável. Era preciso cortar boa parte do comprimento dos cabelos, eliminar pontas quebradiças e ressecadas que perdiam o aspecto saudável, o brilho e a capacidade de formar cachos.

Mas o processo de consciência do racismo internalizado, de negociação quanto às minhas origens mestiças, não se deu quando decidi parar de alisar os cabelos. A escolha veio pelo cansaço, puro e simples, pela sensação de que muito tempo e energia eram gastos na tentativa de domesticar parte do meu corpo, de torná-lo mais aceitável, mais próximo de imagens associadas a beleza, competência, respeitabilidade. Nada disso me protegeu de ser considerada exótica, de ter meus cabelos tocados por estranhos sem minha autorização. Se por um lado havia meu esforço inconsciente de suavizar as características em comum com pessoas tornadas mercadoria, desumanizadas e associadas à preguiça, ao perigo e à sensualidade, por outro eu não tinha o menor controle sobre como meu corpo era lido por uma vasta maioria de pessoas brancas.

Em 2008, pouco antes de me formar em jornalismo, passei pelo processo hoje conhecido como transição capilar. Uma série de cortes para tirar boa parte do cabelo alisado, deixá-lo crescer e conhecer aos poucos a textura dos fios, aprender a cuidar deles, até retirar todo o efeito da química. Entre elogios e críticas, era comum que as pessoas comentassem a coragem da minha decisão. Isso me intrigava, afinal, era uma questão estética. Compreendi então que, para muita gente, meus cabelos eram uma afirmação da minha negritude, uma escolha de não mais me alinhar aos padrões do embranquecimento. Mas, na época, eu ainda não tinha me dado conta dos aspectos políticos e da importância disso. Só queria descobrir uma forma de me sentir bonita sem precisar recorrer a rituais agressivos e intermináveis para me parecer com algo que eu nunca seria: uma mulher branca.

Dez anos depois do primeiro corte que devolveu aos meus cabelos sua textura original, eu tinha passado por uma série de mudanças. Cabelos longos, *black power*, luzes, descoloridos em um tom de castanho mais claro. Passei por agências de comunicação, editoras, me tornei tradutora e poeta. O trabalho no mercado editorial me fez perceber que minha formação literária havia se dado por meio da leitura de escritores brancos, especialmente europeus, e então me comprometi a ler mais autoras e teoria feminista. Persistia, entretanto, o incômodo de observar que as experiências de escritoras e teóricas ainda não dialogavam com as minhas. Assim, fui me aproximando do feminismo negro, comecei a ler Conceição Evaristo, Ana Maria Gonçalves, Miriam Alves, e a me aproximar da produção intelectual de autoras que eu viria a traduzir, como Audre Lorde, bell hooks e Alice Walker.

Essa busca está intimamente ligada a duas questões: minha inquietação com o debate público sobre representatividade – que me parecia superficial e insuficiente – e o desejo de escrever. Cresci sem conhecer histórias de pessoas negras que se parecessem comigo ou com a minha família. A experiência da mestiçagem estava relacionada a frequentar cada vez mais espaços brancos, como a universidade pública (antes de a política de cotas apresentar resultados significativos), ambientes de trabalho voltados para comunicação corporativa e o mercado editorial. No debate público, a maior presença de pessoas negras em diferentes campos do saber não significa que as diferentes experiências de ser negro sejam contempladas, especialmente num país desigual como o Brasil. Ainda mais quando essa presença está condicionada à cumplicidade com uma lógica desumanizante pela qual se espera que nos adequemos aos estereótipos racistas – ou que nossa presença sirva para negar o racismo estrutural no último país a abolir a escravidão de africanos sequestrados e seus descendentes. É relativamente comum que um convite para debater poesia e tradução leve à discussão de temas como racismo e silenciamento. É possível perceber a expectativa de que eu conte uma história de superação, explique como é ser uma poeta que estreou ao ganhar um prêmio literário de abrangência nacional com um livro-poema, dividido em dez partes, sobre cabelo.

Toni Morrison dizia que, se você quer ler um livro que ainda não existe, deve escrevê-lo. Meu percurso para me tornar poeta passa pela compreensão de como Morrison fez isso em seu projeto literário, criando personagens contraditórias, usando narrativas não lineares, articulando experiências de perda e aprendizado, apresentando relações afetivas, marcadas pelo machismo, que deixam mulheres frustradas e homens infelizes. Suas histórias não se restringem ao sofrimento, trazem as tentativas de criar novas formas de viver fora das lógicas racistas. Muito antes de Patricia Hill Collins desenvolver o conceito de imagens de controle em *Pensamento feminista negro*, Morrison apontava que um dos caminhos para escapar dessas imagens era explorar a subjetividade das mulheres negras com riqueza de detalhes e complexidade, como podemos observar em *O olho mais azul* (1970), *Sula* (1973) e *Amada* (1987).

"A ideologia dominante na era da escravidão", escreve Hill Collins, "estimulou a criação de várias imagens de controle inter-relacionadas e socialmente construídas para manter a subordinação das mulheres negras." Essas imagens são a da *mammy*, a empregada doméstica que cuida de uma família branca como se fosse a sua; a da *matriarca*, a mãe negra responsável por trabalhar e criar seus filhos sozinha, e a quem é atribuída a agressividade e a responsabilidade pela própria solidão; a da Jezebel ou *hoochie*, a mulher negra com um apetite sexual desenfreado, que também pode estar associado à ambição. Apresentadas em clássicos do cinema como *...E o vento levou*, atualizadas em clipes de *hip-hop* ou séries como *Ela quer tudo*, as imagens de controle limitam a imaginação de mulheres negras ou, ainda, justificam a rejeição e as punições quando não nos adequamos a elas.

"Para as mulheres negras, assim como para os homens negros, é evidente que, se nós não nos definirmos, seremos definidos pelos outros – para proveito deles e nosso prejuízo." É assim que Audre Lorde sintetiza suas reflexões sobre o fato de falar de si mesma usando as palavras que lhe convinham: mulher negra, lésbica, mãe, poeta, guerreira. Ler e traduzir *Irmã outsider* foi essencial para compreender que eu precisava me conhecer e encontrar minha linguagem – para me definir e para escrever literatura. Se os cabelos revelavam minha recusa em tentar parecer algo que não sou, evocando um vocabulário externo que tratava parte do meu corpo como duro, ruim, difícil, quais seriam as minhas palavras para definir quem eu sou e a poesia que me interessa escrever?

—

Em 1851, a ativista Sojourner Truth fez um discurso na Convenção pelos Direitos das Mulheres em Akron, no estado de Ohio, nos Estados Unidos. Diante de uma plateia que debatia se a luta pelos direitos das mulheres deveria incluir a causa abolicionista, ela expôs como a desumanização de mulheres negras acontecia na lógica colonial escravagista:

> Eu arei e plantei, e juntei a colheita nos celeiros, e homem algum poderia estar à minha frente. E não sou uma mulher? Eu poderia trabalhar tanto e comer tanto quanto qualquer homem – desde que eu tivesse oportunidade para isso – e suportar o açoite também! E não sou uma mulher?

Se do meu corpo emerge algo revolto, selvagem, que precisa ser amansado, é claro que as ideias correspondentes a um feminino suave e delicado não

me pertencem. E as imagens de controle não me interessam. Em "Racismo e sexismo na cultura brasileira", Lélia Gonzalez observa como, durante décadas, a representação da mulher negra na ficção e na imprensa se limitava à imagem da cozinheira, da faxineira, da servente, da trocadora de ônibus ou da prostituta. O mito da democracia racial e o discurso da meritocracia ainda são usados para atribuir às pessoas negras a responsabilidade pela desigualdade e pelas condições precárias em que vivem. Na lógica binária da nossa sociedade, rejeitar o embranquecimento é um ato corajoso por acolher os meus traços que me associam a pessoas negras, que ainda são vistas como um problema. Gonzalez resume a questão com uma ironia finíssima:

Preto aqui [no Brasil] é bem tratado, tem o mesmo direito que a gente tem. Tanto é que, quando se esforça, ele sobe na vida como qualquer um. Conheço um que é médico; educadíssimo, culto, elegante e com umas feições tão finas... Nem parece preto. Por aí se vê que o barato é domesticar mesmo. E se a gente detém o olhar em determinados aspectos da chamada cultura brasileira, a gente saca que, em suas manifestações mais ou menos conscientes, ela oculta, revelando, as marcas de africanidade que a constituem.

As pensadoras dos Estados Unidos me oferecem recursos para elaborar imagens e processos de construção da subjetividade na escrita, mas minha experiência também é profundamente marcada pelos modos como a cultura brasileira negocia com a africanidade que a constitui. Minha ruptura com as imagens de beleza e feminilidade começou com um corte de cabelo, e continuou com as leituras de Carolina Maria de Jesus, Neusa Santos Souza e a descoberta de artistas como Rosana Paulino, Carrie Mae Weems, Harmonia Rosales, Howardena Pindell, Faith Ringgold e Wangechi Mutu. Nesse processo, compreendi que a poesia que me interessa é atravessada pela cultura pop, por leituras variadas, por canções, pelo humor e pela experiência do estranhamento.

A experiência e os ofícios de poeta e tradutora me tornaram mais atenta a como a linguagem comete e naturaliza violências contra corpos que não se enquadram no que Lorde chamou de "norma mítica" – branca, masculina, hétero, magra, jovem e, de preferência, rica. Minhas imagens e escolhas tentam escapar de formas de pensamento que limitam diferentes modos de ser. Compreender a distância da norma mítica é libertador, e me fez entender como os modos de vida de matriz africana possibilitaram mais do que sobreviver e resistir: produzir arte, poesia, música e saberes.

Foram as Orixás que me revelaram as imagens de beleza e poder de mulheres negras, que muitas vezes me pareciam escondidas ou restritas a alguns encontros de família. Os *itans* e *orikis* me apresentaram histórias de Iemanjá, Oxum, Oiá. São todas belíssimas, com corpos fartos, que deram à luz muitos filhos. Elas são o mar, o rio, a tempestade: seu movimento é cíclico e constante.

São engenhosas e guerreiras. São alegres, amorosas, e quem lhes falta com o respeito conhece a sua fúria. Não há contradições que lhes restrinjam, não há a necessidade de ser apenas uma coisa ou outra. Como a beleza das *yabás* nunca é descrita com referências aos seus cabelos, enfim compreendi que os cabelos são uma questão para os brancos. É Narciso quem acha feio o que não é espelho. Para Oxum e Iemanjá, o abebé pode ser instrumento de reflexão, de autoconhecimento, e uma arma. Somente quem se conhece é capaz de se definir.

Nas religiões de matriz africana, a cabeça abriga o Orí. A divindade pessoal de cada um, seus Orixás, o propósito de uma pessoa neste mundo, sua personalidade, seu destino. Parece adequado que uma das táticas para colonizar os corpos seja desviar a atenção e a energia dos cuidados com a cabeça – em seus aspectos religiosos e filosóficos – para uma batalha interminável contra o que não se pode deixar de ser. Sou curiosa, impaciente, leitora, engraçada, jornalista, tradutora, feminista e poeta.

Para bell hooks, "o oprimido luta na linguagem para recuperar a si mesmo – para reescrever, reconciliar, renovar. [...] A linguagem é também um lugar de luta." A ideia da linguagem como espaço de reconciliação e renovação me interessa especialmente porque, se o que se espera do meu corpo é um discurso passível de ser qualificado como militante ou vitimista para invalidar a dinâmica perversa das desigualdades, quero trazer outras imagens para quem precisa delas. Penso em meninas negras que sorriem para mim e para meus cabelos naturais. Penso nas possibilidades que se abrem quando elas se reconhecem na capa de um livro, quando encontram um texto sobre suas belezas, dúvidas e alegrias e passam a querer escrever a partir de suas visões, sem medo.

Os cabelos e o poema se prestam a uma experiência de descolonização estética. A partir da aparência física, as raízes e os cortes vão ganhando diferentes significados. Depois de escolher o título do meu primeiro livro, *Talvez precisemos de um nome para isso*, encontrei diferentes referências em autoras feministas negras sobre a importância de nomear e conceituar. Dar nomes e estabelecer ideias são formas de exercer poder. Precisamos definir nossas experiências como elas são: complexas, contraditórias e também poéticas.

Stephanie Borges (1984) é jornalista, tradutora e poeta. Traduziu *Olhares negros: raça e representação*, de bell hooks, *Irmã outsider*, de Audre Lorde, e *Cidadã*, de Claudia Rankine. Seu livro *Talvez precisemos de um nome para isso* venceu o IV Prêmio Cepe Nacional de Literatura.

A paulista **Sheila Ayo** (1977) é artista visual e multimídia.

genocídio, Evandro Cruz Silva

Objeto corrente do debate político, o conceito de genocídio parece ter atravessado suas fronteiras originais para além da hermenêutica e do direito penal. Com o protagonismo de intelectuais negros, os usos contemporâneos do termo ampliam seu significado, tornando-o aplicável não apenas à conceituação de massacre e de crimes contra a humanidade, mas também a modos de militância e vida resultantes de uma violência constante, colonial, que não diferencia tempos de guerra e tempos de paz.

A história da Lei do Genocídio traz consigo o otimismo característico do pós-guerra. O objetivo de promover a igualdade racial e evitar a repetição dos massacres fundamentava o multiculturalismo, base das recém-criadas Organização das Nações Unidas (ONU) e Organização das Nações Unidas para Educação, Ciência e Cultura (Unesco), e guardava aspirações penais, fortalecendo as legislações internacionais de crimes contra a humanidade, vigentes a partir da década de 1940. Pretendia-se então criar um sistema penal mundial, capaz de intervir em conflitos locais e afastar a possibilidade de morticínios como os do holocausto judeu.

Oriundo do grego "*génos*" (família, tribo ou raça) e do latim "*caedere*" (matar), o termo cunhado por Raphael Lemkin foi pensado como marco conceitual da responsabilização sobre o extermínio humano reconhecido ao fim da Segunda Guerra Mundial. A palavra "*genocide*" aparece pela primeira vez na história

em *Axis Rule in Occupied Europe*,[1] de 1944, livro em que Lemkin analisa a relação entre a ocupação territorial da Alemanha nazista e o ataque contínuo aos judeus.

Quatro anos mais tarde, o filósofo polonês foi convidado a transformar o termo em tipificação penal específica para o direito internacional, a qual seria ratificada durante a Convenção para a Prevenção e a Repressão do Crime de Genocídio, realizada pela ONU em 1948. A redação final da Lei de Genocídio traz em seu segundo artigo a descrição que caracteriza a natureza desse delito como: "Atos, cometidos com a intenção de destruir, no todo ou em parte, um grupo nacional, étnico, racial ou religioso" (1951, Centro de Direito Internacional). Essa maneira de descrever o genocídio traria consigo dois problemas que, desde sua criação, acompanham os estudos sobre o conceito e suas aplicações em sistemas penais: o primeiro diz respeito à especificidade conceitual desses "atos com a intenção de destruir" quando comparados com outros tipos conhecidos de extermínio em massa, e o segundo aponta as dificuldades de auferir intencionalidade e penalização em processos de violência generalizada.

Em 1967, ao analisar a possibilidade de usar o léxico para descrever os ataques dos Estados Unidos ao Vietnã, Jean-Paul Sartre lembrava que, se a palavra "genocídio" era novidade, a "coisa" genocídio era tão antiga quanto a civilização.[2] A diferença entre atualidade do conceito e tradição da prática se tornou evidente no justo momento em que se criava a tipificação penal, quando países signatários como França, Alemanha, Inglaterra e Estados Unidos praticavam seus massacres étnicos em colônias africanas e asiáticas. A complexidade de dar contornos específicos a processos diversos de violência de Estado está na base do dissenso que marca as tentativas de estabelecer um conceito estável de genocídio dentro do debate público.

Exemplo paradigmático dessa dificuldade está na comparação entre os trabalhos de Steven Katz e Henry Huttenbach, duas referências dos *genocide studies*, campo de estudos que se dedica a analisar as possíveis aplicações conceituais de genocídio. Na definição de Katz,[3] a especificidade histórica é o motor da criação do termo, de modo que apenas o holocausto judeu poderia ser classificado como prática genocida. Para Huttenbach,[4] o pré-requisito para se definir um genocídio advém de qualquer prática que coloque em risco um grupo humano particular. Entre a insensibilidade etnocêntrica e a imprecisão generalizante, a hermenêutica do genocídio parece perder parte de sua efetividade ao adentrar o vácuo entre a especificidade redutora e a amplitude ineficaz. Esse vácuo também se apresenta na segunda dificuldade dos debates sobre o crime de genocídio, que diz respeito a como verificar judicialmente a "intenção de destruir, em todo ou parte", um grupo.

Em "Genocidio y 'Genocide Studies': debates y definiciones",[5] Jorge Marco argumenta que o problema da intencionalidade no âmbito jurídico é a via de escape mais frequente para se evitar tipificar uma prática como genocida. É nesse sentido que inúmeros massacres foram cometidos contra minorias diversas, sempre com seus perpetradores colocando-os como efeitos colaterais de políticas que visavam a um suposto bem comum. São conhecidos os morticínios em nome do suposto restabelecimento da democracia, da luta contra o comunismo, da promoção geral da integração e do desenvolvimento. Esses três argumentos foram utilizados em larga medida para defender, respectivamente, numerosas guerras no Oriente Médio, ditaduras de direita na América Latina e a invasão e o massacre dos territórios e povos indígenas.

Nenhum desses casos, como se sabe, sofreu condenações internacionais com base no crime de genocídio, o que é exemplar dos problemas de enquadramento legal do artigo, que até o momento serviu apenas para estabelecer o reconhecimento internacional da prática em Estados nacionais frágeis como Camboja, Iugoslávia, Ruanda e Sudão. A maioria das violências cometidas por países do norte global contra grupos minoritários não rendeu, entretanto, nada mais do que acusações em tribunais internacionais que tentavam enquadrar tais violências dentro do léxico genocida. Nesse aparente paradoxo entre a escassez de condenações e a profusão de denúncias, Marco sublinha o motor do uso contemporâneo das cortes internacionais como instrumentalização do ato acusatório, com vistas a evitar que as violências sofridas passem despercebidas no debate público ou sejam censuradas por governos nacionais.

A despeito de demonstrar capacidade de adaptação criativa às relações de poder dentro do âmbito jurídico, não há como negar que o uso contemporâneo da jurisprudência do genocídio advém mais de suas falhas do que do potencial efetivo de impulsionar um código penal planetário e antirracista, o qual impulsionou sua criação. Todavia, apesar das ambiguidades de "genocídio" – ora usado como conceito, ora como tipificação penal –, a novidade do termo também permitiu dar um nome simples e compartilhado para representar um perigo de morte em face dos governos. Em contextos distintos de militância e produção intelectual, essa potência discursiva seria oportunamente capturada por pessoas negras, o que transforma a interpretação do genocídio em representação de um processo contínuo de violações aos modos de vida daqueles que foram e são vítimas preferenciais da violência de Estado.

Já em 1969 é possível encontrar em *Die Niger Die!*,[6] a autobiografia de Jamil Abdullah Al--Amin, militante do Black Power, uma referência ao sistema prisional americano como forma de *black genocide*. Para Al-Amin, a experiência do encarceramento massivo de negros e da violência policial servia como uma atualização da escravidão e era equiparável a um genocídio. O argumento antecipava assim a relação entre o genocídio negro e o fundamento racista do sistema penal, bases da discussão americana contemporânea sobre abolicionismo penal.

Foi também nos Estados Unidos, em seus anos de exílio, perseguido pela ditadura militar, que Abdias Nascimento escreveu o rascunho de *O genocídio do negro brasileiro: processo de um racismo mascarado*.[7] Apresentada no Festival Mundial de Arte e Cultura Negra e Africana, realizado na Nigéria em 1977, a obra seria responsável por dar o devido amadurecimento intelectual aos usos sociais do léxico genocida. Seu argumento principal é que o projeto de nação do Brasil é um genocídio continuado na tendência inexorável rumo ao embranquecimento. Essa ameaça constante contra a vida negra seria, assim, um ato que funda e sustenta o Brasil num processo genocida desde sua construção até os tempos presentes.

Com *O genocídio do negro brasileiro*, a expressão de um perigo sistêmico inerente aos modos de vida da negritude ganha caráter de categoria de identidade, identidade esta que teria como ponto comum a experiência de sofrimento ante o Estado. Essa nova forma de abordar o genocídio como um signo de identificação se tornaria potente para outras populações historicamente vitimadas pela violência estatal – como indígenas[8] e jovens de periferias urbanas[9] – e, de maneira mais contemporânea, inclui as centenas de milhares de mortes durante a pandemia de covid-19.

Essa maneira de abordar o problema do genocídio como conceito é capaz de unir minorias em lutas políticas cotidianas que dispensam a hermenêutica do conceito e prescindem da condenação jurídica, improvável, do Estado ao qual se acusa. Nesse contexto, o uso do termo "genocídio" se torna parte das energias dos movimentos sociais contemporâneos capazes de articular experiências cotidianas comparáveis à de um massacre de guerra.

O conceito adapta-se, assim, a estes tempos em que as esperanças do pós-guerra de um esforço internacional contra o extermínio resultaram em uma ideia falida – ao passo que assistimos ao recrudescimento dos processos internos de produção de morte. Esses sentidos impulsionam uma série de novas formas de protestos públicos, usos das acusações em âmbitos internacionais e identificações cruzadas para a luta política num mundo hiperconectado, no qual os tempos de paz e de guerra, e seus respectivos vocabulários, parecem confundir fronteiras. E apontam ainda para a reafirmação da ideia de que os Estados nacionais não representam risco à existência apenas em períodos de guerra: a luta contra o genocídio é um processo contínuo de reconquista do simples, mas improvável, direito à vida.

1. Raphael Lemkin, *Axis Rule in Occupied Europe: Laws of Occupation, Analysis of Government, Proposals for Redress.* Nova Jersey: The Lawbook Exchange, 2008.
2. Jean-Paul Sartre, *On Genocide – And a Summary of the Evidence and the Judgments of the International War Crimes Tribunal.* Boston: Beacon, 1968.
3. Steven T. Katz, *The Holocaust in Historical Context, v. 1: The Holocaust and Mass Death before the Modern Age.* Nova York: Oxford University, 1994, p. viii.
4. Henry Huttenbach, "Locating the Holocaust on the Genocide Spectrum: Towards a Methodology of Definition and Categorization", *Holocaust and Genocide Studies.* Washington, v. 3, n. 3, 1988, pp. 389-403.
5. Jorge Marco, "Genocidio y 'Genocide Studies': debates y definiciones", *Hispania Nova.* Madri, n. 10, 2012.
6. Jamil Abdullah Al-Amin, *Die Nigger Die!: A Political Autobiography of Jamil Abdullah Al-Amin.* Chicago: Chicago Review Press, 2002.
7. Abdias Nascimento, *O genocídio do negro brasileiro: processo de um racismo mascarado.* São Paulo: Perspectiva, 2017.
8. Em 1993, ocorreu o massacre de Haximu, uma chacina de índios Yanomami por garimpeiros de ouro em Roraima, resultando na morte de 16 indígenas em uma só operação de achaque à comunidade. Foi o primeiro e único crime do Brasil a ser julgado como genocídio desde a entrada do crime no Código Penal Processual Brasileiro; a condenação, contudo, não tem validade internacional.
9. O primeiro capítulo do relatório final da Comissão Parlamentar de Inquérito (CPI) do Assassinato de Jovens, de 2016, tem como título "O genocídio da população negra". O registro, contudo, não teve validade jurídica para nenhuma instância do direito nacional ou internacional.

Evandro Cruz Silva (1992) é doutorando em ciências sociais na Unicamp, escritor e educador popular. Pesquisa relações entre segurança, violência e desigualdades no Brasil urbano. Em 2020, ficou em segundo lugar no Concurso de Ensaísmo *serrote* com "Orfeu enfrenta o genocídio negro", publicado na edição 35-36 da revista.

Assine **serrote** e receba em casa a melhor revista de ensaios do país

Assinatura anual R$120,00
(3 edições anuais)
Ligue (11) 3971-4372
serrote@ims.com.br

serrote

Para abrir cabeças

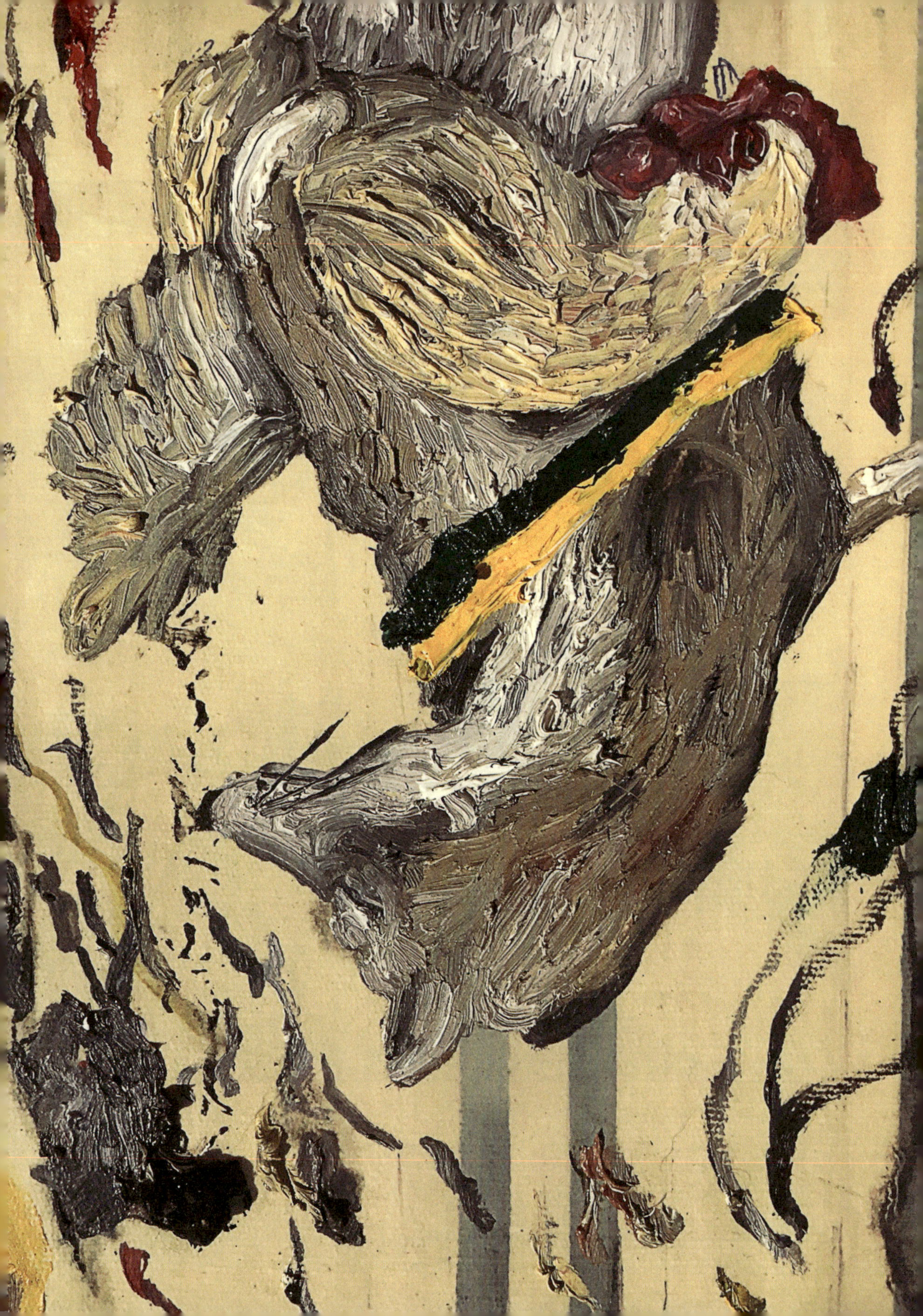

República Federativa de Rio das Pedras

Bruno Paes Manso

O milicianismo, modelo de crime organizado forjado no Rio de Janeiro, é o fundamento político da extrema direita eleita em 2018

Rio das Pedras, bairro carioca nacionalmente conhecido como origem das milícias, começou a ser formado nos anos 1960, quando a Zona Oeste do Rio de Janeiro se tornou um dos eixos de desenvolvimento da cidade, até então espremida entre as montanhas e o mar das Zonas Sul e Norte. Recebeu grandes levas de migrantes de áreas rurais do Nordeste, que 50 anos depois dariam ao bairro a dimensão de um município médio, com 40 mil habitantes.

Rio das Pedras cresceu em torno de uma associação de moradores que exercia importante papel administrativo, distribuindo e vendendo terrenos e imóveis para aqueles que chegavam, em financiamentos que acabavam criando um vínculo entre os moradores e a entidade. Boa parte desse capital imobiliário foi investido em lojas e serviços do bairro, que se tornou um centro de economia popular, com comércios diversificados

Camila Soato
Sem título, 2019

e grande disposição para o empreendedorismo no mercado informal e ilegal. A segurança era outra marca importante, já que, a partir dos anos 1990, a associação passou a ser comandada por policiais que viviam no bairro. Nessa época, consolidou-se a imagem de uma comunidade tradicional e segura que, diferentemente de outras áreas da cidade, conseguia barrar a venda de drogas e o domínio de traficantes armados em seus territórios.

Seus mercadinhos e lojas que não fechavam recebiam fregueses até de madrugada. A "mineira", nome dado aos policiais que dominavam a associação do bairro, abusava da violência para consolidar sua autoridade, castigando infratores com surras públicas ou "assassinatos pedagógicos" para ensinar que em Rio das Pedras ninguém podia roubar ou usar drogas. Nascia o milicianismo, modelo armado de gestão territorial que, aperfeiçoado, se alastraria pelo Rio e chegaria a fazer a cabeça das principais lideranças nacionais.

O milicianismo parte da crença de que as instituições democráticas não oferecem instrumentos suficientes para preservar a ordem e a segurança da população. Um milicianista típico é uma autoridade pública cética e cínica, descrente do papel da política como meio para mediar conflitos ou promover o diálogo e o convívio entre diferentes. O milicianista acredita no papel instrumental da violência, apostando que seu juízo moral e o de seu grupo servem como referência para evitar o caos e defender a sociedade por meio do uso de armas e da disposição de empregá-las contra os desobedientes, rotulados como "inimigos".

A sedução do ideal miliciano cresceu no começo dos anos 2000, quando esse modelo de gestão territorial se consolidou entre policiais fluminenses e se reproduziu com a conivência de autoridades. Era apresentado como o único remédio para uma sociedade saturada e traumatizada pelos conflitos e pelas disputas entre traficantes e policiais. As milícias souberam crescer e se fortalecer a partir do medo e da sensação de vulnerabilidade, comuns entre cidadãos que se sentiam abandonados pela política dita tradicional.

Para se fortalecer, os milicianos precisaram descobrir formas de financiamento. Seus integrantes passaram então a extorquir moradores e comerciantes com a cobrança de taxas de segurança e a criação de uma ampla carteira de serviços ilegais, de internet e TV a cabo clandestinas a empréstimo de dinheiro a juros, passando pela venda de água e de cigarros piratas e *kits* para churrasco, além do controle do transporte informal. A voracidade dos milicianos também desconhece a legislação ambiental: em sociedade com os paramilitares, empreendedores grilaram terras, derrubaram matas e construíram prédios que os transformariam em incorporadores ricos e de sucesso, lavando e ganhando dinheiro.

Esses empresários enriquecem ao mesmo tempo que estabelecem as leis na região, sempre na defesa de seus próprios interesses, graças aos laços políticos com autoridades e policiais e ao arsenal de armas à disposição. Quanto mais esses bairros crescem, maior se torna a influência do grupo, que consegue apoio para eleger políticos coniventes com seus negócios criminosos e sua proposta de controle social.

Um mercado milicianista, quando implementado, torna-se muito lucrativo para seus integrantes. Sem agências reguladoras, sem fiscalização ou leis capazes de garantir a justa mediação entre os participantes, permite a ascensão de empresários de mentalidade predatória, dispostos a tudo para acumular capital e poder. O interesse coletivo não importa quando o lucro dos donos do poder está em jogo.

Em escala nacional, numa república miliciana, sanha semelhante pode destruir florestas, promover invasões de terras indígenas para extrair minério, produzir queimadas, derrubar árvores de forma indiscriminada, incentivar grilagem e violência, financiar pistolagem e comércio de armas pesadas e munições. Tudo em benefício do lucro de quadrilhas simpáticas aos valores milicianistas, sempre passando por cima do interesse das minorias ou de valores coletivos e democráticos.

O presidente Jair Bolsonaro foi o primeiro político da história a defender o milicianismo como um caminho para o futuro do Brasil. As principais linhas do projeto – que, mesmo sem nomear como tal, ele não cansa de propagar – têm o objetivo de desmontar as estruturas institucionais e os marcos legais criados na Nova República e fragilizar a capacidade regulatória e de fiscalização do Estado. Seria o caminho mais rápido para transformar o Brasil numa espécie de República Federativa de Rio das Pedras.

Para que o projeto prospere, a emersão de novas regras e a desconstrução das regras vigentes precisam contar com a adesão – ou a conivência – de autoridades no Legislativo e no Judiciário. O solapamento da democracia também depende do apoio armado dentro das polícias, das Forças Armadas e entre seus seguidores fanáticos. Dialoga com interesses de alguns setores importantes da população, como os autodenominados liberais, para quem o Estado atrapalha seus lucros, supostamente favorecendo os que seriam menos competentes e mais preguiçosos. Para eles, a chamada "mão invisível" do mercado seria suficiente para premiar os competentes e garantir a sobrevivência dos mais fortes.

Um número expressivo de pastores, crentes e missionários neopentecostais também compartilha a fé no messianismo miliciano. Além de óbvios interesses políticos, está em jogo a crença mágica em um presidente ungido por Deus, em guerra contra a corrupção e a favor de um "mercado" idealizado. Embevecidos pela chamada Teologia da Prosperidade, por uma ideia de empreendedorismo como forma de fugir da pobreza, céticos quanto à capacidade do Estado em tirá-los da miséria, acreditam sobretudo na vontade individual e na habilidade para se apoiar em uma rede de iguais, que compartilham as mesmas crenças sagradas e valores. A disposição para o trabalho de muitos neopentecostais é inseparável de um moralismo que dialoga com o reacionarismo

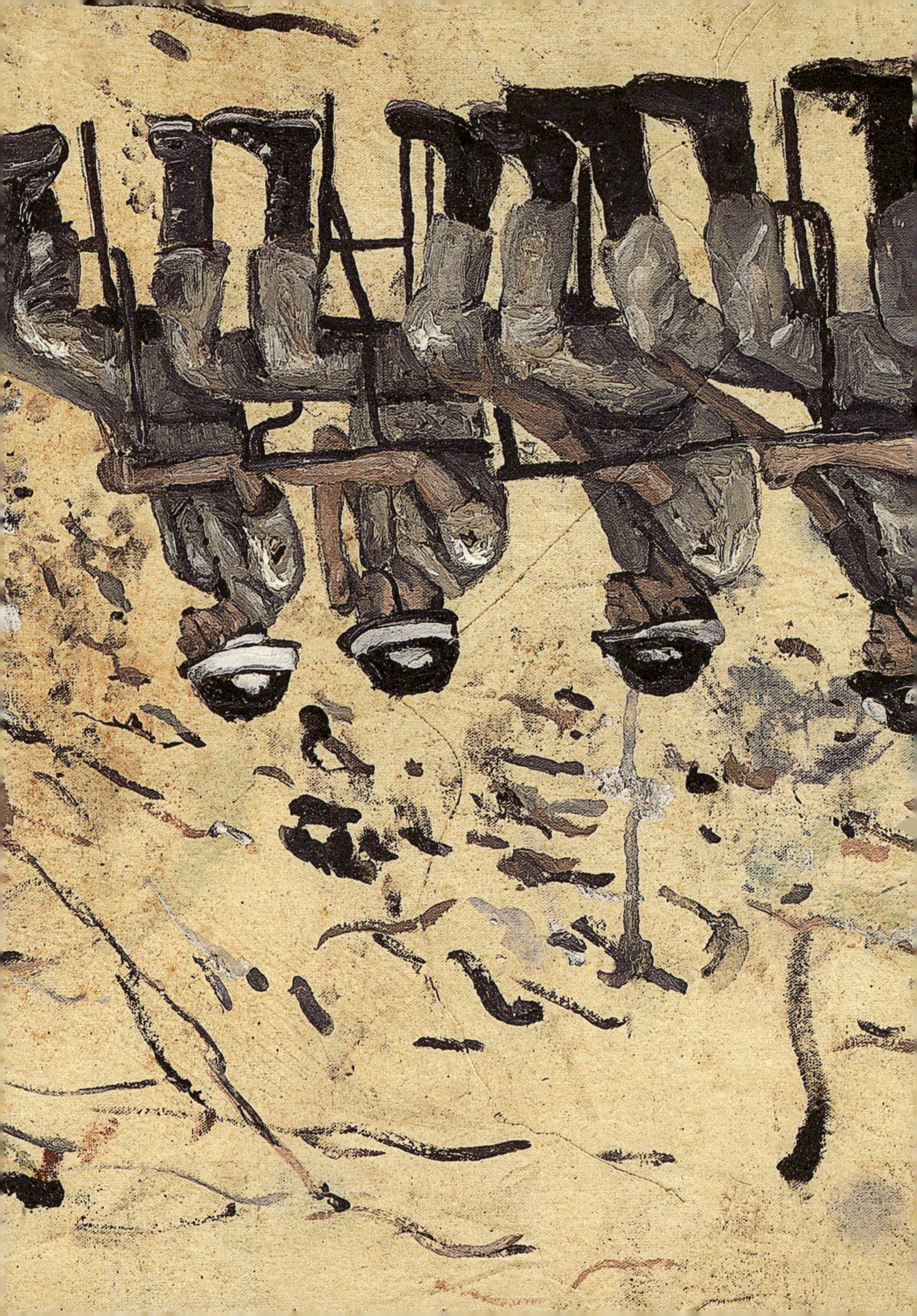

bolsonarista. O caminho para o sagrado exige autocontrole e comportamento oposto ao dos que, por exemplo, cultuam o prazer, a diversão ou o uso de drogas – associados aos modismos seculares da modernidade que ameaçam a tradição e produzem crime e descontrole social.

O milicianismo se inspira ainda em outras ideologias. O darwinismo social caro aos nazistas, que defende o domínio dos mais fortes pelos mais fracos, ganhou uma releitura tropical: a supremacia miliciana seria exercida por caricaturas de machos alfa armados e dispostos a matar. Nesse projeto nacional, os tidos como "fracos" não têm vez, como vem ficando evidente desde o início da pandemia, quando o governo desprezou a agonia dos doentes e de seus familiares, sabotou a rede do Sistema Único de Saúde e a vacinação, tentando atribuir a morte de centenas de milhares ao mero resultado de uma seleção natural.

—

Avaliando a trajetória de Bolsonaro em retrospecto, fica evidente que sua atuação jamais foi orientada por um projeto. O milicianismo surgiu de improviso e acabou abraçado por oportunistas. Ao longo de sua carreira parlamentar, Bolsonaro jamais debateu políticas públicas, nunca se interessou por economia, pelo sistema de saúde ou de educação. No máximo, voltava a obsessões que parecem sinceras: armar a população, deixar a polícia mais livre para matar, explorar o nióbio, relaxar o controle sobre o garimpo. Suas maiores ambições sempre foram pessoais e consistiam basicamente em garantir votos suficientes para ajeitar sua vida e a de sua família – sem brilho próprio ou aptidões profissionais evidentes para o mercado de trabalho, seus três filhos adultos, Flávio, Carlos e Eduardo, construíram carreiras políticas à sombra do sobrenome do pai.

Por sua vez, os Bolsonaro teriam multiplicado seus salários parlamentares se apropriando de parte da verba dos gabinetes que deveria ser usada para pagar funcionários de seus mandatos, no suposto esquema das "rachadinhas". Indícios mostraram que o esquema funcionava no gabinete do pai e dos dois filhos mais velhos, organizado pelo policial militar Fabrício Queiroz, o elo perdido com o milicianismo como prática e ideologia.

Lição n. 1 – Faça amor não faça guerra (detalhe), 2018

Queiroz era um antigo amigo de Jair. Entrou para a Polícia Militar na década de 1980 e, em sua passagem pela corporação, trabalhou quase sempre no 18º Batalhão, localizado em Jacarepaguá, encarregado de patrulhar a região que nos anos 2000 seria dominada pelas milícias. Na primeira eleição de Flávio, em 2002, Queiroz foi um cabo eleitoral ativo, principalmente junto a policiais e milicianos. No mandato seguinte, tornou-se o homem forte do gabinete de Flávio na Assembleia Legislativa.

O policial também aproximou do político aquele que se tornaria um dos maiores bandidos da história do Rio de Janeiro, o capitão Adriano Magalhães da Nóbrega – que teria sua mulher e sua mãe vinculadas ao suposto esquema da rachadinha, pelo qual devolviam a Queiroz parte dos salários que recebiam para não trabalhar. Entre 2006 e 2016, além de permanecer vinculado ao gabinete de Flávio, o capitão Adriano diversificou seus negócios criminosos como um dos organizadores do Escritório do Crime, grupo de pistolagem 2.0 responsável por uma fileira de mortos sob encomenda. Além de matador competente, que deixava poucos rastros, o oficial se tornou sócio de milicianos e de traficantes no Morro do Dendê, o que não abalou sua amizade com o homem que no futuro iria ocupar a casa de vidro do palácio da Alvorada.

Tudo transcorria relativamente bem para a família enquanto os Bolsonaro seguiam no parlamento. Mas o patriarca passou a percorrer uma trajetória de popularidade inesperada, que o levaria à cadeira de presidente da República. A aceitação popular de Jair começou a se ampliar meio que por acaso, ainda no começo dos anos 2010, quando o então deputado federal entrou numa polêmica com o Ministério da Educação de Fernando Haddad sobre materiais didáticos elaborados para discutir tolerância à diferença nas escolas públicas. Bolsonaro acusou o programa de fazer apologia à homossexualidade e apelidou os vídeos e livros então distribuídos de *kit gay*.

Montado nesse novo cavalo de batalha, Bolsonaro diversificou os temas de seu discurso reacionário e começou a aparecer para outro tipo de eleitorado, que assistia a ele nos programas populares de televisão. Além de aparecer como o deputado que fazia apologia à violência paramilitar e que pregava o assassinato de bandidos – assunto desagradável e pouco palatável para os programas de entretenimento –, ele agora denunciava uma "ditadura *gay*", que ameaçava a família brasileira. À mesma medida que uma militância ganhava espaço no debate público com a defesa estridente de pautas relacionadas à diversidade sexual, uma reação conservadora, ainda tímida, seria cortejada com sucesso por Bolsonaro, que passaria a ser convidado assíduo de programas populares como *Superpop*, CQC, *Agora é Tarde* e *Pânico*.

A nova carcaça de moralista empedernido permitia ainda que Bolsonaro estreitasse o diálogo com os evangélicos neopentecostais e ganhasse popularidade na cena virtual brasileira ultraconservadora, que, como no resto do mundo, vinha crescendo com a popularização das redes sociais. Seus despautérios começaram a virar memes, ajudando o capitão a se transformar em "mito", lacrador e politicamente incorreto.

Em abril de 2014, Bolsonaro anunciou sua intenção de concorrer à presidência da República no quadro do Poderoso, personagem grosseiro do *Pânico*, que fazia entrevistas fumando, falando palavrões e brigando com o entrevistado. O programa é histórico, tamanho o constrangimento a que o apresentador submeteu seu interlocutor. Bolsonaro foi ridicularizado. Poderoso o chamou de "imbecil", disse que gostaria de torturá-lo – e que o pior tipo de tortura seria ter que acordar todo dia tendo ele como presidente. O programa acabou com dois homens se beijando na boca, sentados em um sofá ao lado de Bolsonaro, que ficou sem jeito, sorrindo amarelo. Ao se despedir, o apresentador abraçou o deputado e passou a mão em seu traseiro.

Em outubro de 2014, 464 mil eleitores fizeram de Bolsonaro o deputado federal mais votado do Rio de Janeiro, no melhor resultado de sua carreira – até então, girava em torno de 100 mil votos. Na mesma eleição, Flávio foi o terceiro deputado estadual mais popular do Rio, com 160 mil votos. Em São Paulo, Eduardo se elegeu deputado federal com 82 mil votos.

—

Se Bolsonaro seguia sem um projeto concreto para o país, o Brasil entrou em 2018 mergulhado em pessimismo, diante das sucessivas crises econômicas e políticas. Na eleição daquele ano, a Nova República e seus representantes chegaram desacreditados, vistos como corruptos e descompromissados com o futuro. Para limpar o Brasil, achou-se uma boa ideia partir para um instrumento mais enérgico que a vassoura populista empunhada por Jânio Quadros nos anos 1960. Uma metralhadora, talvez.

A opção por Bolsonaro, intempestiva, cheia de mágoas e apoiada por grupos que viam no Estado mais um empecilho do que parte da solução civilizatória, levaria o Brasil a colocar sua frágil democracia em suspenso, ameaçada pelo projeto milicianista. Para construir uma nova ordem, o presidente apostou na destruição da ordem existente.

A personalidade destrutiva de Bolsonaro começaria a prevalecer em suas decisões executivas. Bolsonaro não interpreta o revoltado: ele acredita em sua raiva e a remói em tempo integral, preso aos conflitos da realidade paralela em que vive, obcecado em sua guerra. Os limites pessoais do titular do cargo – que venho debatendo com a ajuda de um grupo de psicanalistas nos últimos meses –, escancarados e transparentes, acabam tendo ressonância e efeitos coletivos. Muitas das perturbações pessoais teriam origem, indicam essas discussões, numa sexualidade mal resolvida. Em decorrência da luta que travou contra os desejos que sentia e desprezava, acabou se tornando um adulto

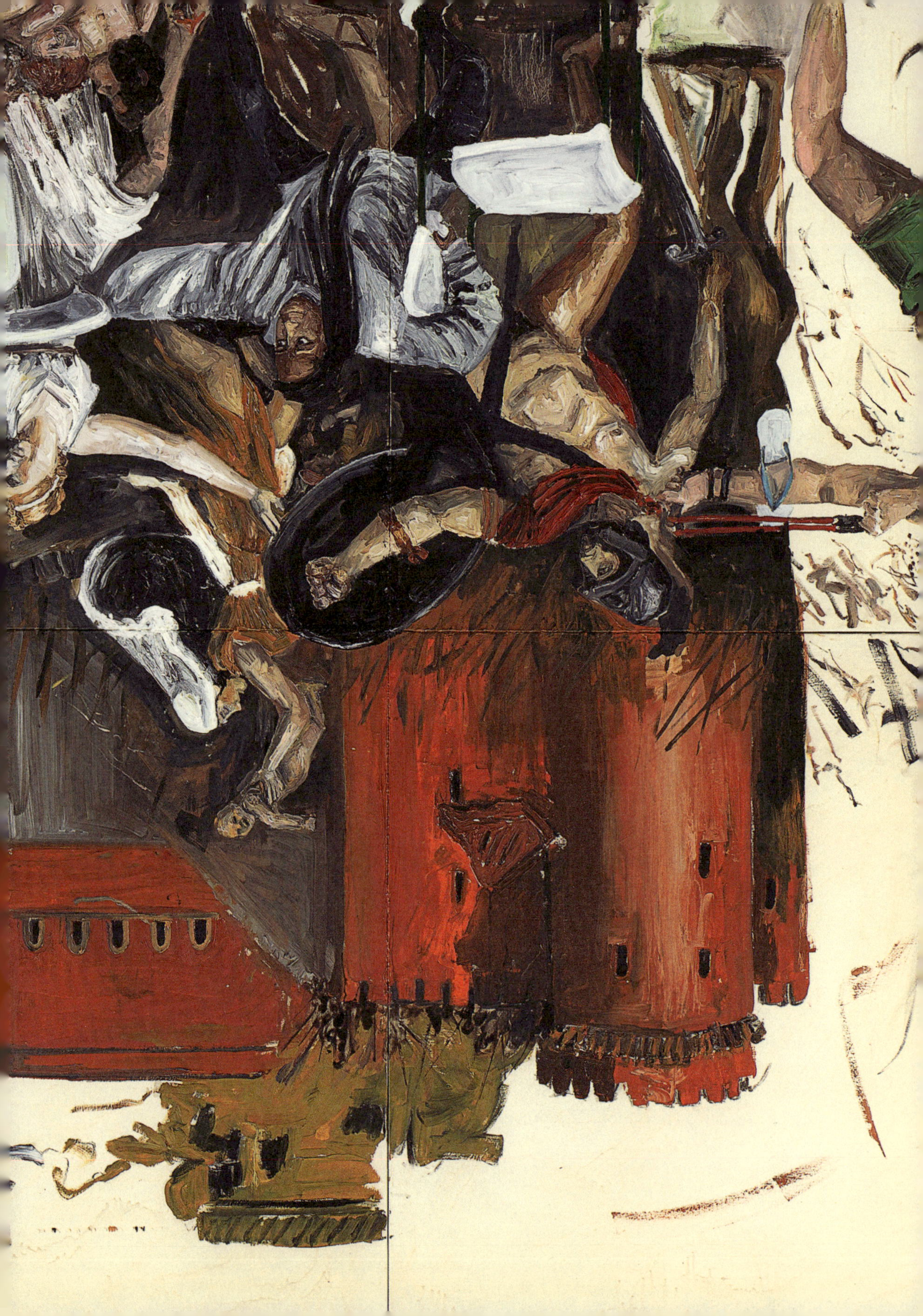

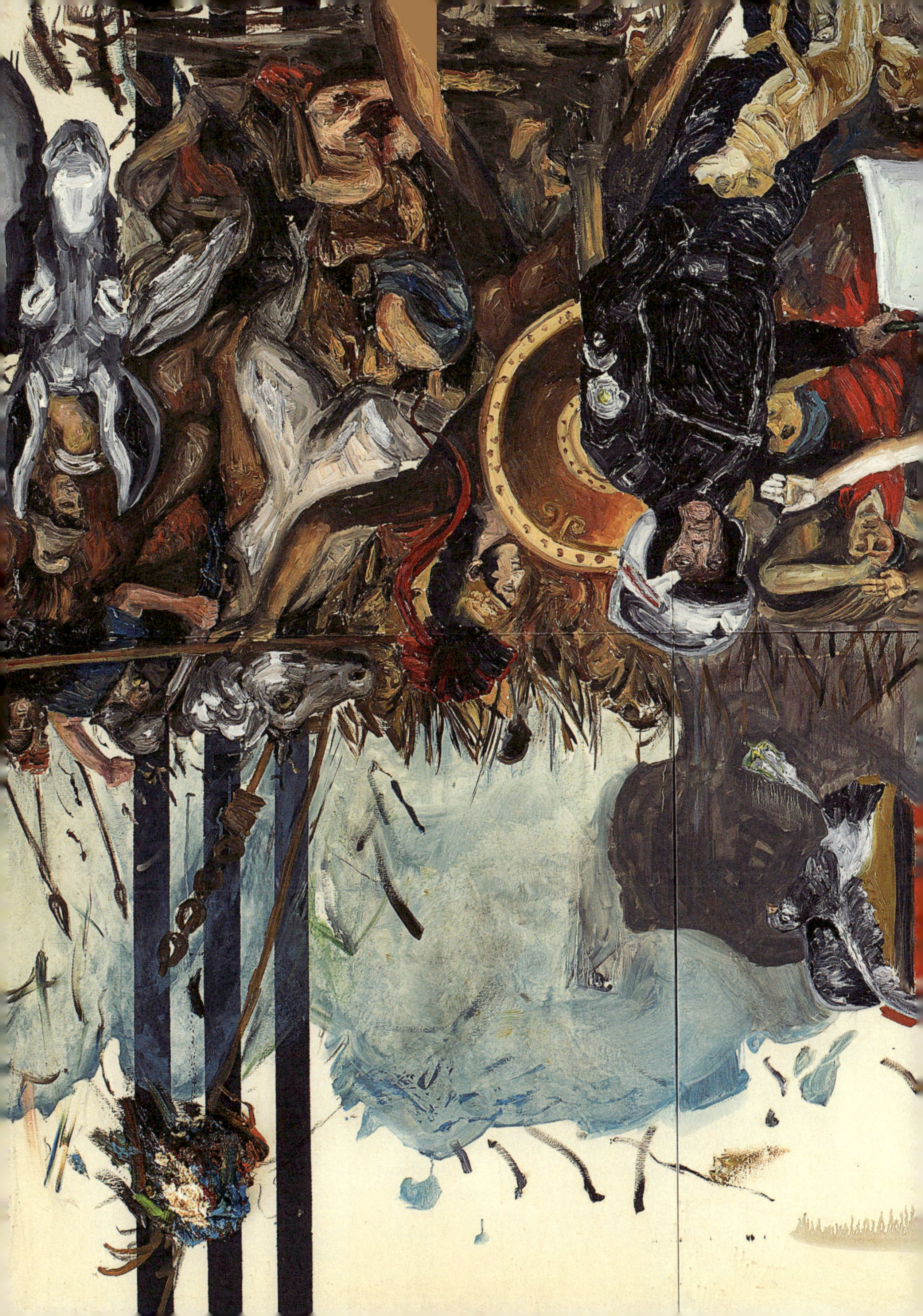

Ocupar e resistir 1, 2017

emocionalmente imaturo. A negação dolorosa da própria essência faria com que Bolsonaro canalizasse seu gozo para a destruição, celebrando a tortura e todo tipo de violência e demonstrando, reiteradas vezes, uma obsessão pelo controle do comportamento sexual alheio.

Essa guerra moralista fortaleceu o apoio de parcela expressiva do segmento neopentecostal ao projeto milicianista. Para esses religiosos, não se trata apenas de uma alegada guerra contra o crime e os bandidos, mas de uma batalha mais profunda. A cruzada moralista tem a pretensão de combater traços individuais que são considerados associados à perversão e a certas culturas, raças e condição social – estando entre os grupos mais estigmatizados negros, indígenas, moradores de favelas, jovens, iletrados e LGBTs. Como se o puritanismo asceta da Teologia da Prosperidade pudesse extirpar o selvagem e os demônios existentes dentro de cada um, pavimentando o caminho para uma nova identidade urbana, livre da miséria material e espiritual. Essa luta se torna explícita quando traficantes e milicianos atacam terreiros e lideranças de religiões de matriz afro-brasileira em comunidades pobres, ou quando lideranças políticas que discutem gênero sofrem ameaças de morte.

No cotidiano administrativo da presidência, a liderança de Bolsonaro seria marcada pela inaptidão absoluta ao diálogo, pela incapacidade de ouvir, pela visão conspiratória e pelo ódio em doses cavalares que transforma seus adversários em inimigos a destruir. Mesmo diante das decisões mais irracionais, Bolsonaro continuaria recebendo o apoio de parte da sociedade ainda mal resolvida com sua própria cultura.

Os efeitos da prática miliciana, oposta às instituições e partidária da guerra, se revelariam de forma cruel e insuportável na lógica operacional do Massacre do Jacarezinho. Em 6 de maio de 2021, sob o pretexto de coibir o tráfico de drogas, a invasão da comunidade na Zona Norte da cidade pela polícia civil resultou em 28 mortos – entre eles, um policial. "Tudo bandido", assegurou, sem provas, o vice-presidente, general Hamilton Mourão, logo seguido por Bolsonaro. A operação era uma clara afronta à liminar concedida pelo Supremo Tribunal Federal, que limitava ações como essa durante a pandemia. Entre junho e outubro de 2020, quando a medida entrou em vigor e as incursões desse tipo foram suspensas, os homicídios praticados pela polícia despencaram, assim como os feridos a tiros e até mesmo os crimes contra o patrimônio.

A nova ordem miliciana, simbolizada por mais um massacre, produz o horror. O milicianismo se revela, assim, como um exemplo escancarado de necropolítica, termo criado pelo filósofo camaronês Achille Mbembe para designar o exercício de poder pautado na escolha entre aqueles que podem viver e os que devem morrer. De um lado, abandonam-se os instrumentos racionais e científicos capazes de respaldar políticas públicas para a gestão da vida em sociedade – como nos casos dos cortes de verbas para a realização do Censo e do investimento em ciência. De outro, o Estado negligencia os cuidados com as vítimas da pandemia e enfraquece as instâncias de controle sobre a engrenagem de extermínio – que tem como alvo principal homens negros, jovens e pobres, bodes expiatórios da guerra purificadora dos paramilitares.

Não resta dúvida de que a democracia vai sofrer as sequelas da experiência de um governo inspirado em ideias e práticas milicianas. Pela primeira vez, os brasileiros puderam se olhar no espelho sem máscaras. O que nos resta neste difícil momento social e político é resgatar o papel central da política, para repactuar um contrato coletivo que ajude a construir uma nação mais justa e solidária.

Bruno Paes Manso é jornalista e pesquisador do Núcleo de Estudos da Violência da usp. É autor de *A república das milícias: dos esquadrões da morte à era Bolsonaro* (2020) e, com Camila Nunes Dias, *A guerra: a ascensão do pcc e o mundo do crime no Brasil* (2018), ambos publicados pela Todavia.

Camila Soato (1985) é pintora, nascida em Brasília e radicada em São Paulo.

Ilana Feldman

NÃO

Real e sonhado enfrentam-se na construção de uma memória da pandemia, desde sempre ameaçada por negligência, recalque, esquecimento voluntário ou pelas tantas formas com que o Brasil anistia seu passado

VER

Brasília
é isso mesmo
que você está vendo
mesmo que você
não esteja
vendo nada

NICOLAS BEHR

Por mais perto que se esteja, tudo aqui é visto de longe.

CLARICE LISPECTOR

OUTUBRO DE 2018. É véspera de eleições presidenciais e me mudo para Brasília com minha recém-formada família: meu companheiro e minha filha ainda bebê. O apartamento alugado está um caos: caixas por todos os lados, cheiro forte de tinta, vazamento na cozinha e um ralo entupido no banheiro. O faz-tudo contratado empreende um verdadeiro desastre ao prometer melhorar o taco de madeira sobre o qual pisamos. Em sua foto de perfil no WhatsApp ele posa com a camiseta de um dos candidatos à presidência diante da urna eletrônica. Deixo-lhe uma mensagem indignada, dizendo que além de destruir o piso ele votará no candidato da destruição do país. Ele retruca em tom de ameaça, com aquele "depois do dia 28 vocês vão ver".

Na data da eleição, um domingo de sol inclemente e calor sufocante, minha filha faz sete meses e o chão parece ruir.

O que será que vamos ver?

A CHEGADA A BRASÍLIA é difícil. Tenho a sensação de que, enquanto o país se encaminha para o desmoronamento, eu procuro caixas organizadoras, protetores de quina e de tomada, resistência para o chuveiro, lâmpadas adequadas para luminárias antiquadas. Precisamos de prateleiras, muitas prateleiras, para os livros e os papéis acumulados. Minha lombar trava e as caixas de papelão recobrem quase que todo o chão. Apesar do caos dentro do apartamento, nossa quadra é simpática e parece bem cuidada. Há muito verde e um parquinho acolhedor para crianças. Mas o prédio, descobriremos em alguns dias, entrará em obras. "Estruturais", eles dizem, "para não acontecer como no prédio da SQN 210, em que o piso da garagem cedeu", arrematam. Sinto um arrepio na coluna, a minha coluna que, desde que chegamos, deixou de ser estrutural.

TENTAMOS FAZER tudo a pé. Das incursões às lojas de material de construção e utensílios para a casa à busca de uma creche para Anna, nossa filha. Anna com A, "a letra do início", me disse um dia por telefone uma amiga muito mais velha que mora do outro lado do planeta, lá onde Deus e o mundo teriam sido criados. Anna com A, a letra do princípio do alfabeto, nosso *Alef Beit*.

Creche vem do francês "*crèche*" e significa originalmente "manjedoura", "presépio". Gosto desse significado religioso, folclórico e, sobretudo, lúdico, já que "berçário" me faz pensar em maternidades hospitalares e "escolinha", para a idade dela, me soa típico de uma infância produtivista. Encontramos uma a menos de um quilômetro do apartamento. O percurso é muito agradável, cheio de verde, flores e algumas árvores frutíferas, quando o sol não cega ou castiga. É bom poder restituir uma escala mais humana para nossa geografia.

Mas, no meu mapa mental, não é evidente pensar que eu esteja no coração do Planalto Central, na capital federal, a apenas três quilômetros do poder instituído e da política oficial. Nada disso posso testemunhar ou ver com os olhos – que, segundo o dito popular, a terra há de comer.

Em Brasília, entre o paraíso e o inferno, me sinto em uma espécie de exílio.

NÃO SEI BEM quando começaram os pesadelos, talvez já nas primeiras semanas após minha chegada, após as eleições. No primeiro deles, sonho com o piso do apartamento em ruínas e um esconderijo sob o chão. Ali, objetos quebrados durante a mudança, em cacos, e outros bem mais antigos, como fósseis e artefatos argilosos estilhaçados, estão escondidos junto com outra coisa sinistra, muito sinistra. Demoro a entender. Então subitamente, tomada de pavor, vejo que em um buraco entre o chão e o guarda-roupa escondo em pedaços bem empacotados, com barbante e papel pardo, o cadáver de um homem esquartejado.

Tento despertar diversas vezes, mas continuo sonhando, mesmo quando penso que estou acordada. Não consigo lembrar como, em que contexto, em qual situação, matei esse homem, um invasor anônimo e ameaçador. Esta, aliás, é a única certeza que tenho: ele me ameaça. Sinto uma culpa desesperadora – e sei que serei flagrada.

BRASÍLIA também foi concebida em um sonho. Diz a lenda que, em 1883, dom Bosco, ou São João Bosco, fundador da Ordem dos Salesianos na Itália, sonhou com o Brasil. Entre os paralelos 15° e 20°, coordenadas geográficas onde se situa o Planalto Central, o santo teria vislumbrado aquela que seria "uma terra prometida", de "riqueza inconcebível", onde correria leite e mel, como na mítica Israel. Setenta e sete anos mais tarde é inaugurada a capital: encontro utópico entre o misticismo e o sonho do modernismo.

NO CAMINHO para a creche de Anna, frequentemente me pergunto se o que é visível aqui é também legível, decodificável.

Para manter o olhar em movimento, tiro fotos do percurso entre o apartamento e a creche, num raio de 800 metros. Tenho como referência afetiva o método de David Perlov em seu filme-testamento, *My Stills*, em que o cineasta fotografa sempre os mesmos lugares a partir das mesmas posições, à altura do olhar, captando gestos anônimos e conhecidos, de transeuntes e trabalhadores, frequentadores dos cafés e vendedores da galeria comercial que orbitam em torno de seu edifício. Se as superquadras do Plano Piloto me fazem lembrar o centro Bauhaus de Tel Aviv, onde vivia Perlov, tenho a impressão de que em Brasília a algaravia do Oriente deu lugar ao silêncio de imensos espaços desocupados, onde não se ouvem vozes a clamar e reclamar.

55

Ofuscada pela luminosidade dessa imensa abóboda celeste, até mesmo em dias nublados, sou aqui tomada pela sensação de não conseguir ver nada. Em meus percursos ao redor de nossa quadra, enxergo apenas o nome de Deus – e suas variações, como Luz e Paz – inscrito, pichado, escrito e até mesmo rasurado em troncos de árvores, postes de luz, sinalizadores de trânsito, caçambas de lixo. Seria essa uma espécie de ativismo evangélico e político? A manifestação de um delírio coletivo, de uma fascinação total?

Ao contrário do *slogan* do governante eleito, "Brasil acima de tudo, Deus acima de todos", nunca tive tanta certeza de que aqui Deus e o diabo estão em cada detalhe – abaixo de tudo e de todos.

HOJE ANNA faz nove meses. Eu nem posso acreditar. É difícil encontrar palavras para definir ou esboçar o que foram esses 270 e poucos dias de maternidade. Só sei que carrego uma sensação de eternidade e lampejo, de um tempo denso e vagaroso com a efemeridade de um instante. Quando ela me olha sorrindo e agarra o seu globo terrestre inflável com as mãos, sinto um amor pré-histórico e meus olhos se enchem de uma salobra esperança.

Quando a deixo na creche, ela me diz pela primeira vez, aos nove meses: "Tchau".

CLARICE LISPECTOR fez três visitas a Brasília, em 1962, 1974 e 1976. Em uma das crônicas que dedicou à capital, intitulada "Brasília: cinco dias", Clarice descreve a terrível luz branca e o silêncio visual que a invadem, diz que não se espantaria caso cruzasse com árabes nas ruas, e comenta que reconhece a cidade modernista, fruto de um "Estado totalitário", no mais fundo de seu sonho, sendo o mais fundo de seu sonho "uma lucidez". Brasília também seria dotada de um ar religioso, "o ar religioso que senti desde o primeiro instante, e que neguei".

Segundo Clarice, nessa cidade "conseguida pela prece", "eterna como uma pedra" e "tão artificial quanto o mundo quando foi criado", a alma, como se sabe do diabo, "não faz sombra no chão".

2 DE JANEIRO DE 2019. Estamos no Rio de Janeiro e nessa madrugada tenho mais um pesadelo digno de nota. Dessa vez o Mossad, serviço secreto de Israel, entra em meu computador e me classifica como suspeita em potencial, inimiga do país, em função de uma pesquisa que eu havia feito na internet horas antes. Na sequência, três homens, espécies de entidades masculinas sinistras, invadem o apartamento onde me encontro. Consigo fugir espremendo-me por entre corredores estreitos e escuros, mas preciso provar para a polícia carioca, em desespero, que a ameaça é real e não estou louca.

Foi um sonho curto e, ainda assim, acordo aterrorizada. Então recordo que a imagem mais forte do dia de ontem, 1º de janeiro, foi a sequência de apertos de mão e cumprimentos calorosos entre o presidente recém-empossado, o premiê israelense Benjamin Netanyahu e o chanceler húngaro Viktor Orbán.

A partir de hoje, sei que cada notícia ou imagem de jornal nos chegará como um mau presságio. E nossos sonhos, sempre sociais e coletivos, passarão a ser verdadeiros sismógrafos dos tempos por vir.

O CALOR DESÉRTICO aqui em Brasília durante o verão e o barulho ensurdecedor de uma obra no prédio nos fazem sair em busca de uma biblioteca que tenha um possante ar-condicionado. Após sugestões de amigos, decidimos tentar a Biblioteca do Senado. Algumas voltas de carro mais tarde, seguindo a desorientação do GPS, conseguimos chegar à porta do edifício, mas não sem alguma hesitação. Se esses prédios públicos já me oprimiam, agora sinto uma estranha angústia diante deles. E qual não é o espanto ao notar, ao lado da tal biblioteca, uma ala do Senado batizada em homenagem a Filinto Müller, o chefe da polícia secreta da ditadura Vargas, implementador da tortura no aparelho militar do Estado e um dos responsáveis pela deportação de Olga Benário, então grávida, para a Alemanha nazista. Fico estarrecida: quem sustenta essa homenagem, após 30 anos de regime democrático, é o mais alto Legislativo brasileiro.

Por sorte, somos convidados a ir embora porque meu marido está de bermuda, vestindo-se de forma – como nos diz um segurança – "inapropriada" para o local.

VOLTO A SONHAR inúmeras vezes com aquele cadáver de homem enterrado sob o chão, que eu mesma havia matado. Desta vez, tenho a certeza de que, se eu tentar me desfazer dele, mesmo que esteja picado em pedaços, serei fatalmente descoberta, pois tanto na realidade como na ficção é impossível não deixar rastros. Penso então, ainda presa no interior do sonho, que a alternativa seria tentar esquecer, recalcar, me distrair, como fazemos com tantas tarefas, preocupações e demandas do cotidiano. Mas sei que esquecer, assim como me desfazer desse peso morto, é impossível.

Acordo novamente apavorada, paralisada, como da última vez. Mas agora não consigo distinguir se esse estado pertence ao sonho ou à vigília.

ALGUMAS PESSOAS perguntam sobre a experiência de estar em Brasília, como se estar aqui garantisse o acesso a alguma verdade, a algum saber. Eu fico sempre um pouco sem graça cada vez que tento esboçar uma resposta. Desde que chegamos, às vésperas do segundo turno das eleições presidenciais, nunca me senti tão longe das deliberações do poder, tão distante dos acontecimentos políticos, tão afastada de alguma coisa que se possa chamar de "brasilidade". Mas também tão próxima de palavras autoritárias, delirantes e odiosas que ecoam vazias desde a Esplanada, em carros de som longínquos, como a sonoplastia de um pesadelo dadaísta. Não conheço outra cidade brasileira que proporcione essa sensação de estar, simultaneamente, dentro e fora do Brasil.

Brasília, misto de tranquilidade permanente e angústia persistente, refúgio e tormento, é meu exílio – e, enquanto caminho por entre os espaços verdes e vazios de uma superquadra, recordo um verso de Edmond Jabès: "O exílio foi, talvez, a primeira questão, pois o exílio foi primeiro palavra".

ESSA MADRUGADA sonhei com palavras, já não recordo quais. Mas lembro que cada palavra valia por um número, e a soma desses números era igual a 1944.

1944 é um ano que sempre me intrigou. Em maio de 1944, revela Harun Farocki em seu ensaio fílmico *Imagens do mundo e inscrição da guerra*, pilotos norte-americanos sobrevoaram o campo de Auschwitz-Birkenau e fizeram fotografias aéreas, que foram posteriormente analisadas na Inglaterra. Naquele momento o campo se tornou visível aos olhos dos aliados, mas continuou sendo ilegível, pois coisa alguma foi percebida. Em 1944, sabemos, as câmaras de gás e os fornos de incineração funcionavam a pleno vapor no campo de extermínio: entre os meses de abril e julho, 24 mil judeus foram exterminados por dia. Nesse mesmo ano, testemunhos de dois fugitivos e quatro fotogramas da incineração ao ar livre de homens e mulheres chegaram às forças de resistência, mas nada, absolutamente nada, foi visto, reconhecido ou imaginado a tempo pelas potências aliadas, pela democracia ocidental, pelas luzes da razão. Nesse contexto, o filme nos leva a interrogar: como é possível fazer imagens para não ver o que acontece?

Diante do fato de que a própria visão fotográfica serviu como modelo para o conhecimento ocidental, Farocki nos lembra que a palavra alemã *"Aufklärung"*, sinônimo, na linguagem corrente e militar, de "reconhecimento aéreo", significa também, para a história das ideias, Iluminismo, Luzes, Esclarecimento. Coincidentemente, em 1944, Theodor Adorno e Max Horkheimer escrevem, no exílio, a primeira versão de sua *Dialética do esclarecimento.*

Em 1944, enquanto Farocki nascia na Tchecoslováquia ocupada pela Alemanha, bem longe dali minha mãe e meu pai vinham ao mundo. Em minha ficção pessoal, não fosse essa data, possivelmente eu mesma não estaria aqui.

NOS CAMINHOS que faço entre o apartamento, o mercado, a farmácia e a creche, atravessando extensas áreas vazias, com frequência lembro de uma frase de Clarice, carregada daquele seu misto de perplexidade e humor: "Se tirassem o meu retrato em pé em Brasília, quando revelassem a fotografia só sairia a paisagem". Pois, "por mais perto que se esteja, tudo aqui é visto de longe".

Brasília é assim: quando a olhamos de longe a perdemos de vista; quando a olhamos de perto perdemos a própria visão.

ESSA MADRUGADA tenho meu primeiro sonho bom, como um bom presságio, desde que nos mudamos. Sonho que minha filha, com uns sete ou oito anos, conversa com uma amiga da mesma idade. Depois aparece com um vestido branco, vai cantar, que estranho!, em um concurso na televisão. Em seguida, a amiga, a televisão e o concurso desaparecem, e ela está sobre um planalto verde, num belo e límpido dia de sol. Anna canta Clara Nunes e leva as mãos ao céu.

Acordo com o peito cheio de esperança, com a sensação de que um filho é uma abertura radical ao infinito. "Entenda isto como um sinal", li outro dia sobre um muro. Nem tudo foi visto.

O QUE É, para o bem comum, um sonho? Mensagem, deposição, oferenda, lamento, imaginação?

Seriam os sonhos testemunhos dos dias correntes? Ou testamento para os tempos por vir?

DOIS HOMENS enormes conversam ao redor de uma mesa retangular bem iluminada na sala, na minha sala. Enormes, estranhos, violentos: falam barbaridades e se sentem completamente autorizados. São teatrais e eu lhes assisto. Um deles está com sua filha, que usa um vestido cheio de laços e babados, como aquelas bonecas de porcelana de antanho. A menina, também sentada à mesa, grita como um animal no matadouro. Depois começam as fugas. Entro e saio de apartamentos. Nenhum deles é minha casa. Não estou segura em nenhum lugar. Há escadas, elevadores, vãos, dutos de ar. É preciso passar por todos esses buracos, labirintos, mas a cada vez minha casa, quando consigo chegar em casa, está sendo invadida por esses mesmos homens. A cada vez é preciso trancar a porta com força, forçá-la, segurá-la com o corpo. Sempre uma luta inútil. Eles já estão dentro. Alguém diz: "O Congresso Nacional foi fechado". Mas sou eu que estou encarcerada, fechada, com eles.

DEUS criou o mundo em um mau dia, em um momento de mau humor, teria dito Kafka. Com o prédio até hoje em obras e as britadeiras ressoando, penso o mesmo a respeito dos meus sonhos, sem humor.

DIFERENTEMENTE das inscrições na paisagem com as quais me deparo todos os dias por aqui, Nicolas Behr, poeta de origem alemã, nascido no Mato Grosso e radicado na capital federal, encontrava, no final dos anos 1970 e início dos anos 1980, pichações mais capciosas ao redor de sua casa. No lugar de Deus, Paz e Luz, ele flagrava, em plena ditadura militar, a passagem da libido e da poesia pelos muros do Plano. Antes de Deus, foi Eros quem esteve aqui.

DEZEMBRO DE 2019. Não sei se é caso de alienação voluntária ou ignorância cultivada. Mas quando, pela primeira vez, ouço falar em SARS-COV-2, covid-19 ou "novo coronavírus", tenho certeza absoluta de que a distância geográfica que me afasta da China é a mesma que me separa do vírus. Em um almoço de família, pergunto a meu pai, sem muita preocupação, do que se trata. Ele, infectologista, explica que a origem do vírus é uma zoonose, como ocorre com tantos outros vírus respiratórios, mas que nesse caso a gravidade da doença deve-se à letalidade em idosos. Tudo me soa extremante longínquo, como se um vírus, espécie de organismo situado no limite entre o vivo e o não vivo, fosse um agente territorial.

Um talher cai no chão com estridência – e a conversa muda de rumo.

16 DE JANEIRO DE 2020. "A arte brasileira da próxima década será heroica e será nacional [...]. Ou então não será nada", proclama um integrante do governo, emulando trechos de um conhecido discurso de Joseph Goebbels. Posicionando-se diante da câmera do mesmo modo que o ministro da Propaganda da Alemanha nazista, o homem tem atrás de si uma imagem do presidente da República, assim como atrás de Goebbels estava Hitler. Protagonista de uma encenação grotesca, animada ainda pela ópera *Lohengrin*, de Wagner, como trilha sonora de fundo, esse homem ocupa o posto de "secretário especial da Cultura".

Poderia ser um sonho caricato, típico de uma história que se repete como farsa, mas desta vez me encontro de olhos bem abertos, para não dizer arregalados. Seria a história, pergunta-se Joyce, um pesadelo do qual estamos sempre tentando acordar?

"VOCÊ NÃO VIU NADA EM BRASÍLIA", repito para mim mesma enquanto caminho por entre superquadras e como quem fala sozinha, parafraseando o célebre "você não viu nada em Hiroshima", de Marguerite Duras: uma síntese da dificuldade, se não impossibilidade, de testemunhar a catástrofe.

"Você não viu nada..." – é a constatação de um impasse e de uma perplexidade.

"Depois do dia 28 vocês vão ver!" – é uma ameaça.

O que será que vamos ver?

O que será que não queremos ou não podemos ver?

Com sua irreverência habitual, Nicolas Behr assim formulou um dia:

Brasília
é isso mesmo
que você está vendo
mesmo que você
não esteja
vendo nada

ANNA ACORDA, vai até nossa cama e, pela primeira vez, me conta um sonho: durante a noite um pássaro pousou sobre sua cabeça. Ela acaba de fazer dois anos e consegue dizer, também pela primeira vez, que tem medo.

MAIO DE 2020. Há mais de dois meses estamos confinados, em quarentena. Em 11 de março as escolas fecharam, sem aviso prévio nem data certa para a reabertura. Fomos pegos desprevenidos, estupefatos. Em 24 de março foram os parquinhos infantis das superquadras que passaram a ostentar correntes e cadeados. As crianças, também elas, não entenderam, espantadas. Nosso pequenino mundo privado começou a se reduzir, a dar notícias do que estaria por vir.

Há mais de dois meses acompanhamos aflitos os últimos acontecimentos, a curva da transmissão do vírus, o número de mortes, o vaivém dos ministros da Saúde, a execução de um projeto de desmonte do país. Há mais de dois meses não escrevo, não leio, mergulhados que estamos em faxinas, preocupações e desinfecção das compras do mercado. Mas ainda assim tentamos nos alegrar, fazemos bolos e comemoramos os aniversários, confinados. Hoje, contudo, dei-me conta de que essa estranha e amorfa suspensão do tempo ainda demorará muito para emitir sinais de que vá terminar.

NÃO VEJO muita coisa de minha janela em Brasília. Estou no quinto andar de um edifício de seis andares. O prédio da frente é recuado à mesma distância, como todos os prédios da quadra e do Plano. À esquerda e ao fundo, vejo a linha do horizonte, de um verde que se perde no azul. Não ouço sinos ao longe e não são muitas as panelas que se fazem escutar. Mas sei que posso contar com a cumplicidade dos moradores ao lado e à frente de nós. Não foram poucas as vezes em que minha filha gritou "foola!" e riu de nossas frigideiras roucas pelo vento.

A horizontalidade de Brasília me traz paz, mesmo que seja uma paz "artificial", como Clarice se referia à cidade em suas crônicas. Por isso, se quero ver algo além do horizonte, preciso descer. Preciso submergir nas passagens subterrâneas da cidade, aquelas frequentadas apenas pelos condenados ao precário e insalubre transporte coletivo. A minha paz é a sua exclusão.

Nesses percursos, sorrio. Ao contrário das manifestações religiosas distribuídas pelo Plano, aqui vejo outra coisa. Em cores vivas e traços decididos, pede-se por mais beijos, mais amor, mais imaginação. Que a vida resista no subterrâneo ainda é algo que deveria fazer vibrar e dobrar as panelas.

ENCONTRO-ME em uma espécie de arquivo público, tomando notas e preenchendo fichas, quando sinto vontade de fazer xixi. No banheiro, escondido na cabine ao lado, um homem sussurra o meu nome e "gentilmente" me convida para que eu assista a todas as gravações de vídeo, imagens de televigilância urbana, em que apareço ao longo da vida. Estamos em uma sala fechada diante dos monitores, e o homem, muito branco, magro e comprido, parece procurar por algo que me incrimine. Eu, gélida e imóvel, sinto pavor com a possibilidade de encontrar em meu passado um crime que desconheço. A cena inicial se repete e me vejo novamente nesse arquivo, sentada na mesma posição de antes, tomando notas e preenchendo fichas. De repente, me dou conta de que meu verdadeiro crime está ali, bem visível e no tempo presente: sou eu a arquivista fichando e incriminando as pessoas.

5 DE JUNHO DE 2020. Hoje chegamos a 35.047 mortes oficiais, mas o governo brasileiro decide mudar a estratégia de divulgação da contagem total de mortos e apaga dados oficiais do site do Ministério da Saúde.

ÀS 6H15 o sol desponta no horizonte todos os dias diante de minha janela. Enorme e flamejante, ele me cega. Todos os dias, o mesmo ritual, como se a normalidade da vida seguisse seu curso. Todos os dias, não sei mais distinguir o que é normal do que não é. O que vejo do que não vejo. Não sei mais o que faço em nome da vida e o que me expõe ao risco da morte.

Outro dia uma família veio visitar seus parentes no prédio. Estacionaram abaixo de minha janela e desceram do carro sem alarde. O pai, um tipo grande e careca; a mãe e dois meninos muito louros que pareciam saídos do filme *A fita branca*, de Michael Haneke, vestiam camisetas verde-amarelas, em claro apoio ao presidente sem partido, com os dizeres em letras garrafais: "O meu partido é o Brasil".

Não sei mais quem são meus vizinhos.

LEIO, nos últimos dias, em diferentes jornais: presidente "esconde", "oculta", "elimina", "manipula", "deixa de publicar" e "promove apagão".

A realidade política brasileira parece uma espécie de buraco negro: aquilo que se produz pela atual tentativa de dissimulação do total de mortos e infectados por covid-19 no Brasil. Se até então precisávamos defender que nossos mortos não fossem apenas números e tivessem direito a seus nomes e identidades, para que um processo de luto público e social pudesse ser efetivado, agora precisamos lutar para que esses mesmos mortos tenham direito a fazer parte das estatísticas. Tenham direito a ser número.

É preciso não esquecer, preciso não esquecer: a principal estratégia de regimes autoritários e totalitários é não simplesmente o genocídio de uma parte da população, mas o apagamento dos vestígios dessa destruição. Nessa dupla negação gerada pela violência de Estado, é a própria possibilidade do luto e de sua elaboração que é colocada em suspensão.

Pressinto que ainda mais uma vez em nossa história seremos assombrados pelo que foi negado.

É DOMINGO DE MANHÃ e o hino nacional toca ao longe. Ao que parece, vem da Esplanada dos Ministérios, das margens plácidas do Ipiranga. Sonolenta e absorta, demoro a perceber o brado retumbante desse povo heroico. Com uma vassoura numa mão e uma bucha de cozinha na outra, cato fios de cabelo pela casa, recolho brinquedos e esfrego freneticamente paredes rabiscadas. Apesar do cansaço, meus braços parecem incansáveis, disciplinados como dois soldados, determinados a capturar cada grão de poeira fugitiva, enquanto lá fora o sol da liberdade, em raios fúlgidos, brilha no céu da pátria nesse instante.

Desconfio se estou sonhando acordada ou dormindo em vigília. Desde outubro de 2018 não sei mais distinguir os pesadelos das notícias de jornal, os sonhos intensos dos raios vívidos. Minha filha vem interromper meu torpor. Com o rosto risonho e límpido, ela me entrega uma boneca cujas mãos estão besuntadas de álcool em gel.

O FRIO SECO da noite traz com nitidez os estampidos dos rojões lançados na Esplanada. Sinto um frio na espinha. Rojões em geral são lançados para celebrar alguma coisa, mas agora é um tanto diferente: eles os lançam para celebrar seu próprio poder de ameaçar. Na manhã seguinte, ouço pelo rádio que, não satisfeito em tentar invadir o Congresso Nacional na tarde de sábado, o grupo neofascista 300 do Brasil insiste na intimidação da democracia por meio do espetáculo noturno de suas máscaras de caveira, tochas em mão, rojões e rosnados.

Nesse clima de ameaça permanente ao som de botas em marcha, integrantes do governo têm vociferado: "O trabalho liberta", "quarentena é campo de concentração", "o nazismo é de esquerda".

Uma catástrofe começa quando as palavras são sequestradas.

JÁ SE DISSE que a primeira vítima do nazismo foi a língua alemã, então instrumentalizada e tornada puramente técnica, neutra, administrativa. Por aqui, sinto que a destruição se instaurou no momento em que as palavras começaram a perder a capacidade de operar sentido, de produzir realidade e consequência. Quando todas as formas de agressão, insulto, ofensa e até mesmo elogio da tortura são publicamente naturalizadas e criminosamente desresponsabilizadas, estamos diante – como chamar? – de um estado de barbárie.

Como em uma alegoria totalitária, uma novilíngua orwelliana, temos assistido à transformação das palavras em formas vazias, as quais passaram a significar, justamente, o contrário do que enunciam: meio ambiente, justiça, cultura, saúde, ciência, direitos humanos, cidadania... De "Deus" a "democracia", não há uma única palavra dita por quem nos governa que não seja cravada à bala.

"QUE MUNDO VOCÊ QUER pós-covid?"

"Por que queremos nossa extinção?"

Leio em letras garrafais sobre o chão de uma ciclofaixa, nas raras vezes em que saio de casa.

A CAMISETA PRETA, como era de esperar, ficou coalhada de água sanitária. Que ideia, vestir preto para fazer faxina. Só que agora o luto havia se transformado em rotina, assim como o uso diário do alvejante. Aliás, quanto maior o desespero, a vontade de chorar, a indignação, a morte por minuto e à prestação, maior é a necessidade de alvejar a casa, desinfetá-la, expurgá-la de todo o mal. Mas onde está o mal? Invisível como um vírus ou bem visível, aqui ao lado? De acordo com o Google Maps, estou a menos de cinco quilômetros do Palácio do Planalto. Em apenas 40 minutos de caminhada eu poderia tocar o núcleo duro da doença que nos mata: "E daí?", "o país não pode parar", "o trabalho, a união e a verdade libertarão o Brasil", "vocês querem desenterrar os mortos", "eu não sou coveiro", "o passado já passou".

Sim, somos o país do futuro, é claro. Mas aqui a devastadora locomotiva do progresso deu lugar a um trem-fantasma descarrilado. No futuro, os 50.058 retornarão – simplesmente porque, sem direito a luto público, continuam entre nós. E não haverá água sanitária que faça desaparecer esse cheiro de extermínio.

ACOMPANHANDO AS BREVES CRÔNICAS de uma colega sobre um cemitério de Copenhague, me pergunto por que, afinal, visitar cemitérios nunca foi um programa brasileiro, nem mesmo antes que os nossos tenham se transformado nessa imensa e insalubre vala comum. Seria em razão de nossa crônica falta de memória e perspectiva histórica? Pela ausência de charmosos corvos e ciprestes?

Em outubro de 2019, numa ida à Portbou, cidade espanhola fronteiriça com a França, visitei o pequenino cemitério onde Walter Benjamin foi enterrado após cometer suicídio em 27 de setembro de 1940. Fugindo da perseguição nazista, sem forças e sem esperança, Benjamin colocou um ponto-final em sua vida em um lugar emparedado entre os Pirineus e o Mediterrâneo, entre o fechamento da montanha e a abertura do mar. Sobre seu túmulo, alguém – uma criança ao que parece – lhe deixou como homenagem um carrinho.

Enquanto me recordo dessa imagem, me dou conta, pela primeira vez, de que nunca vi um cemitério em Brasília. Perplexa, procuro por um e descubro que a menos de dez quilômetros de casa há um tal de Campo da Esperança.

NÃO SEI MAIS o que está acontecendo. Há algum tempo parei de acompanhar as notícias e os números. Quando criança, havia sempre o momento em que chegava ao número limite de carneirinhos. Depois de certa quantidade, não conseguia mais contar. Era vencida pela exaustão e pela dificuldade em dar uma imagem à aglomeração de caprinos saltitantes. Minha insônia precoce foi minha primeira experiência de *nonsense*: era quando tudo parecia normal, no silêncio da madrugada, que eu me via diante do sem sentido e da perplexidade da existência.

Hoje não padeço mais daquelas insônias, embora a perplexidade continue. As noites em claro deram lugar a uma intensa vida onírica, como se os olhos continuassem abertos, mas agora em outro sentido. As manchetes de jornal, os acontecimentos do dia, o número já incontável de mortos, o ódio e o desprezo que nos animam como sociedade, como se fôssemos mamíferos bovídeos diante do abatedouro, têm sido substituídos pelos pesadelos mais sinistros.

No último deles, eu matava o presidente da República enquanto era filmada em uma superquadra. Pela primeira vez em um de meus sonhos recentes, não senti culpa por matar alguém. Mas fiquei em pânico por ter esquecido a máscara.

NO SILÊNCIO DA MADRUGADA, tentando algum consolo, só consigo pensar que, em pouco tempo, antes de nós, os ipês amanhecerão floridos e opulentos. É julho na capital federal, mês mais bonito e alvissareiro do ano. Mas, se a natureza celebra seu curso independentemente de nós, um dia, quero crer, os ipês hão de dar testemunho.

QUANDO LÚCIO COSTA ganhou o concurso nacional realizado em 1957 para definir o desenho urbano da nova capital brasileira, sua inspiração declarada para o Plano Piloto da cidade não foi o formato de avião, como se supõe popularmente em razão de seus eixos chamados de "Asas". Antes, declarou o urbanista, Brasília nasceu "do gesto primário de quem assinala um lugar ou dele toma posse: dois eixos cruzando-se em ângulo reto, ou seja, o próprio sinal da cruz".

Com esse gesto, de posse, demarcação, conquista, mas também assinatura e invenção, Lúcio Costa recuperava um signo do passado colonial para planejar e construir o que lhe parecia ser o futuro. Tal como a mítica Israel sonhada por dom Bosco, Brasília seria aos olhos de seus inventores o território da utopia, espaço vazio e seco onde se deveria começar uma nova capital, um novo projeto de país, uma nova nação, a partir do zero. Sessenta anos depois de sua fundação, Brasília – esse "futuro que aconteceu no passado", segundo Clarice – carrega a memória do que poderia ter sido. Memória de um futuro perdido.

CONTINUO ENCONTRANDO verdade e graça no absurdo dos meus pesadelos. Nessa trombada misteriosa entre o radicalmente pessoal e o inescapavelmente coletivo, entre o dentro e o fora, sonhei há pouco com a invasão do apartamento por velhinhas chinesas; com o dilema entre fazer concurso para a universidade ou abrir uma loja de embalagens; com o vaso sanitário de casa vigiado 24 horas por dia; e até com um verso de "Tabacaria", de Fernando Pessoa, poema de um confinado ao pé de uma janela. Dessa vez acordo sorrindo. "Meu coração é um balde despejado."

No entanto, parafraseando Pessoa, se Brasília teria em si "todos os sonhos do mundo", ela será sempre "o que não nasceu para isso".

20 DE JULHO DE 2020. Leio hoje que o governo brasileiro está sendo acusado por crime de genocídio, sobretudo contra populações negras e povos indígenas, diante de tribunais internacionais. Uma jurista fala em "intenção", "plano", "ataque sistemático".

Faço uma breve pesquisa e aprendo que o termo "genocídio" foi cunhado apenas em 1944 pelo jurista Raphael Lemkin, judeu polonês radicado nos Estados Unidos, com a intenção de tipificar o genocídio armênio de 1915, até então desprovido de nomenclatura adequada. Em 1945, finda a Segunda Guerra, de cujo massacre Lemkin escapou, o termo é empregado pelo Tribunal de Nuremberg, embora ainda sem estatuto jurídico, para descrever as políticas nazistas de destruição em massa dos judeus europeus.

"Minha especialidade é matar", já declarou o capitão da reserva, então candidato a presidente da República, antes de ser eleito. Matar em nome de Deus, da pátria, da propriedade e da família brasileira. Respiro fundo – e lamento que não haverá um tribunal internacional para a milícia neopentecostal no poder.

ESTOU EM UMA ESPÉCIE de sombrio porão ou sótão, que logo percebo ser um centro de tortura, onde sou obrigada a jogar uma roleta-russa em que me são impostas duas opções: matar ou morrer. Eles me dão uma arma e dizem que preciso acertar a cabeça de um homem negro. Ao homem também é dada uma arma, é ele ou eu. Atiro de olhos fechados. Viva por um átimo, consigo fugir por uma escada escura interceptada por pesadas portas anti-incêndio. Desço pulando degraus, desesperada, quase sem respirar. Quando caio em mim estou já no andar térreo, em um espaço claro, reluzente e asséptico: assombrada, assisto à vida normal de um *shopping center*.

DESDE QUE COMECEI a fazer estas notas, tenho a sensação de ser dramática demais. Talvez seja minha natureza, intensificada por este estado de deriva em que nos encontramos. Como nomear? Calamidade, tragédia, catástrofe, desastre? Nenhuma dessas palavras me parece adequada, pois tingem de inevitabilidade histórica o que nos acontece. O Brasil é um oximoro: terra do carnaval e da reinvenção, é também o país do genocídio e da fatalidade. De novo, não consigo conter a dramaticidade.

Neste momento radicalmente opaco, em que as palavras "horizonte", "futuro", "perspectiva" e "utopia" perderam todo o sentido, já troquei um punhado de esperança por um sorriso do dono da tabacaria.

Aqui estamos com 87,6 mil mortos.

PRIMEIRO fecharam as escolas. Depois os parques públicos, as praças, espaços de convivência coletiva. Em seguida fecharam os parquinhos infantis. Na sequência nos fechamos em casa – e assim nossa boca, perplexa, atônita, crispada, também se fechou no aguardo do que estaria por vir. E então as pessoas começaram a morrer. E então as pessoas continuaram a morrer. E então as pessoas não pararam mais de morrer. Finalmente, quando a morte estava por todo lado, abriram os parques públicos. Os *shoppings centers*. O comércio das superquadras.

Dizem-nos que o Brasil não pode parar. Que desemprego mata mais que vírus. Que a letalidade é efeito colateral. "Tem medo do quê? Enfrenta!" Dizem-nos também que são as crianças da primeira infância a principal fonte de transmissão assintomática. Por isso, os parquinhos infantis devem seguir fechados. Mas são eles, os adultos, os governantes, os cidadãos diplomados, os homens de bem, que precisam se divertir. Que brincam com a nossa cara. Que jogam com as nossas vidas.

— Mamãe, por que o parquinho tá fechado?

Não sei mais que explicação dar à minha filha.

8 DE AGOSTO DE 2020. "Brasil supera 100 mil mortes por covid-19."

Sabe-se que a primeira vítima foi uma mulher de 57 anos, morta em 12 de março em São Paulo. Depois dela, mais quatro pessoas da mesma família faleceram em um intervalo de 40 dias. Já no estado do Rio, a primeira vítima foi uma mulher de 63 anos, em 19 de março. Empregada doméstica, pegou o vírus da patroa moradora do Leblon, recém-retornada de uma viagem à Itália.

Cem mortos são dignos de nome, mil mortos são dignos de número, mas 100 mil se tornam uma abstração. Sinto que agora ultrapassamos todos os limites, ou, melhor dizendo, que não há nem nunca houve limites aos olhos dos atuais pastores da morte. Aquilo que era "inimaginável" tornou-se mais uma vez realidade – mais uma das realidades, em nossa história, sem imagem.

Talvez tenha sido por essa razão que parei de sonhar nas últimas semanas. Seria porque nem os sonhos, sismógrafos de uma realidade estruturada como tormento, têm sido capazes de dar uma imagem ao que vivemos? Seja como for, meus pesadelos corriqueiros deram uma trégua: estão de luto.

SE O BRASIL fosse um filme, seria impróprio para menores. Se fosse uma praia, seria imprópria para banhos. Sendo um país, o Brasil é impróprio para a vida.

A NECROPOLÍTICA BRASILEIRA é assim, amadora e profissional, patética e calculada: mistura de chanchada macabra com *snuff movie* para valer. Éramos o país da alegoria, do futuro. *Terra em transe* foi a personificação barroca de nossa decadência política por vir. *Lavoura arcaica* tingiu de sangue a ordem familiar patriarcal que ainda rege o país. *A hora da estrela* deu corpo a uma nordestina massacrada pela desigualdade social, anulada pelo poder olímpico dos homens de bem. Seja no cinema ou na literatura, essas foram representações do que fomos ou do que poderíamos ter deixado de ser. Sim, foram, pois agora sou tomada pela sensação de que as representações acabaram, de que a dimensão simbólica da linguagem chega ao fim, de que a cultura não exerce mais uma mediação entre nós: tudo é acachapantemente literal, nas vias de fato. Junto com as mais de mil mortes diárias e as mais de 100 mil "acumuladas no período", a linguagem também tem sido assassinada – e isso não é uma metáfora.

OUTRO DIA acordei com saudades, com imensas saudades de uma amiga muito mais velha que mora do outro lado do planeta, lá onde Deus e o mundo, o inferno e o paraíso, teriam sido criados. Na última vez em que nos vimos em seu apartamento em Tel Aviv, em janeiro de 2015, ela estava bem, vigorosa e assertiva como sempre, mas se queixava dos olhos, dos olhos que falham e não funcionam, dos olhos que não podem ver nem ler como antes. Não foram poucas as vezes em que ela desligou o telefone esbravejando contra a velhice, tomada por uma indignação furiosa: a resignação nunca fizera morada em seu ser. Não ver, não ver como antes, era para ela insuportável. E passaram-se pouco menos de dez anos entre as primeiras idas a médicos até o momento em que ela não conseguia mais enxergar os números do telefone para me ligar.

Foi nesse encontro em 2015 que Mira Perlov determinou, repetindo com ênfase, que eu jamais deveria abrir mão de meu desejo de ser mãe por imposição do desejo de qualquer outro. Enquanto me dizia isso, recordou com graça que em 1959, em um hospital israelense, parira suas gêmeas, Yael e Naomi, no mesmo momento em que uma mulher beduína dava à luz a seu lado. Hoje, após mais de um ano sem nos falarmos, ocupada com a vida, com as urgências da maternidade e com a sobrevivência em seus diversos níveis, tomei coragem e decidi falar com ela, ligando para o celular de sua cuidadora filipina.

"Mira, é Ilana, Ilana do Brasil, do Brasil", repito, a cada vez num tom mais alto, e com o sentimento de que a palavra "Brasil" começa a se esmaecer. Empenho-me, mas não consigo restituir o que vem em seguida nessa conversa de poucos segundos. Peregrinando em sua memória, cujas falhas tornaram-se verdadeiros abismos, esgotada por tanto esforço, Mira encerra a ligação me cortando: "Estou cansada". E depois acrescenta, talvez para não me ofender: "Vamos ver, vamos ver".

Desligo o telefone devastada, como se um pedaço de meu mundo, mais um, se evanescesse junto com sua memória. Eu também ando cansada de tantas despedidas incompletas, extraviadas.

COMO IREMOS, futuramente, nos recordar deste tempo, este tempo de suspensão, de exceção, de extinção? Este tempo nebuloso e indefinido, sem escola, sem ajuda, sem família nem amigos por perto, sem data para terminar, sem perspectiva de mudança, sem nada para começar. Este tempo em que sensações, pensamentos, angústias, pesadelos, exaustão e esquecimentos se confundem, como se vivêssemos suspensos naquela espécie de densa nuvem de poeira que costuma vir depois de terremotos e cataclismos.

Escrevo para tentar "dar às datas uma fisionomia": tomo emprestada uma expressão de Benjamin em seu projeto das *Passagens*, pois, contrariamente à nossa tendência de pensar, não é o relato linear que nos restitui a realidade, que nos permite ver, mas o fragmento, o detalhe preciso. Escrevo para não perder o sentido do calendário, para deixar algum traço ou registro de uma experiência que, certamente, tenderá a se apagar, seja por negligência, recalque, esquecimento voluntário ou qualquer forma de anistia do passado que neste país conhecemos tão bem.

Mas como escrever "eu" sem que esse mesmo pronome pessoal ocupe o centro do que é dito? Não estou muito certa, são sempre tentativas, montagens. Porém cabe lembrar: falar de si não significa contar sua vida, mas fazer ouvir sua voz. Todas as palavras, todos os sonhos são bens comuns, produções coletivas.

COM FREQUÊNCIA me pergunto diante das imagens de um mundo que eu vi e que não mais voltará: o que dirão e mostrarão os livros didáticos de história que nossos filhos e as gerações por vir ainda hão de ler na escola, depois, muito depois, que tudo isso passar?

EM UM INTERVALO entre a desinfecção das compras e especulações futurísticas, assisto com minha filha a uma animação de "Aquarela", de Toquinho e Vinicius. Fico emocionada. Relembro minha própria infância, o que esperava da vida diante de um sol amarelo, de um barco a vela branco navegando, de um avião rosa e grená, naquela lendária propaganda de lápis de cor. Ela ainda não tem dois anos e meio, mas mesmo assim tento lhe explicar o que significa a palavra "futuro" quando Toquinho canta em 1983, na mesma época da campanha pelas Diretas Já, que sem pedir licença ele muda a nossa vida e depois convida a rir ou chorar.

Mas a pequena não parece interessada. Exercendo seu direito de ser puro agora, apenas olha para mim e suplica:

— Dança, mamãe, dança!

HÁ TEMPOS não me recordo mais dos meus sonhos como antes. É como se suas narrativas tivessem sido sequestradas pela falta de sentido que nos habita, substituídas por flashes autônomos: um corredor de hospital; uma sala de espera; uma casa que não reconheço como minha, repleta de degraus, escadas e portas fechadas. Por vezes experimento uma série de máscaras: de papel, tecido, plástico. Mas sufoco em cada uma delas.

Em *Sonhos no Terceiro Reich*, livro publicado originalmente em 1966, a jornalista alemã Charlotte Beradt recolheu relatos de sonhos de alemães entre 1933 e 1939, anos de pré-guerra. Mesmo não sendo psicóloga ou antropóloga de formação, ela percebeu que uma mutação sem precedentes se realizava na vida onírica dos alemães de então, cujos sonhos eram a única possibilidade de uma "vida privada" resguardada no contexto da experiência totalitária que começava a se instalar no país. Em um dos casos coletados, um homem jovem passa a sonhar sempre com formas geométricas, como triângulos, retângulos e octógonos, segundo a leitura de Beradt, por precaução. Em outro, também por prudência, uma faxineira sonha que fala em russo, de modo que ela própria não compreenda o que diz.

"POR QUE O SOFRIMENTO de cada dia se traduz, constantemente, em nossos sonhos, na cena sempre repetida da narração que os outros não escutam?", pergunta-se Primo Levi, em *É isto um homem?*, a respeito de seus terríveis e inaudíveis sonhos, nos quais, diante da mesa de jantar, a família não pode escutá-lo nem acreditar no que diz.

10 DE OUTUBRO DE 2020. É manhã na cidade da utopia, na cidade da distopia. Coloco uma máscara e me esforço para sair um pouco e caminhar. A 600 metros do apartamento, alguém, disposto e bem-humorado, pendurou sobre um galho de árvore uma espécie de placa de automóvel com os dizeres: "Nunca deixe de sonhar".

Hoje no Brasil há 150.236 sonhos desaparecidos. Nos próximos meses eles serão ainda mais numerosos, mas já teremos nos habituado e deixado de nos abismar, prostrados, resignados. Desde a deposição de uma presidente, em agosto de 2016, o indefensável vem sendo "normalizado" pelas instituições brasileiras, pela imprensa, pelos gestores da vida e da morte que nos governam. Como me dizia aquele faz-tudo na antessala das últimas eleições presidenciais, "depois do dia 28 vocês vão ver".

O que será que ainda vamos ver?

O que ainda não conseguimos nem sequer imaginar?

Sento em um raro banco ao longo do caminho e, em vez de procurar o celular tateando o interior da bolsa com as mãos, naquele automatismo habitual, olho para baixo. A meus pés, sobre a terra vermelha do cerrado, um batalhão de formigas disciplinadas trabalha indiferente.

A UM SÓ TEMPO cega e lúcida pela luz de Brasília, Clarice imaginara o inimaginável tantas décadas antes: "Se há algum crime que a humanidade ainda não cometeu, esse crime novo será aqui inaugurado".

Para Anna e Rosa, recém-chegada,
cujos olhos me fazem ver além

Ilana Feldman (1978) é doutora em cinema pela Escola de Comunicações e Artes da USP, com passagem pelo Departamento de Filosofia, Artes e Estética da Universidade Paris 8. Este ensaio teve como gênese sua participação no ciclo de palestras performáticas *Em obras*, que também originou "Não entender", publicado na **serrote** #27. No momento da finalização deste texto, o país ultrapassava a marca de 500 mil mortos.

A construção do painel que depois veio a ser chamado de Cidade Nanquim foi fruto do acaso. Em 1990, fui submetido a uma pequena cirurgia que exigiu uma recuperação cheia de cuidados, e foi dessa forma que comecei a desenhar em folhas A4 uma cidade vista de cima. A escolha desse tamanho de papel se explica pela necessidade de desenhar sem grandes complicações, em geral deitado, tendo um pequeno suporte servindo de base. Porém, logo o desenho começou a crescer e, a seguir, comecei a fazer emendas que levaram a cidade para outras folhas sucessivamente. Sem planejamento prévio, ao final de meu retiro forçado, eu tinha feito um painel de aproximadamente 40 folhas (dez colunas no comprimento horizontal, cada uma formada por quatro folhas colocadas uma sobre a outra). ◖ Ainda sem nome, tinha nascido uma cidade de papel. Daí em diante, cada nova etapa foi executada em períodos que tinham intervalos longos entre si, algumas vezes abrangendo mais de um ano. Isso levou a certas descontinuidades formais que, a meu ver, enriquecem o trabalho. ◖ A cidade é totalmente imaginada, sem uso de referências fotográficas ou desenhos de observação. Dessa forma, cada prédio, logradouro, monumento e personagem têm de ser buscados na memória e, por isso, gosto de pensar esse processo como um imenso improviso, uma espécie de *jam session* gráfica.

C·I·D·A·D·E

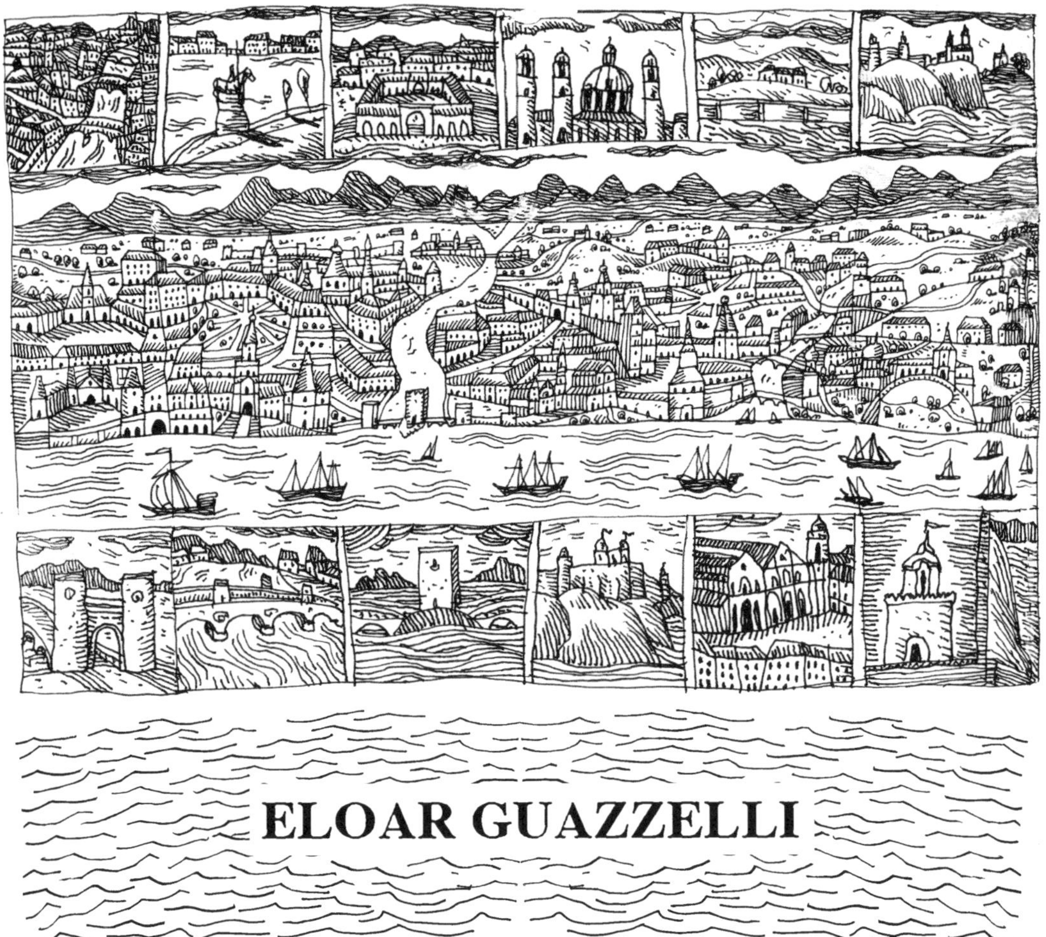

ELOAR GUAZZELLI

NANQUIM

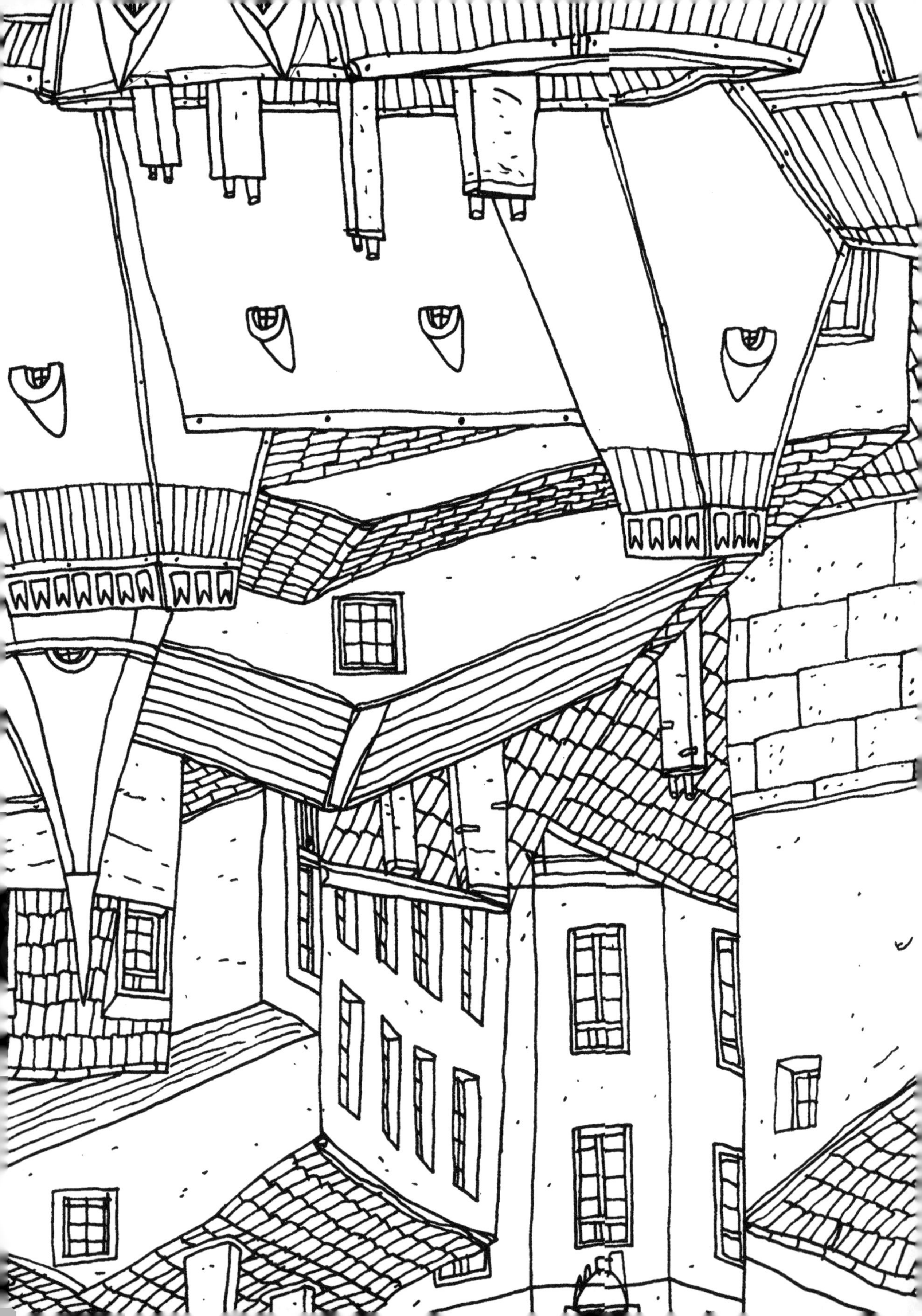

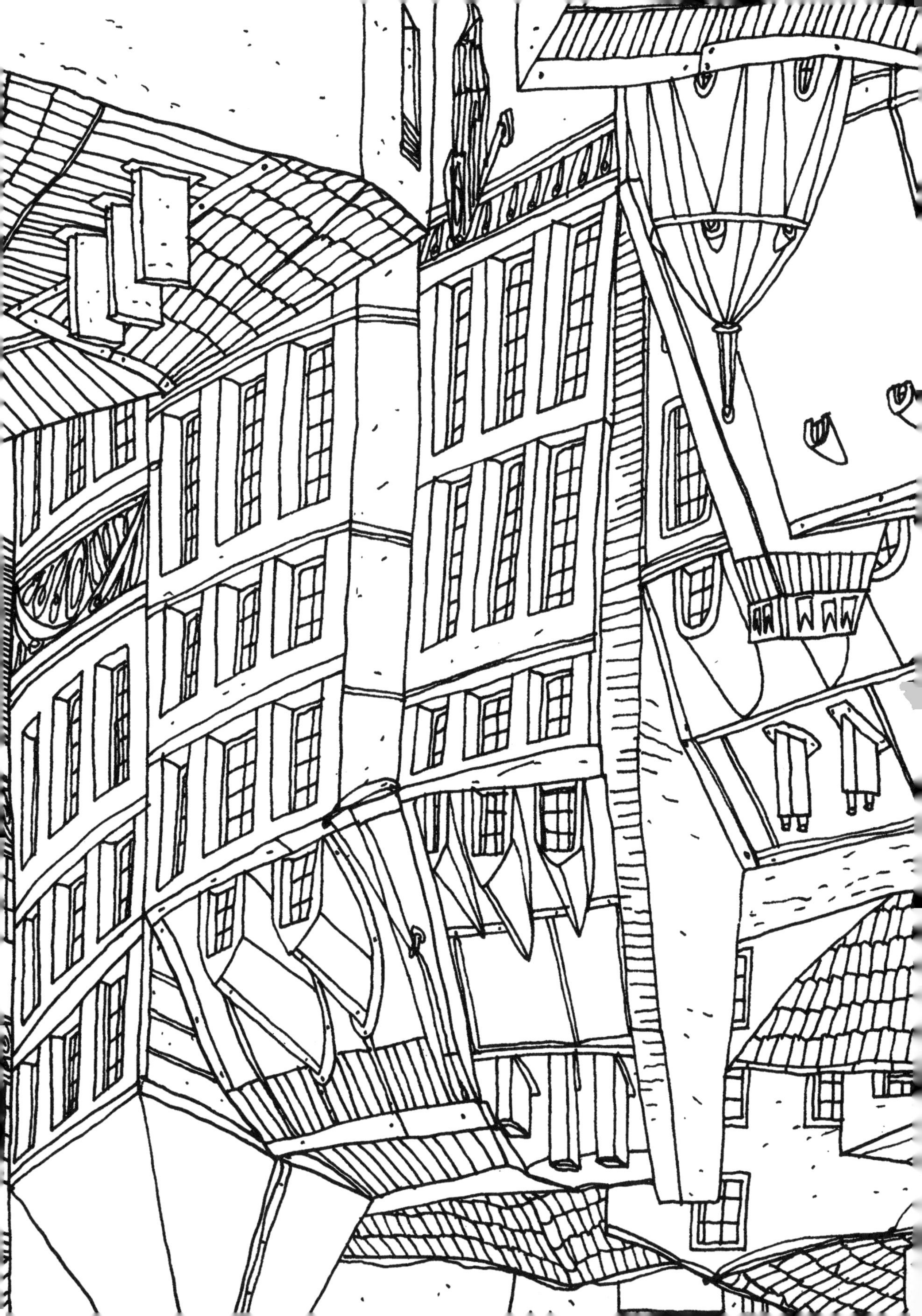

LADY ROBIN

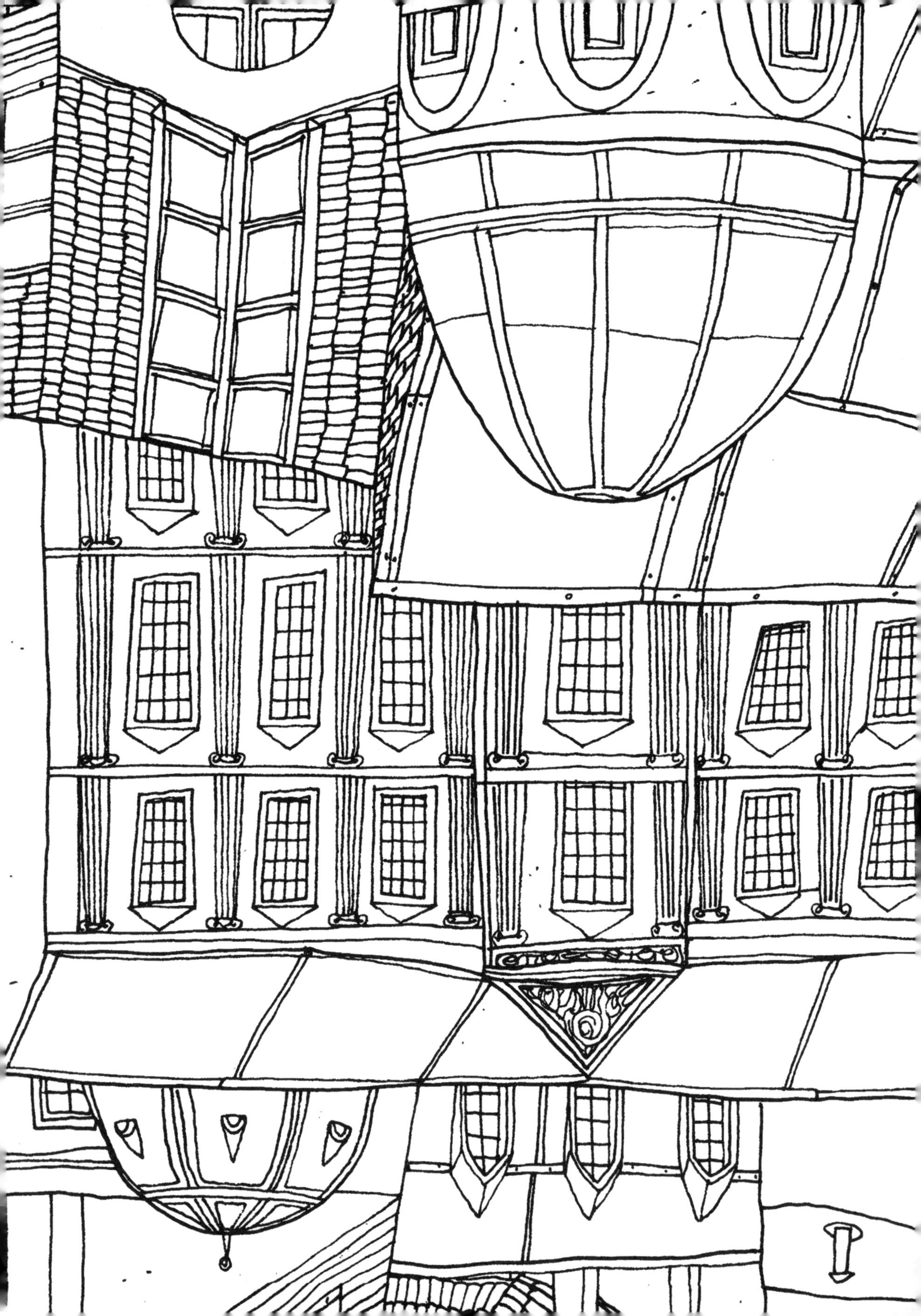

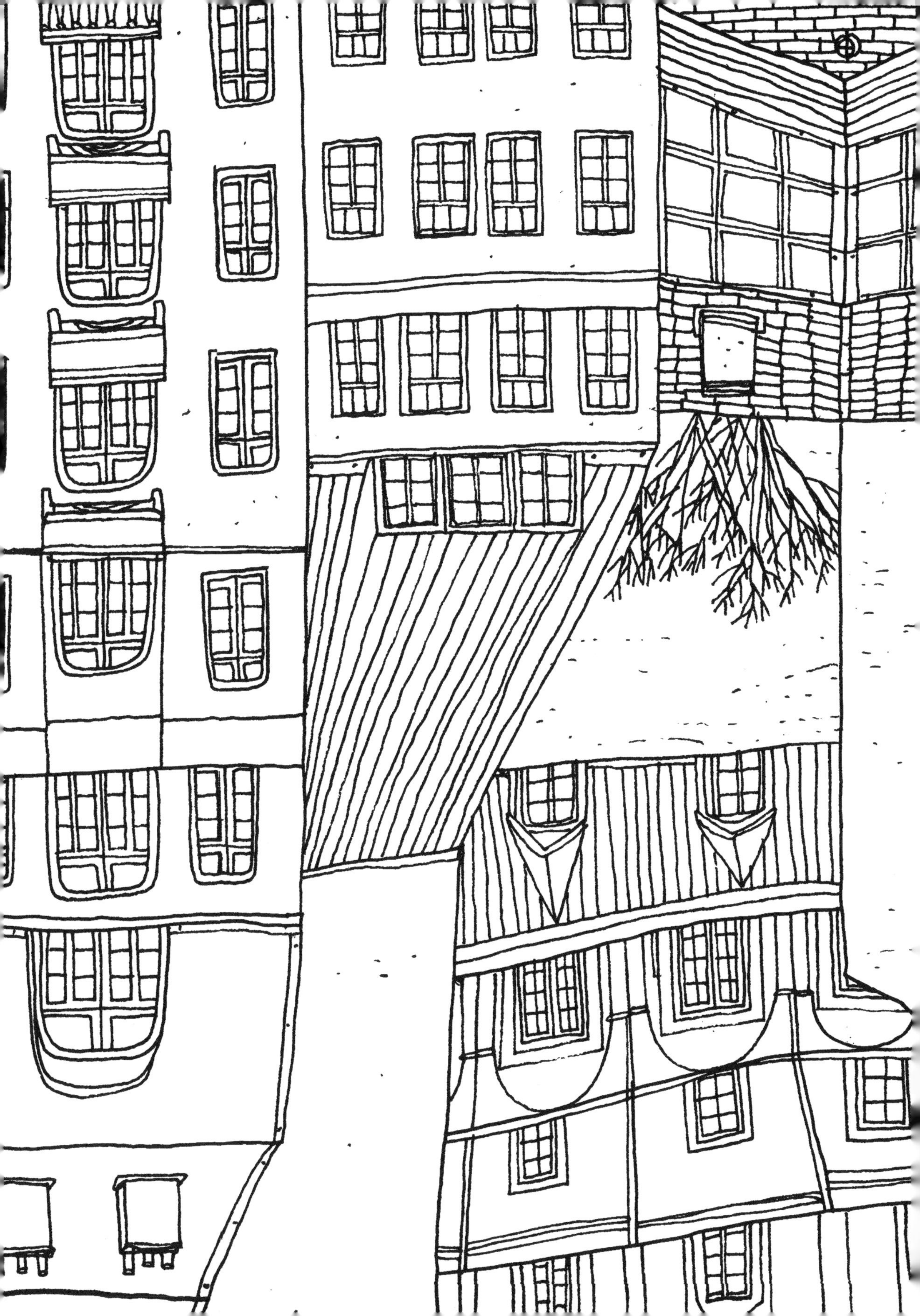

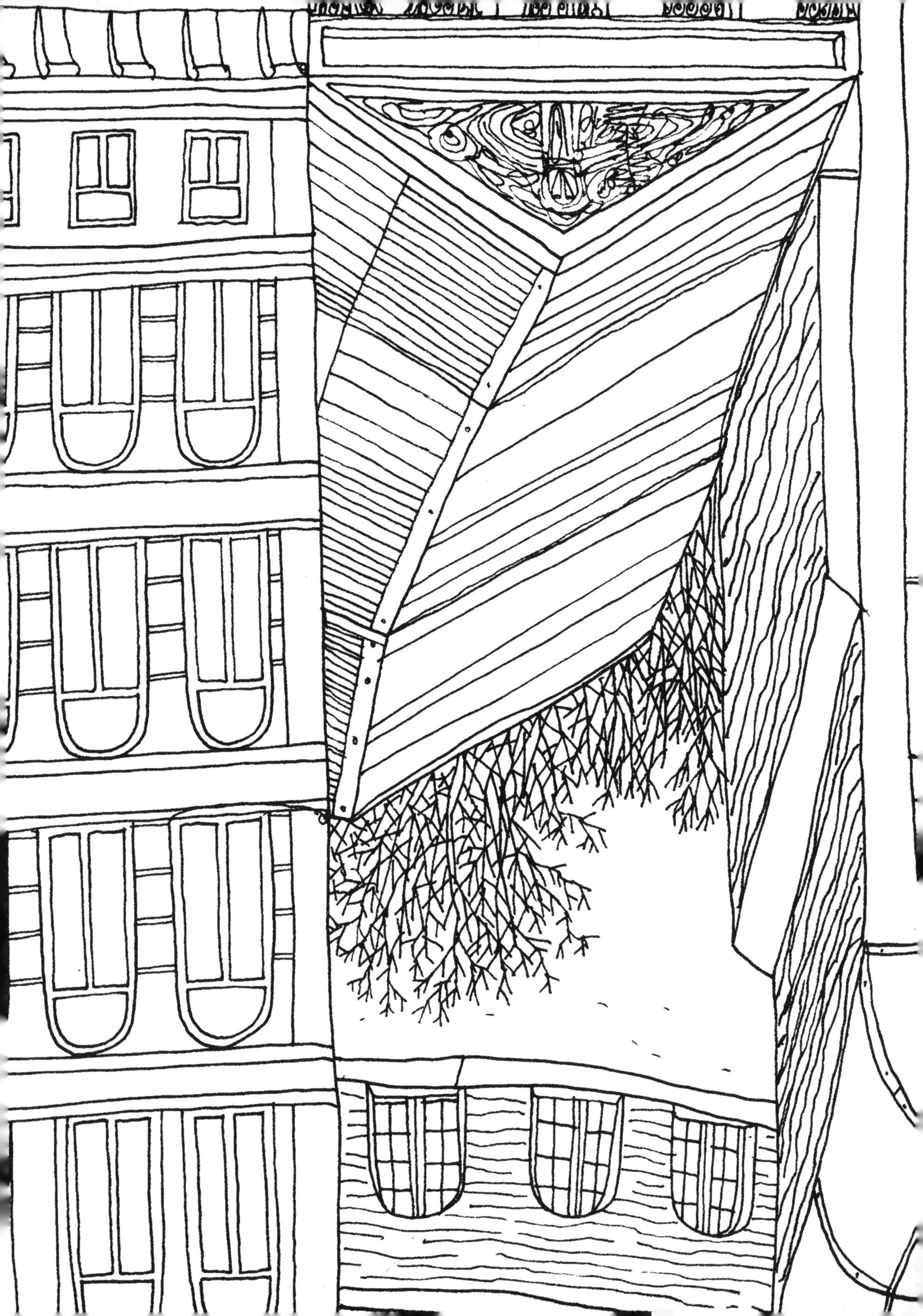

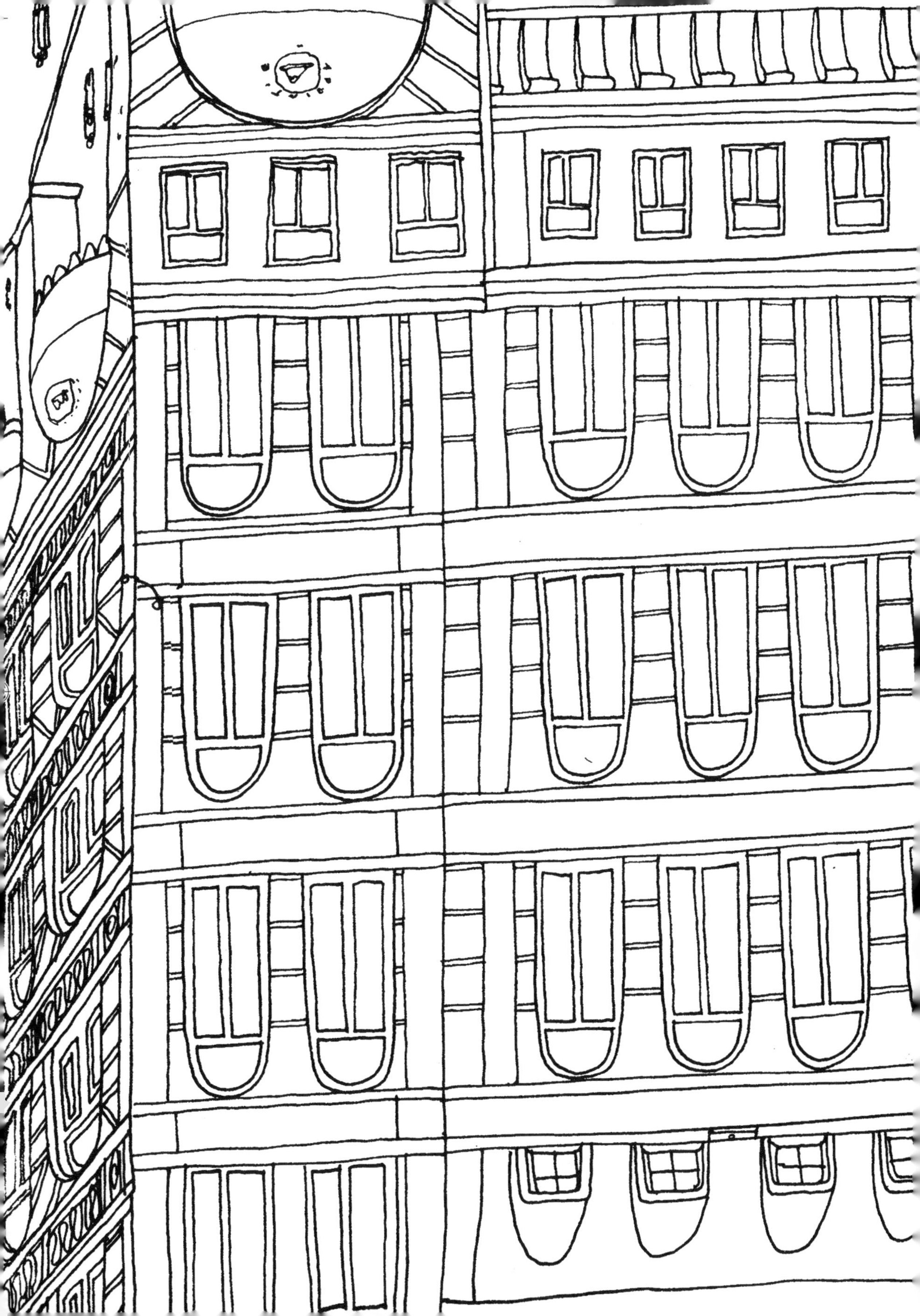

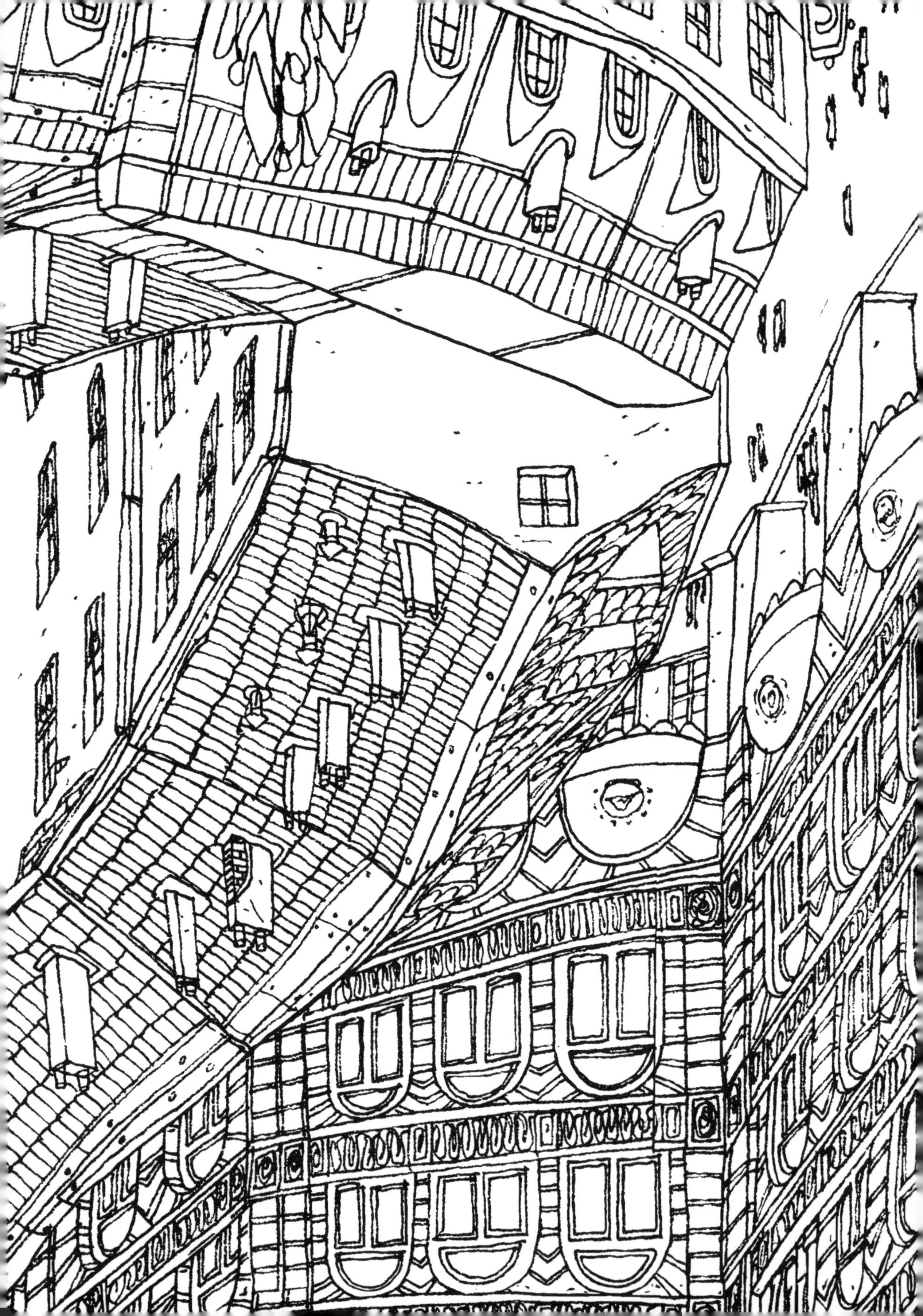

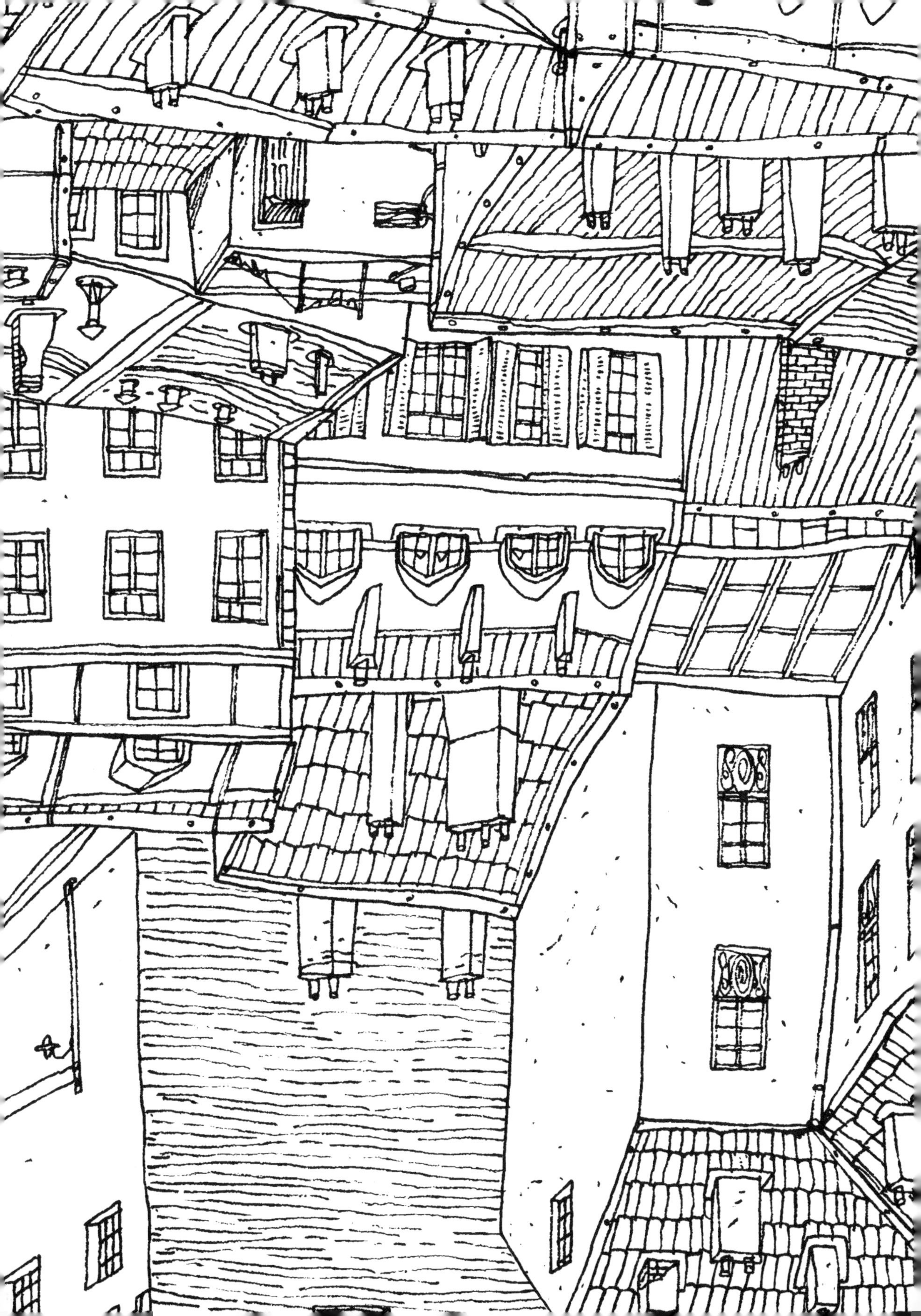

PRINZ

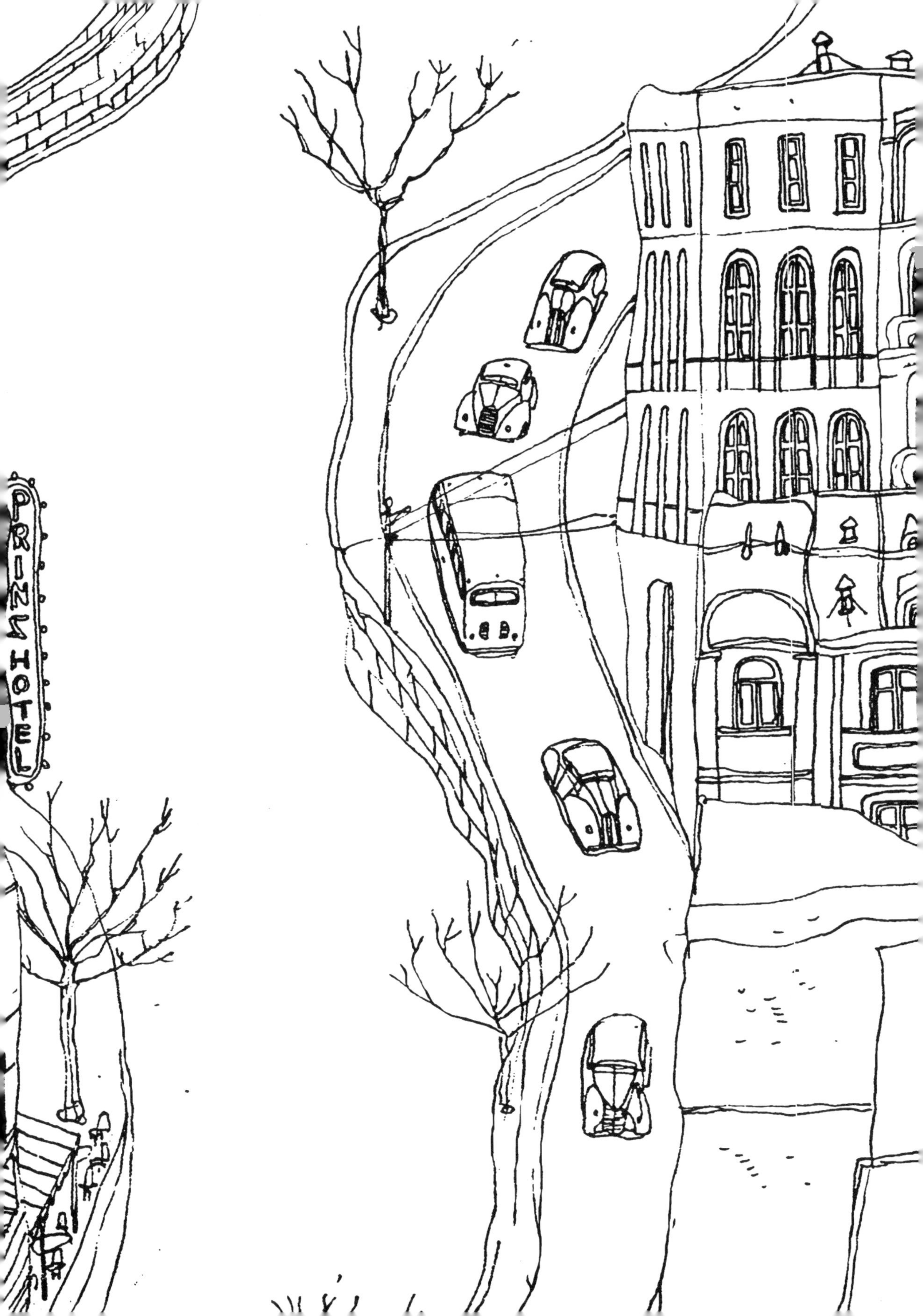
PRINS HOTEL

SCALA

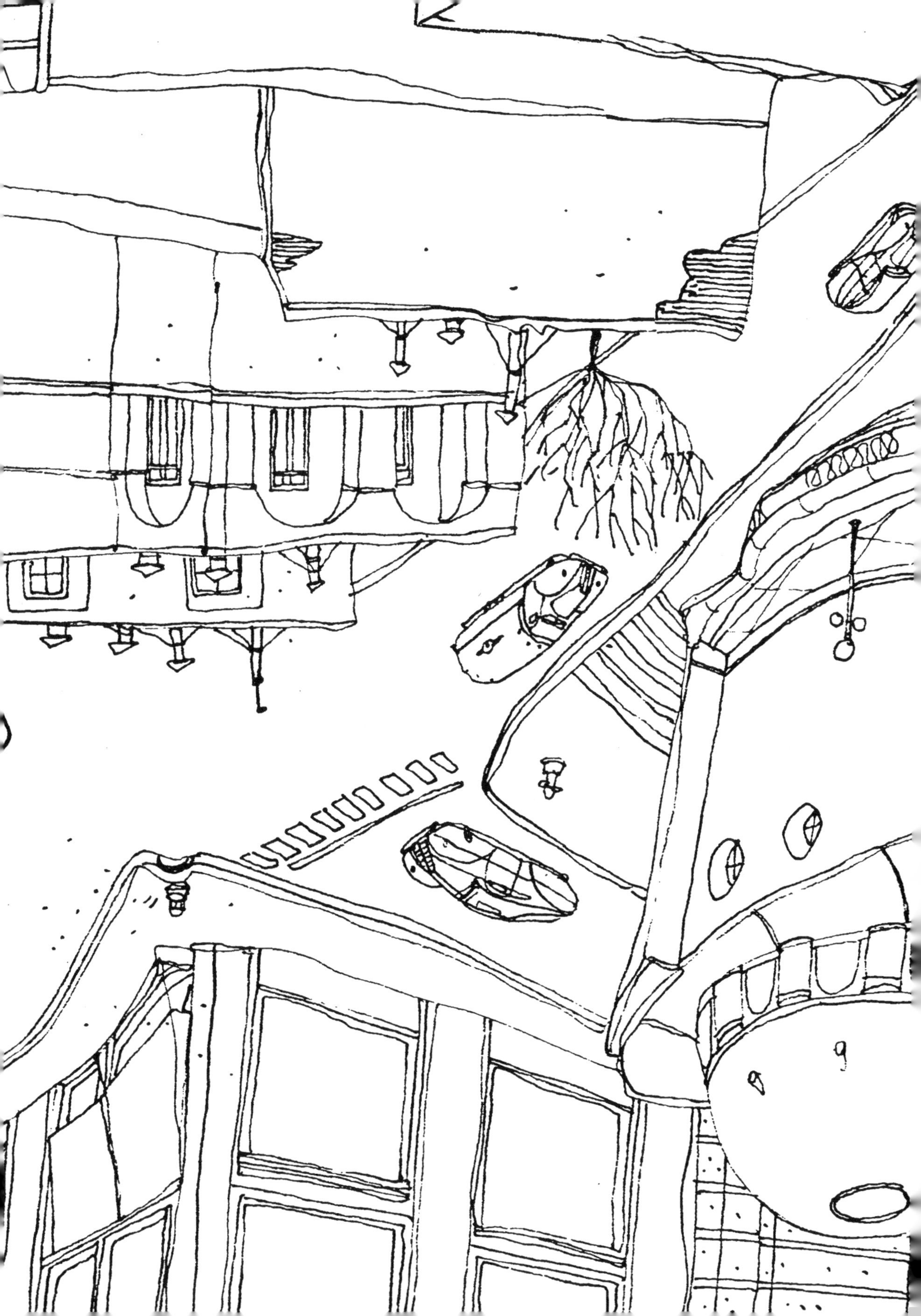

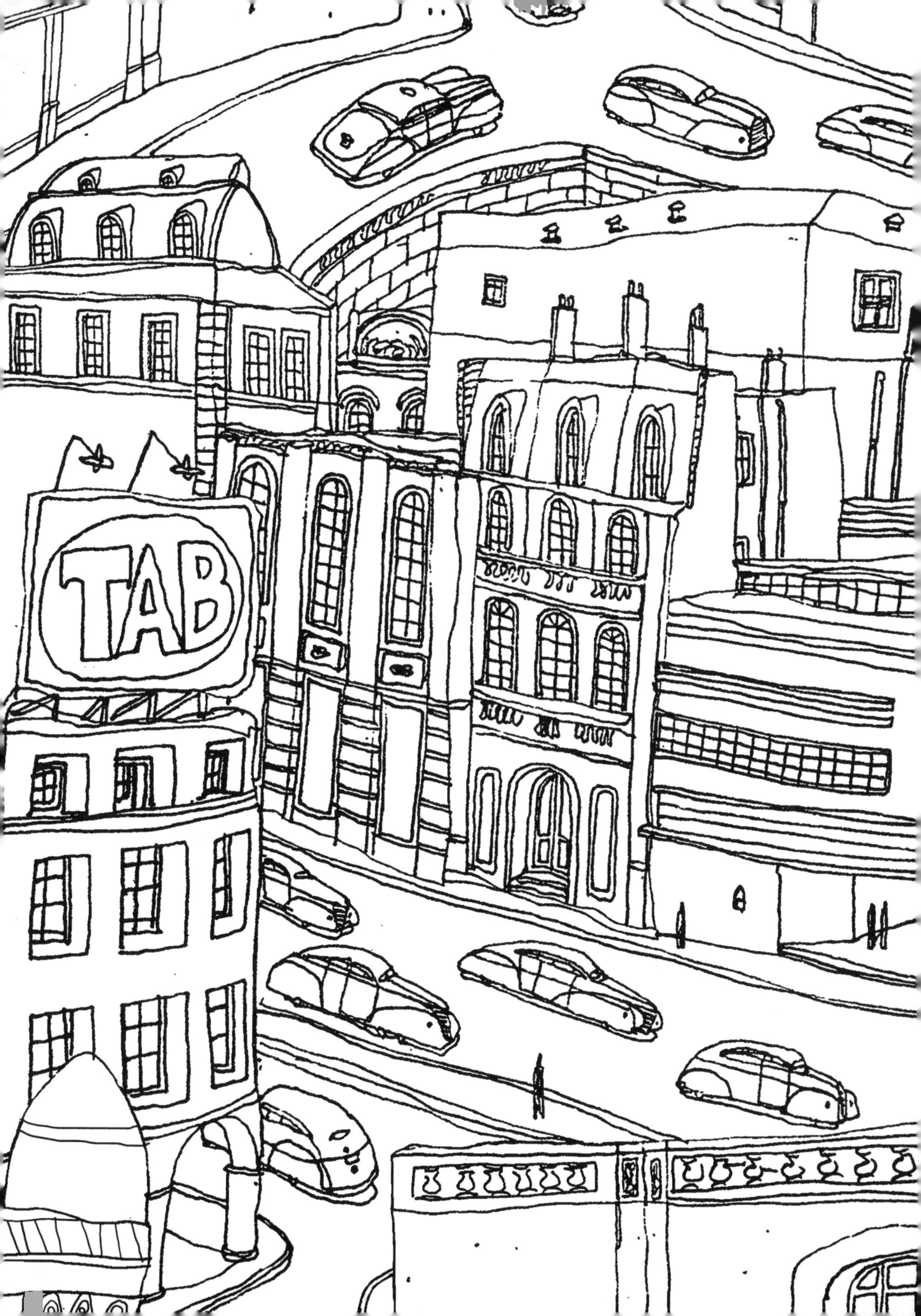
TAB

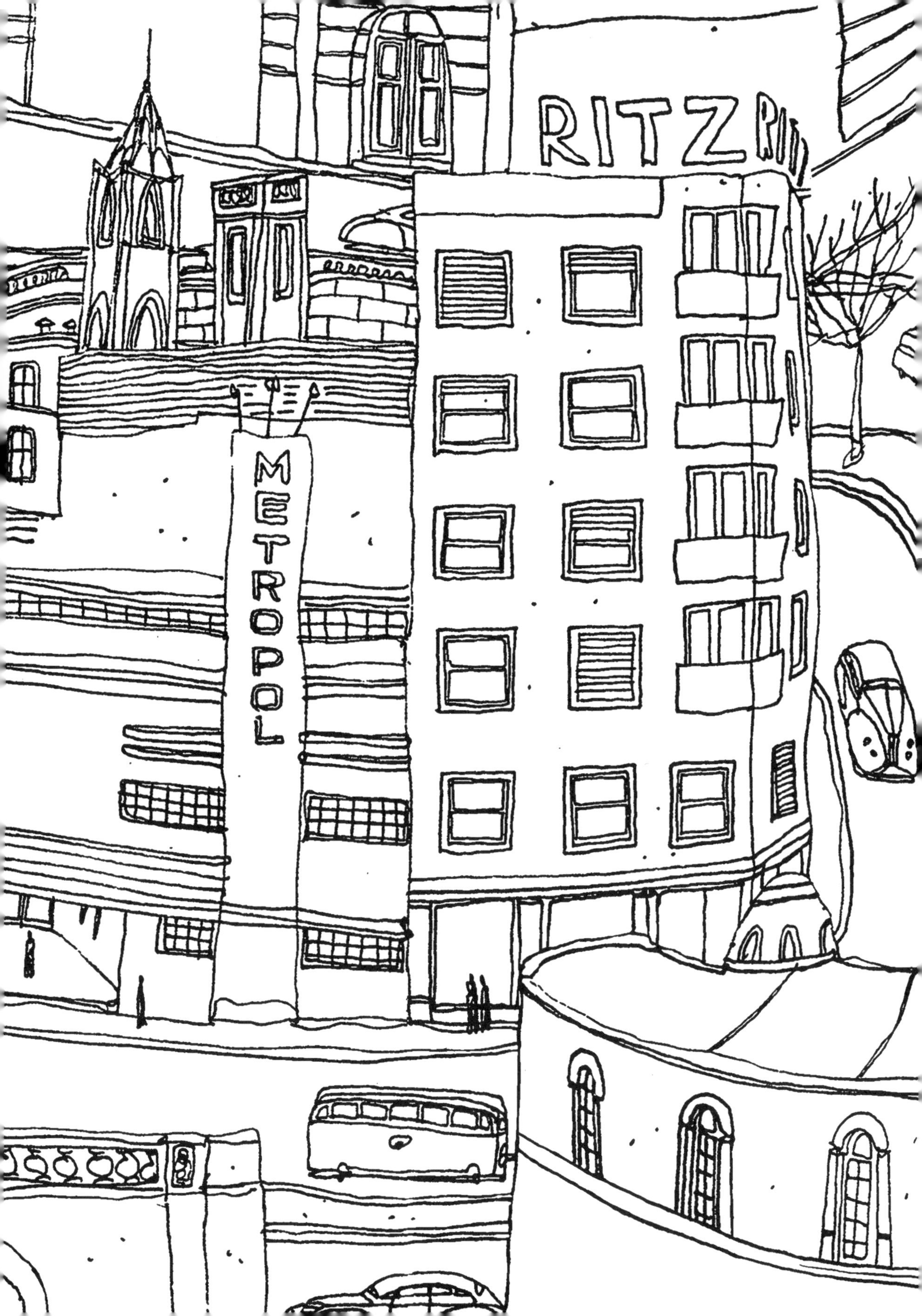

RITZ
METROPOL

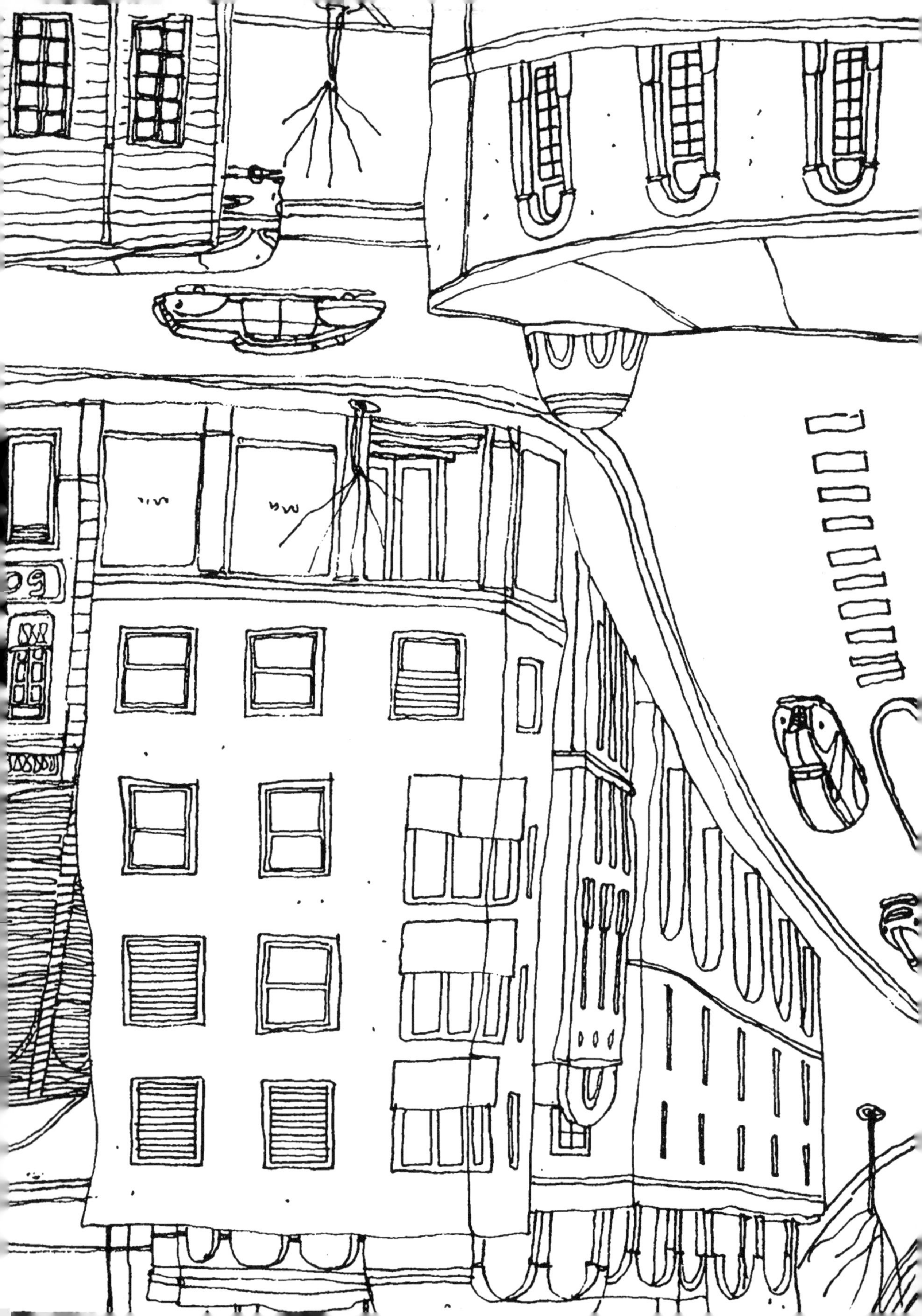

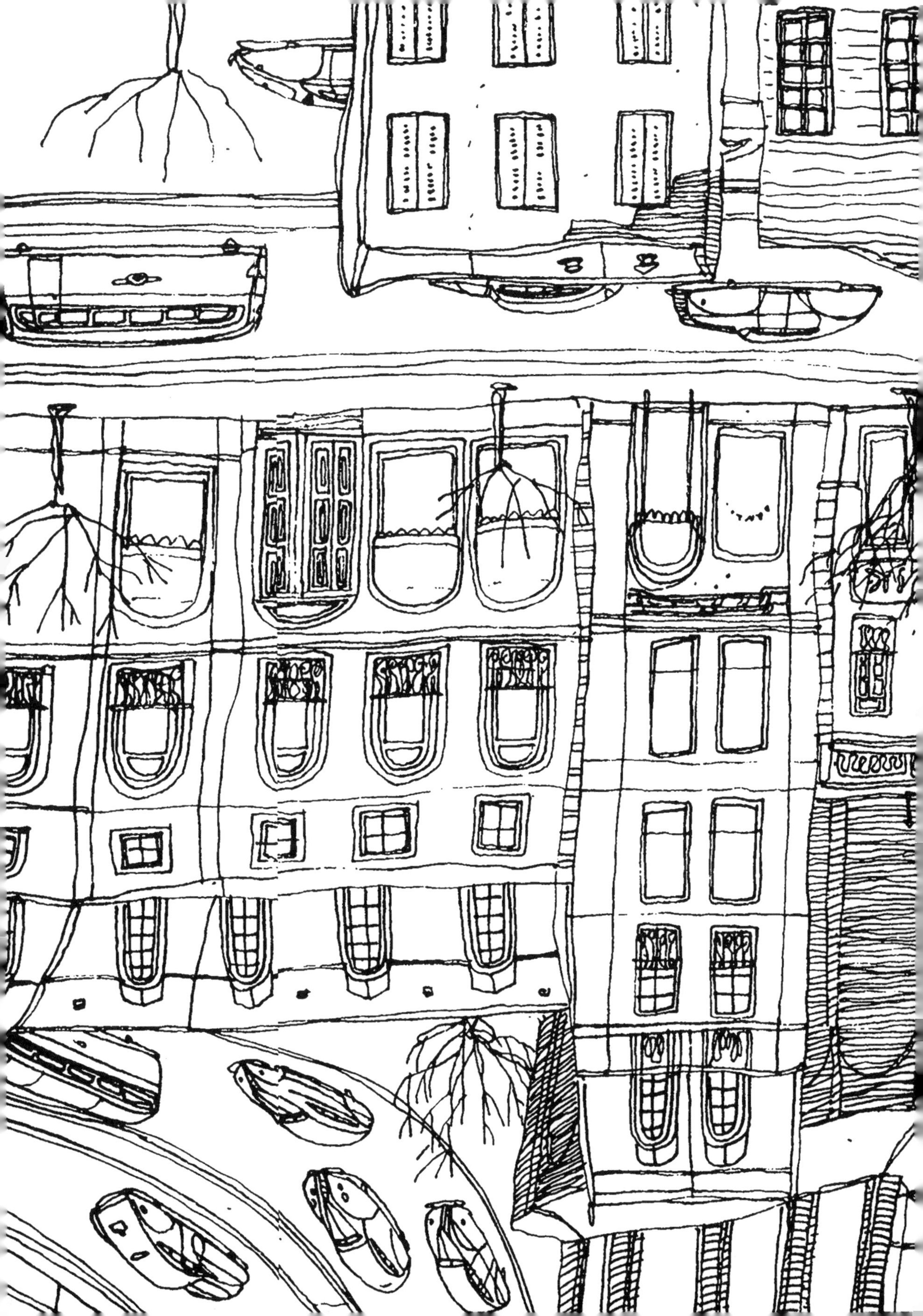

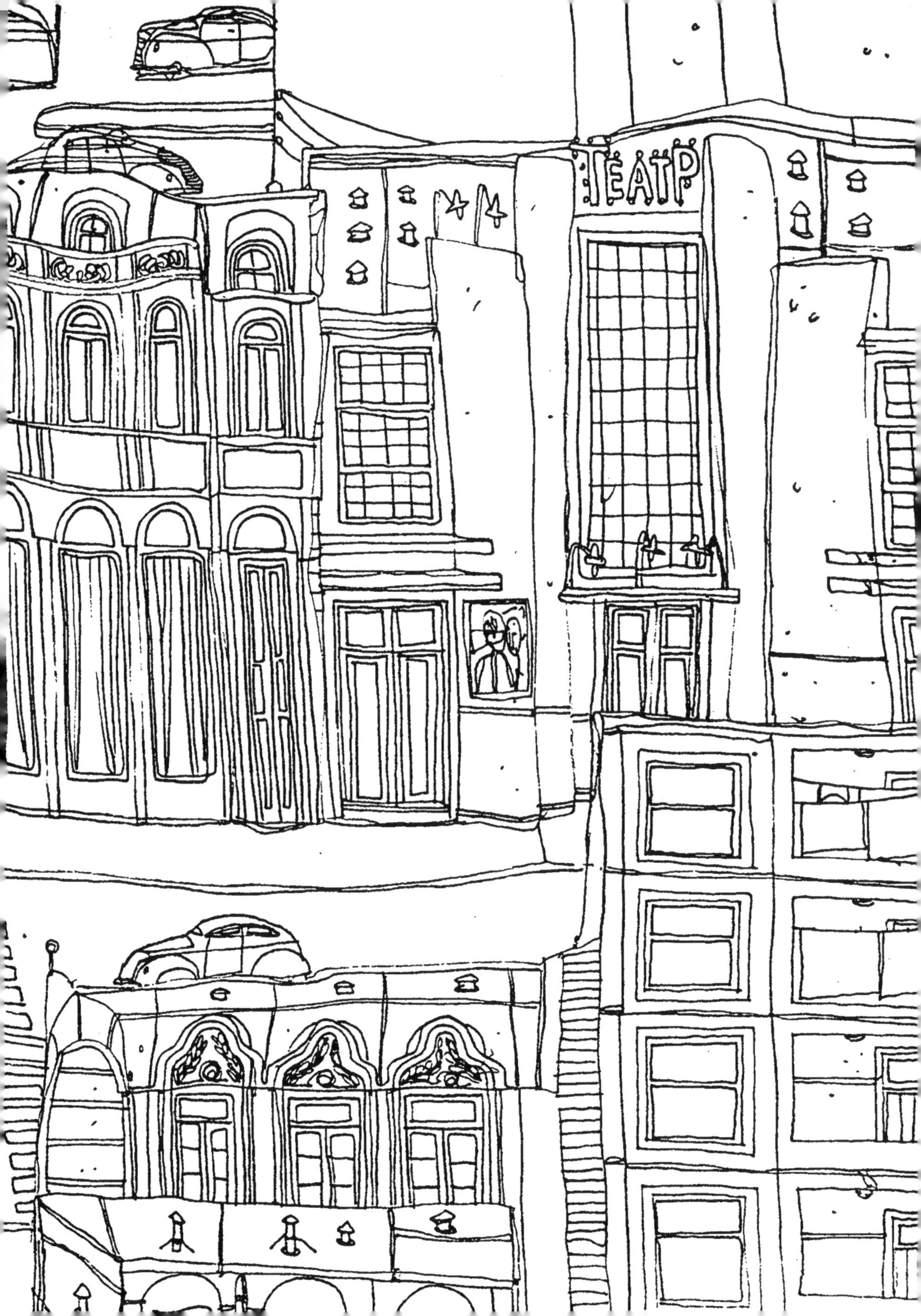
ТЕАТР

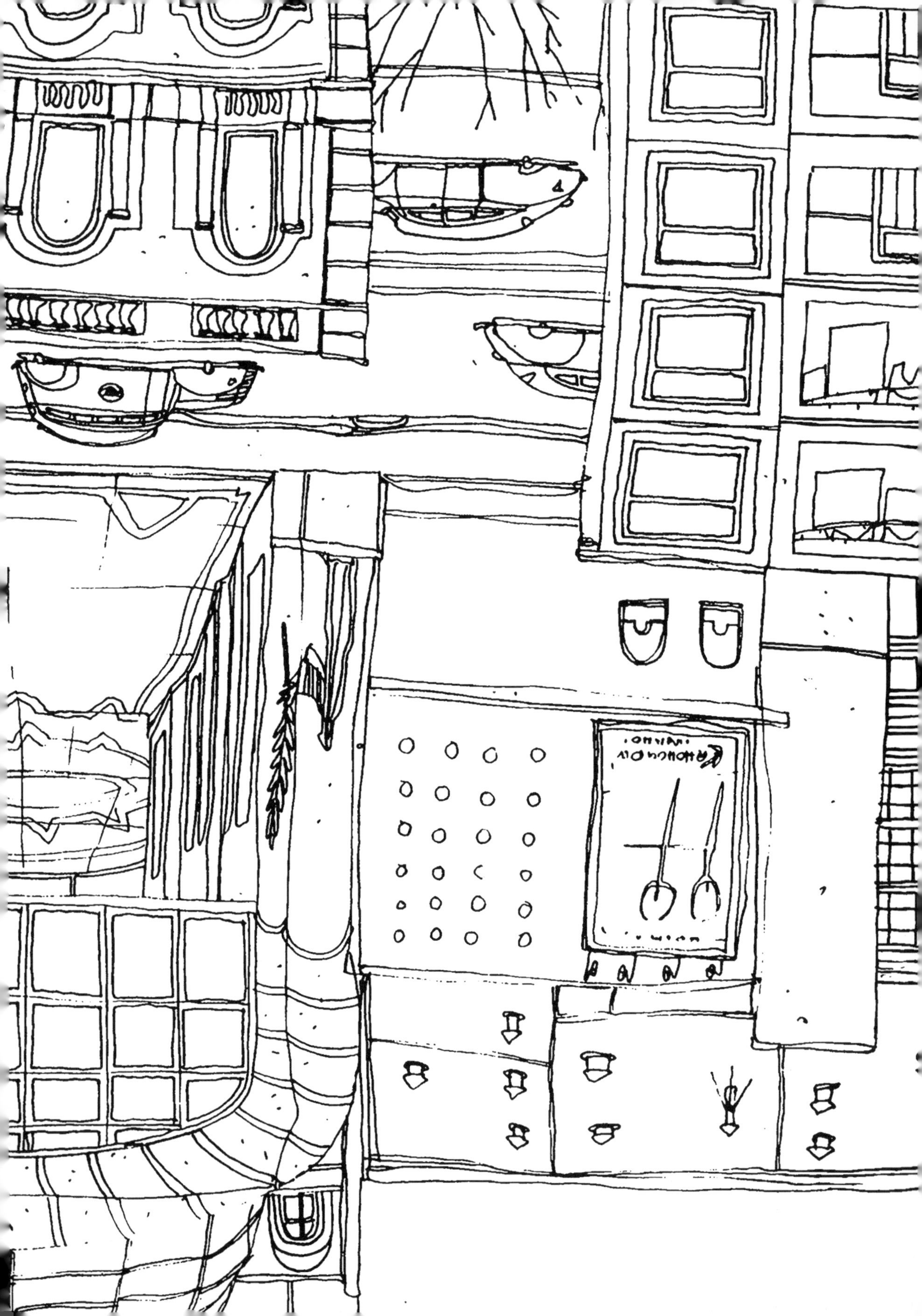

БАНКА БОРЏИЈДНА

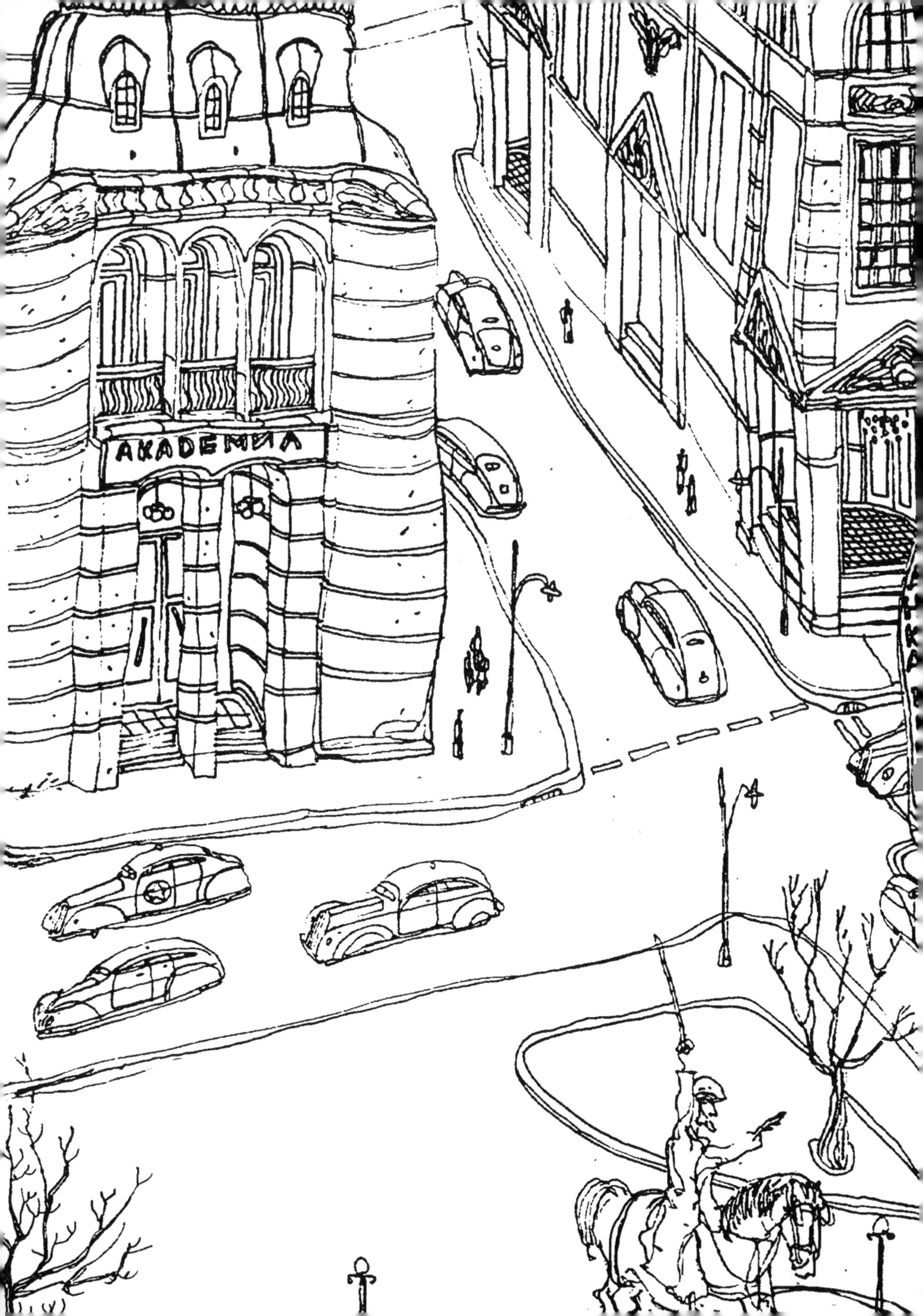
АКАДЕМИА

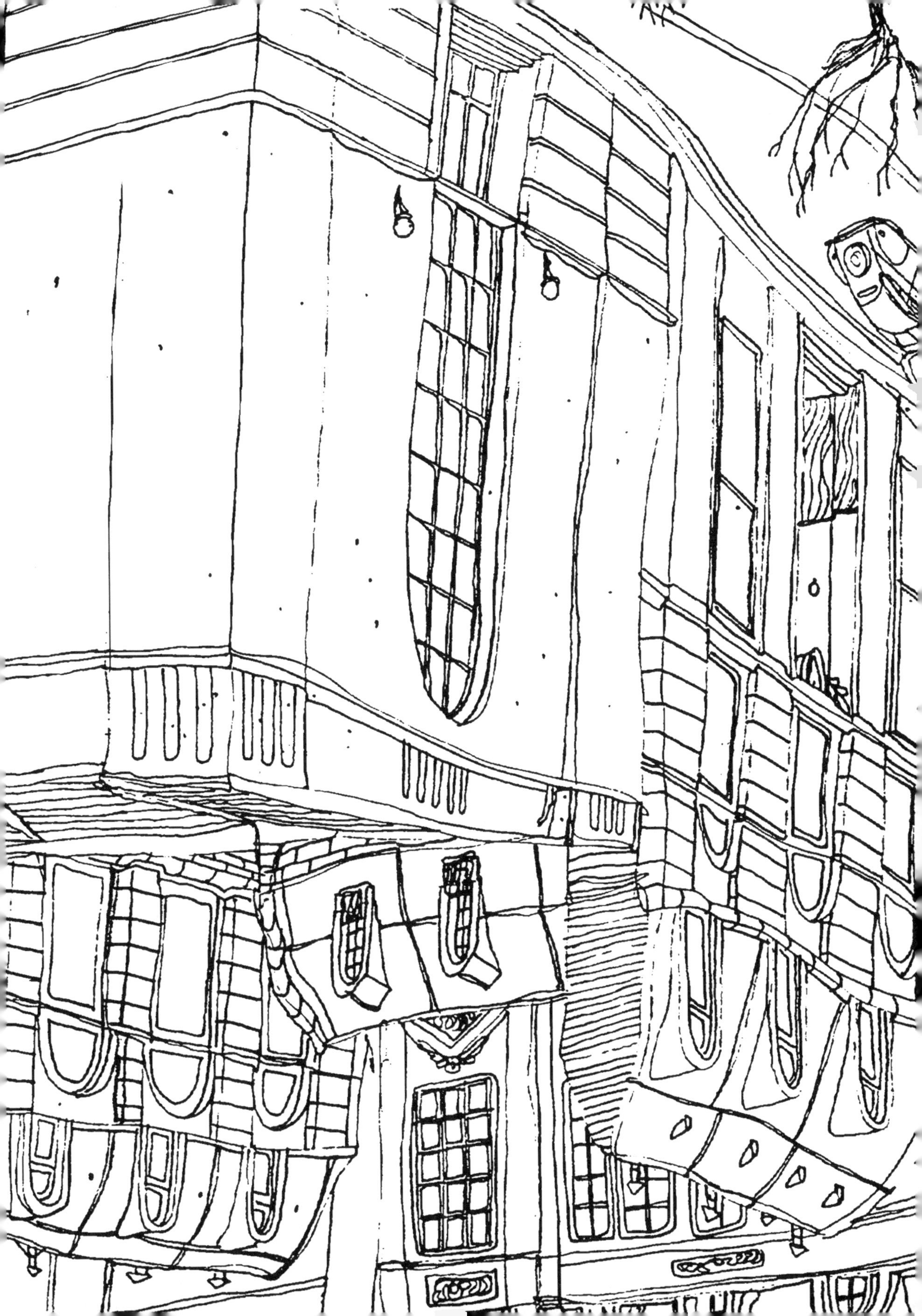

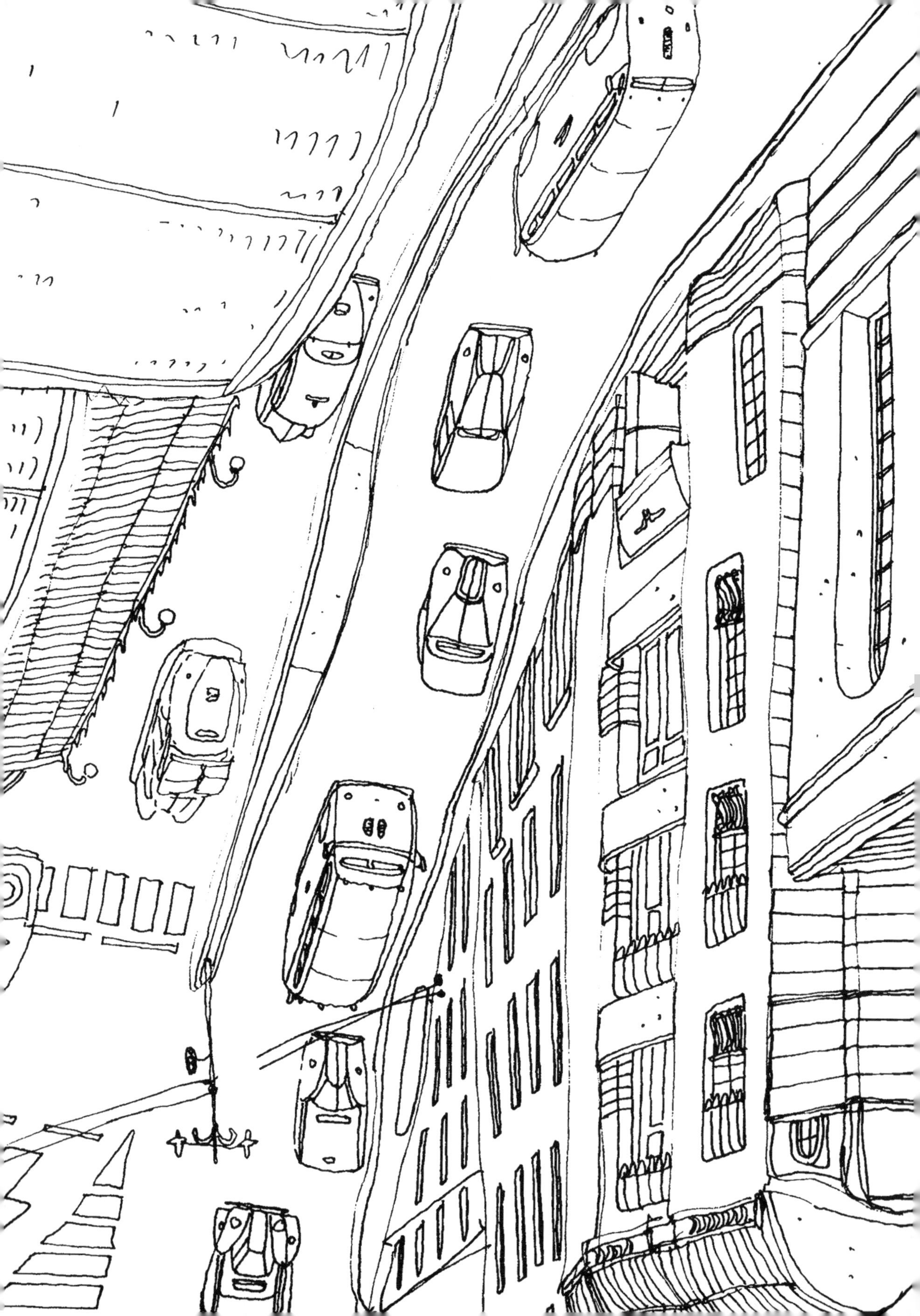

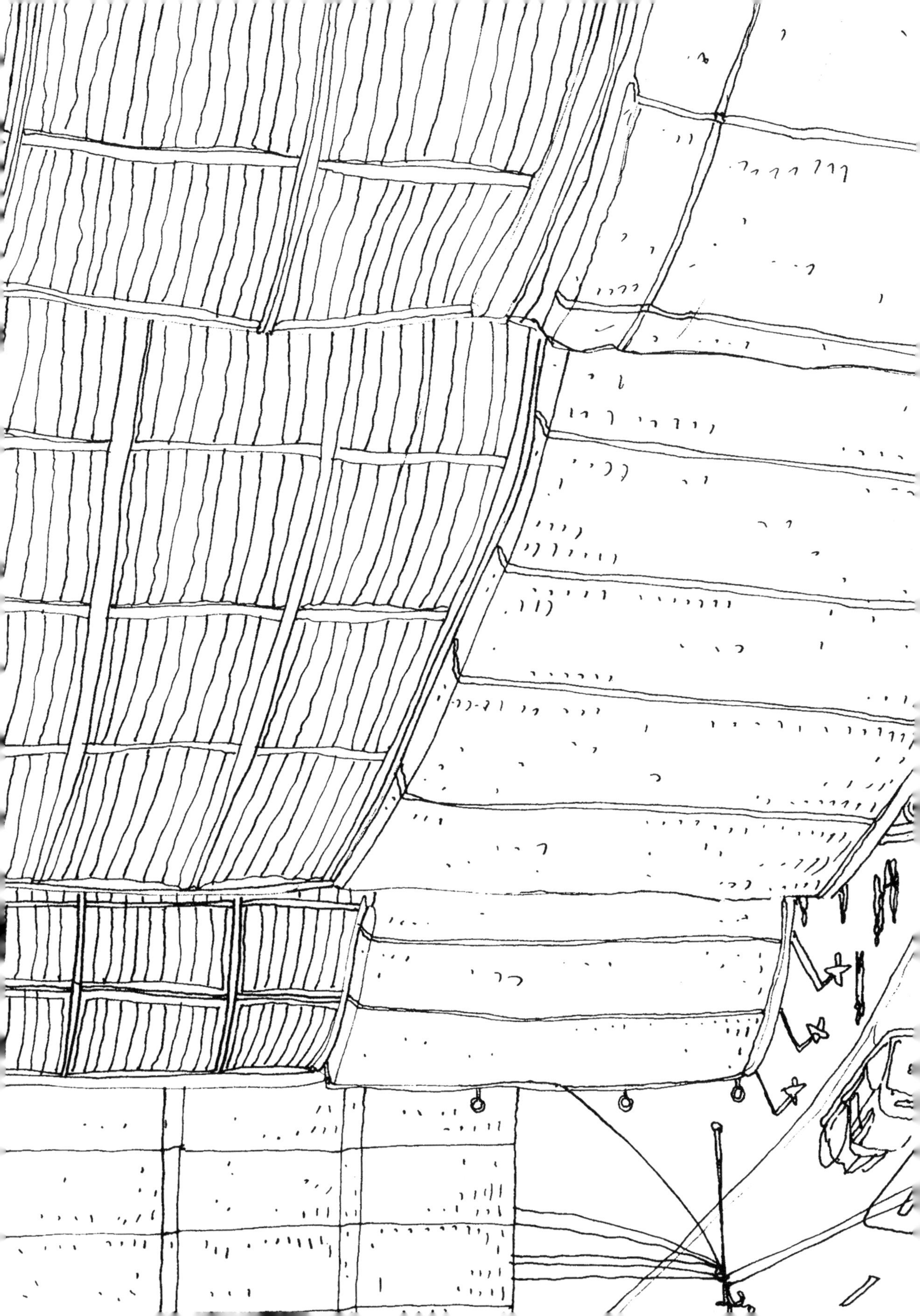

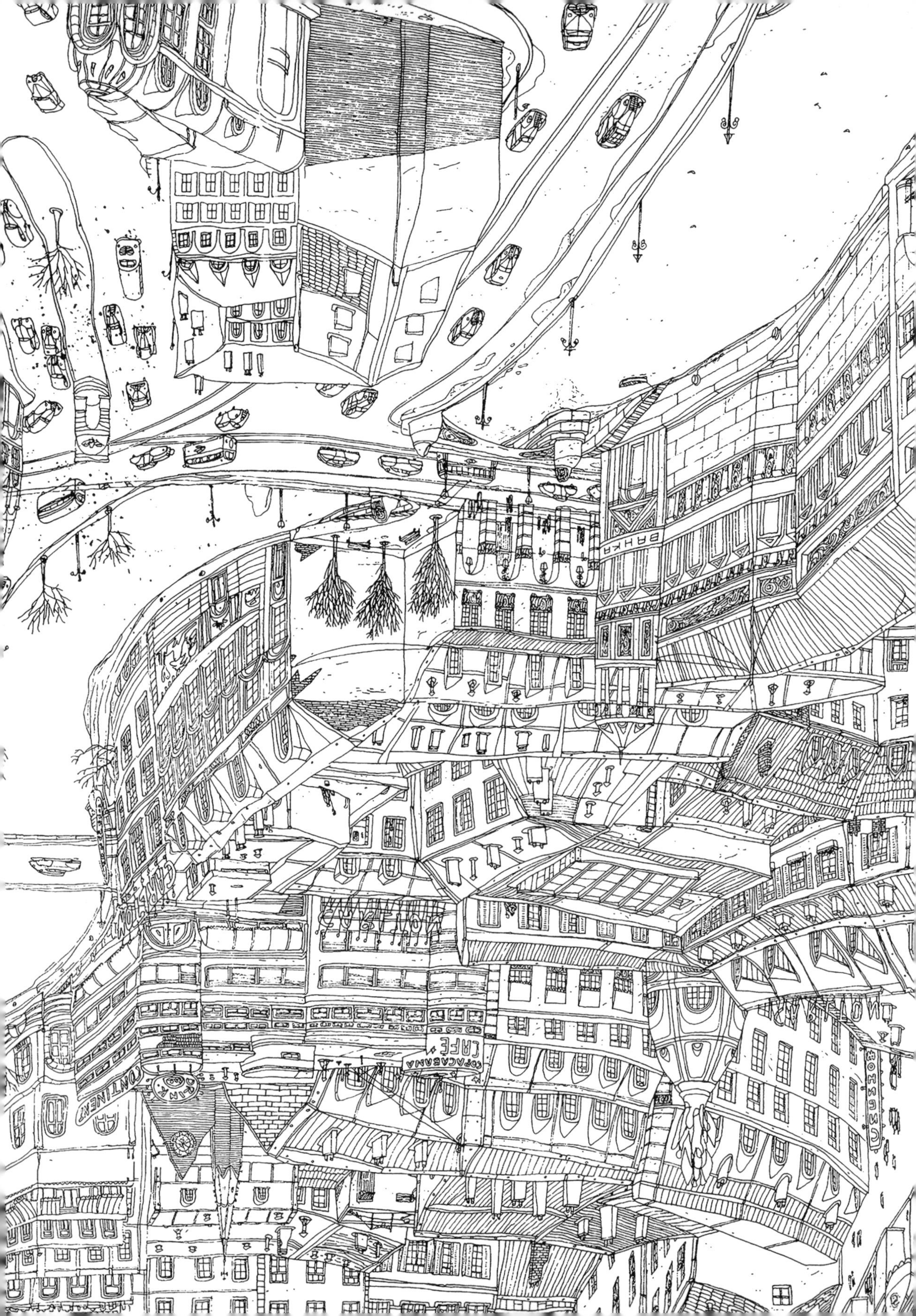
CAFE

TEATRE
MALI

TABOO
HOTEL

PILSEN

ЧАЮ САХАРУ

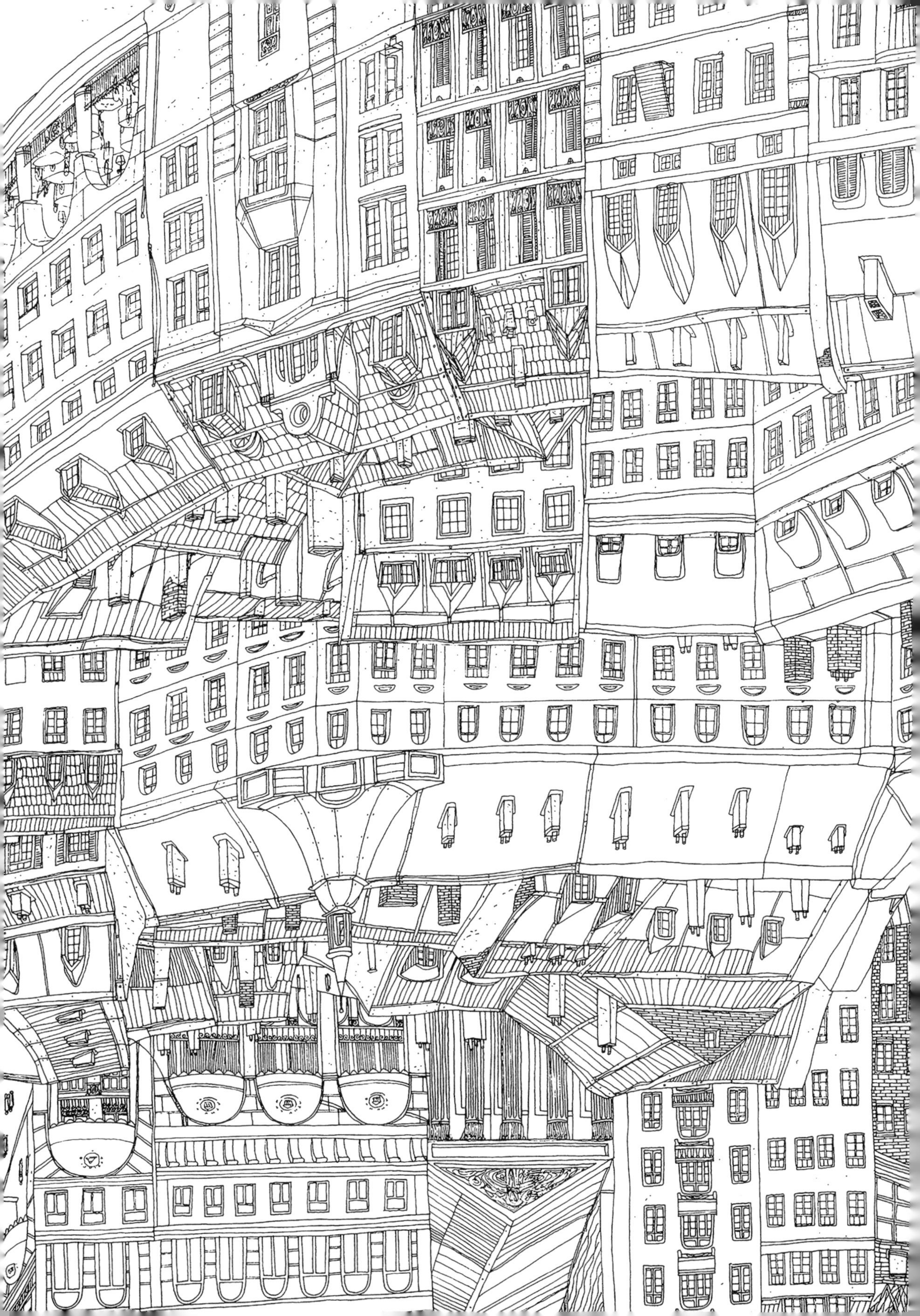

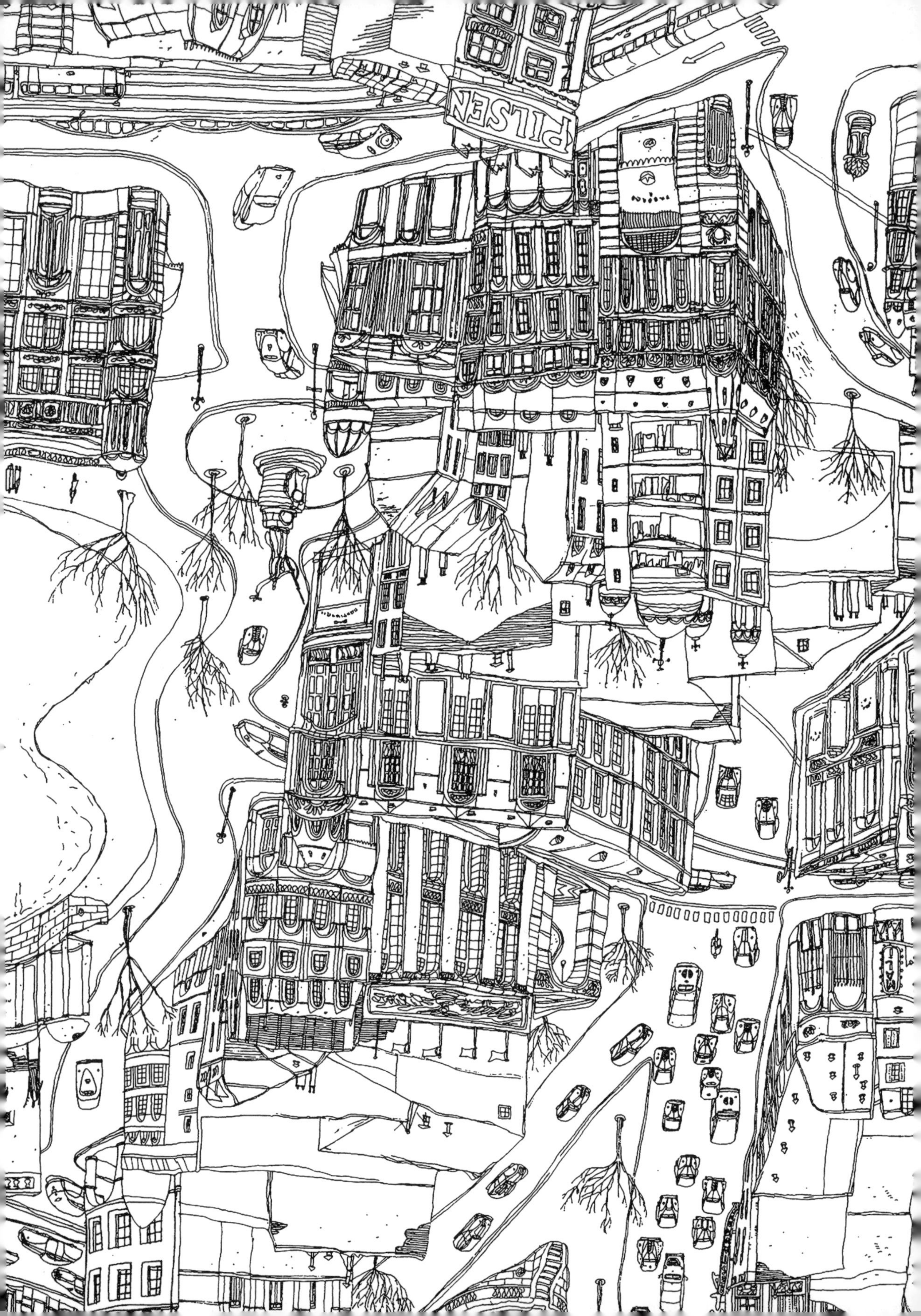
PILSEN

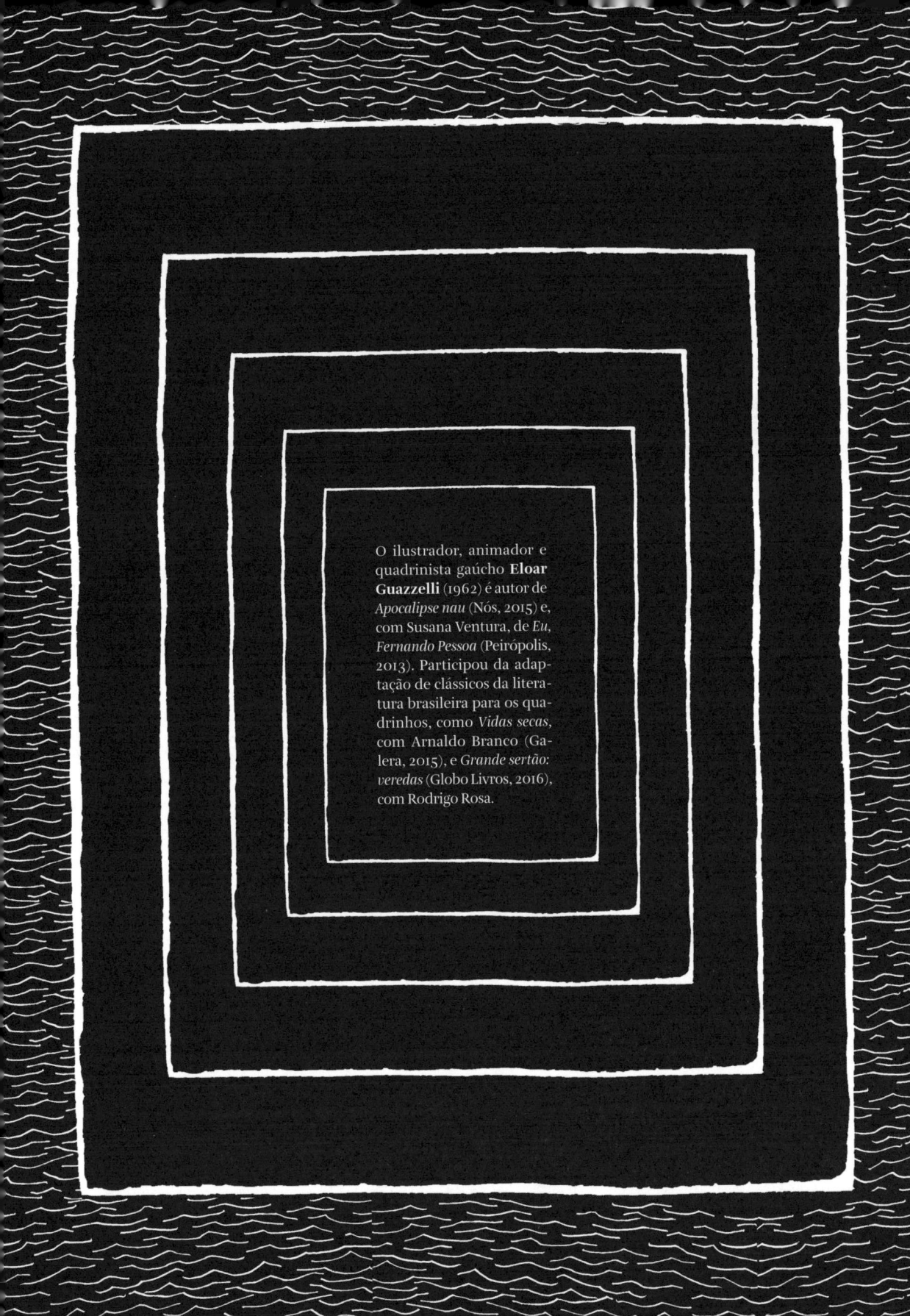

O ilustrador, animador e quadrinista gaúcho **Eloar Guazzelli** (1962) é autor de *Apocalipse nau* (Nós, 2015) e, com Susana Ventura, de *Eu, Fernando Pessoa* (Peirópolis, 2013). Participou da adaptação de clássicos da literatura brasileira para os quadrinhos, como *Vidas secas*, com Arnaldo Branco (Galera, 2015), e *Grande sertão: veredas* (Globo Livros, 2016), com Rodrigo Rosa.

Reivindicar a cidade sem forma

Otavio Leonidio

As ocupações físicas e discursivas do espaço público são horizonte de liberdade e enfrentamento ao controle do Estado

Sempre o outro, sempre ele, inseparável, alheio...

1. Octavio Paz, *O desconhecido de si mesmo.* Lisboa: Iniciativas Editoriais, 1980, p. 18.

OCTAVIO PAZ[1]

2. Jürgen Habermas, "Arquitetura moderna e pós-moderna", *Novos Estudos CEBRAP.* São Paulo, n. 18, set. 1987, p. 123.

Muito se falou nas últimas décadas sobre o caráter difuso e impreciso do conceito de cidade – sobre como, a partir sobretudo da Revolução Industrial, ele deixou de dar conta de uma forma de vida que, como sintetizou Jürgen Habermas, "se transformou a tal ponto que o conceito dela derivado já não logra alcançá-la".[2] Isso não é falso, mas pode ser enganoso.

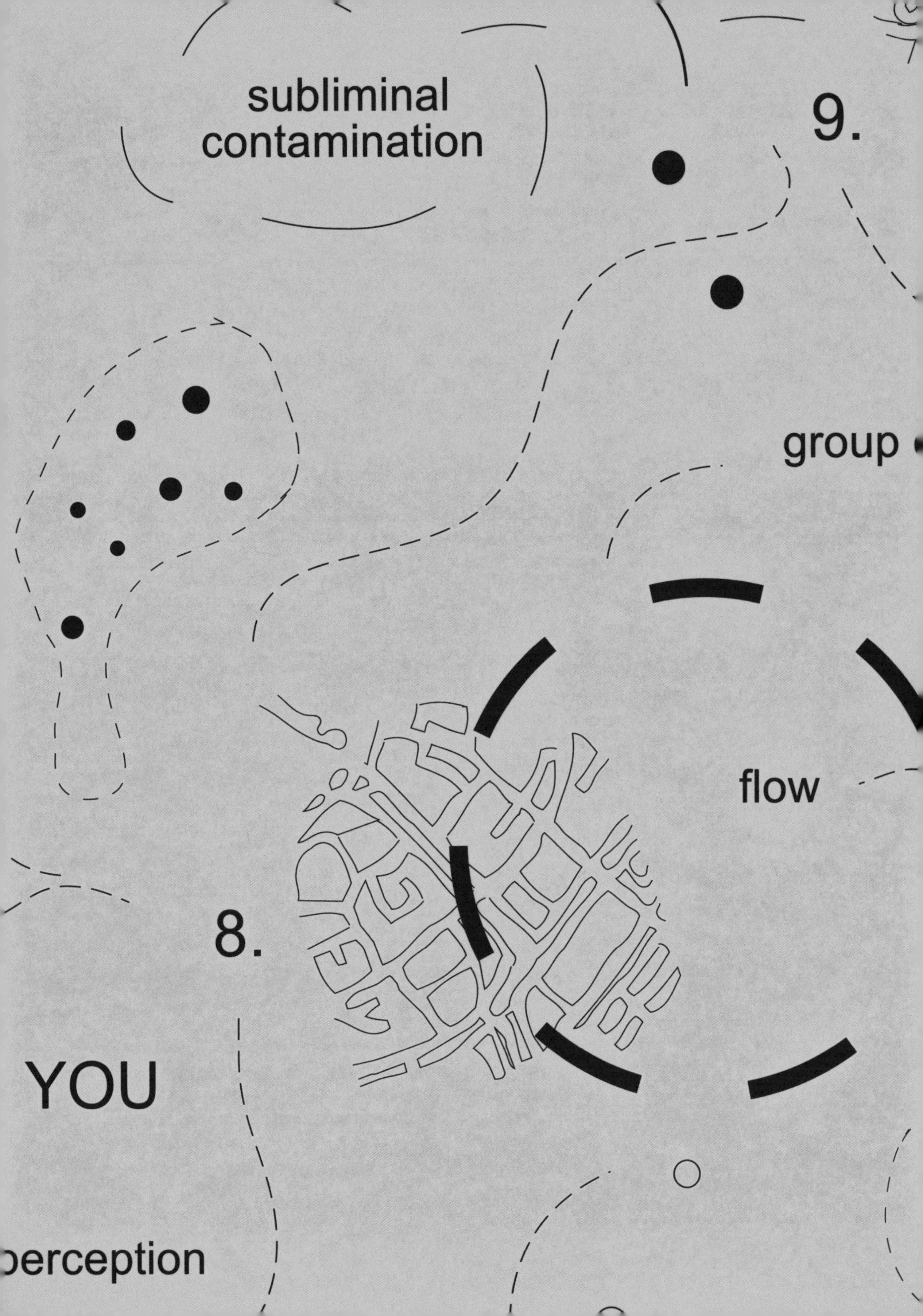

subliminal
contamination

9.

group

flow

8.

YOU

perception

Ricardo Basbaum
diagram (re-projecting utrecht)
(detalhe), 2008
Cortesia do artista

O que o conceito de cidade esconde é algo mais importante: aquilo que julgamos ser múltiplas versões de cidade (a cidade do Renascimento, a cidade barroca, a cidade industrial, a cidade-jardim, a metrópole novecentista, a cidade modernista, a cidade pós-modernista, as megacidades, as cidades globais) é também uma única e mesma coisa: a cidade como forma. Se, a exemplo da arte, a tarefa da arquitetura é imaginar modos/mundos alternativos de estar e de agir no espaço – em especial no espaço da cidade, no "espaço público" –, é tempo de reivindicar a cidade sem forma.

I

O que chamamos genericamente de cidade é apenas a cidade como forma.

2

A cidade como forma não é um tipo de configuração espacial, mas uma forma de captura mental.

3

A cidade como forma define-se tanto pelo que é e possibilita quanto pelo que não é e reprime – a cidade sem forma.

4

A cidade sem forma não está fora da cidade como forma – no subúrbio, na roça, no mato, no campo. Ao contrário, vive latente dentro dela, em caminhos que se bifurcam, linhas de fuga, lugares outros, passagens, derivas, vaguezas. Vive em tudo aquilo que, a qualquer momento, pode se abrir na superfície da cidade como forma.

5

A cidade sem forma não é o oposto da cidade como forma – a cidade informal, a cidade amorfa, a cidade disforme. Não é tampouco uma alternativa a ela. Assim como a cidade sem forma não existe sem a cidade como forma, esta última não existe sem a possibilidade, ou o risco, da cidade sem forma.

6

A cidade sem forma não é projeto, utopia ou devaneio. A cidade sem forma é uma reivindicação.

7

Assim como em outras "práticas de reivindicação", reivindicar a cidade sem forma implica reconhecer, conforme a lição de Isabelle Stengers, não apenas que "estamos doentes e precisando nos curar", mas que essa cura deve começar ali, precisamente "onde cada prática foi humilhada, apartada do poder de fazer seus praticantes pensar e imaginar".[3]

Stengers é uma referência essencial: há muito tempo ela vem reivindicando o mundo de coisas que a ciência moderna e a economia do conhecimento baniram não apenas da pesquisa científica e da produção de conhecimento, mas da própria "realidade". Um exemplo é a ideia de animismo. Para a filósofa, de nada adianta aceitar o conceito de antropoceno (ou seja, o argumento *cientificamente* comprovável de que adentramos uma era geológica na qual, pela primeira vez na história do planeta, as transformações climáticas decorrem diretamente da ação humana) sem simultaneamente aceitar "a realidade de Gaia", vale dizer, a existência de um ser que "existe em seus próprios termos". Para tanto, enfatiza ela, é preciso "reivindicar o animismo", restituir-lhe o lugar que pode e deve ter em uma "realidade" que nem por isso é incompatível com a ciência e a produção de conhecimento.[4]

Reivindicar a cidade sem forma é também isto: reclamar uma cidade banida, exilada, esconjurada.

---

3. Isabelle Stengers, "'Another Science is Possible!': A Plea for Slow Science", *in Another Science is Possible: A Manifesto for Slow Science*. Cambridge: Polity Press, 2018, *passim*.

4. Isabelle Stengers, "Accepting the Reality of Gaia: A fundamental Shift?", *in* C. Hamilton; F. Gemenne; C. Bonneuil (eds.), *The Anthropocene and the Global Environmental Crisis: Rethinking Modernity in a New Epoch*. Londres: Routledge, 2015, pp. 134-144; "Reclaiming Animism", *e-flux Journal*. Nova York, n. 36, jul. 2012. Disponível em: www.e-flux.com/journal/36/61245/reclaiming-animism.

8

O espaço da cidade como forma não é propriamente espacial, mas temporal. É fruto do longo processo de "modernização dos sentidos" que, entre outras coisas, temporalizou o espaço e deu origem à consciência temporal moderna (e, com ela, à naturalização do chamado "tempo histórico", por definição linear, sequencial e progressivo).[5] Poucas pessoas perceberam isso com tanta clareza quanto Robert Smithson. Segundo o artista americano, a consciência temporal moderna (ou o que ele chamou de "consciência ideológica do tempo")[6] não instituiu apenas uma "temporalidade *do tempo*",[7] mas também, sub-repticiamente, uma temporalidade do espaço, de um espaço que, a partir sobretudo dos séculos 18 e 19, com o advento do realismo na pintura e na literatura, se transformou no "resto ou cadáver do tempo".[8]

Tudo o que Smithson fez em sua meteórica vida de artista teve como propósito livrar as artes visuais da nefasta submissão ao tempo histórico – algo que empreendeu por meio de um assombroso repertório de dispositivos antirrealistas e anti-historicistas, com destaque para o par dialético-ficcional "lugar/não lugar" (*site/non-site*). Não por acaso, enquanto boa parte de seus colegas de geração fazia e continua fazendo *earthworks* ("trabalhos de terra", também conhecidos como *land art*), Smithson se dedicou a fazer o que Craig Owens inspiradamente chamou de *earthwords* ("palavras de terra"): obras nas quais algumas das distinções espaço-temporais mais fundamentais da arte contemporânea – por exemplo, *corporal x mental, material x imagético, presença x ausência* e *real x ficcional* – simplesmente colapsam.[9]

9

A colonização do espaço pelo tempo nunca se restringiu à cidade: abrange todo e qualquer "lugar", "sítio", "ambiente", "território", "paisagem". Mas a cidade como forma é a realização máxima da consciência espaçotemporal moderna, e em nenhum outro lugar a captura do espaço pelo tempo se deu de forma tão completa e abrangente.

---

5. Hans U. Gumbrecht, *Modernização dos sentidos*. São Paulo: Editora 34, 1998.

6. Robert Smithson, "Quasi-Infinities and the Waning of Space", *Arts Magazine*. Nova York, v. 41, n. 1, nov. 1966, p. 31.
7. Robert Smithson, "A Museum of Language in the Vicinity of Art", *Art International*. Lugano, v. 12, n. 3, mar. 1968, p. 23.

8. Robert Smithson, "Incidents on Mirror-Travel in the Yucatan", *Artforum*. Nova York, v. 8, n. 1, set. 1969, p. 30.

9. Craig Owens, "Earthwords", *October*. Nova York, v. 10, outono 1979, pp. 120-130.

IO

Que a colonização do espaço pelo tempo não seja objeto de interesse central da arquitetura e do urbanismo – em contraste, por exemplo, com a historiografia, que convive há décadas com a desconstrução do tempo histórico[10] – apenas atesta como essas disciplinas foram, elas também, capturadas por uma temporalidade que, como percebeu Michel Foucault, acabou por definir "o modo de ser de tudo que nos é dado na experiência".[11]

O cisma contemporâneo que aparta, de um lado, a arte e, de outro, a arquitetura e o urbanismo é resultado do longo processo em que estes vêm abdicando do aspecto mais instigante e desafiador do espaço: sua relação com qualquer tempo que não seja o tempo histórico. As chamadas práticas de preservação atestam isso: bem mais do que preservar bens alegadamente "históricos", seu propósito é preservar o próprio tempo histórico.

"Urbanismo" e mesmo "arquitetura" talvez não sejam mais do que os nomes que seguimos dando aos campos do conhecimento e às práticas profissionais que têm como tema e objeto não propriamente o espaço urbano e arquitetônico, mas o espaço urbano e arquitetônico colonizado pelo tempo.

II

A cidade como forma é a reificação do plano. Por "plano" não se entenda aqui o plano dos urbanistas – o plano piloto ou *master plan* que condensa, delineia e, na prática, viabiliza operações de fundação ou renovação de cidades. Como disse Rem Koolhaas, "mutações sucessivas escarnecem da palavra 'plano'",[12] fizeram dela uma noção rasa e improdutiva. Do ponto de vista temporal, sobretudo, "plano" se tornou um termo enganoso e redutor, incapaz de dar conta de qualquer espaço que não seja o espaço capturado pelo tempo histórico, o espaço afeito e atinente à chamada "evolução urbana".

"Plano" deve ser entendido aqui num sentido muito mais abrangente e radical, como dispositivo epistemológico que, constante e reiteradamente, opera a temporalização do espaço, sua transformação naquilo que Smithson chamou de

---

10. Reinhart Koselleck, *Futuro passado: contribuição à semântica dos tempos históricos.* Trad. Wilma Patrícia Mass e Carlos Almeida Pereira. Rio de Janeiro: Contraponto, 2007.

11. Michel Foucault, *As palavras e as coisas.* Trad. Salma Tannus Muchail. São Paulo: Martins Fontes, 1999, p. 300.

12. Rem Koolhaas, "Junkspace". Trad. Denise Bottmann. **serrote** #9, IMS, nov. 2011, pp. 195-211.

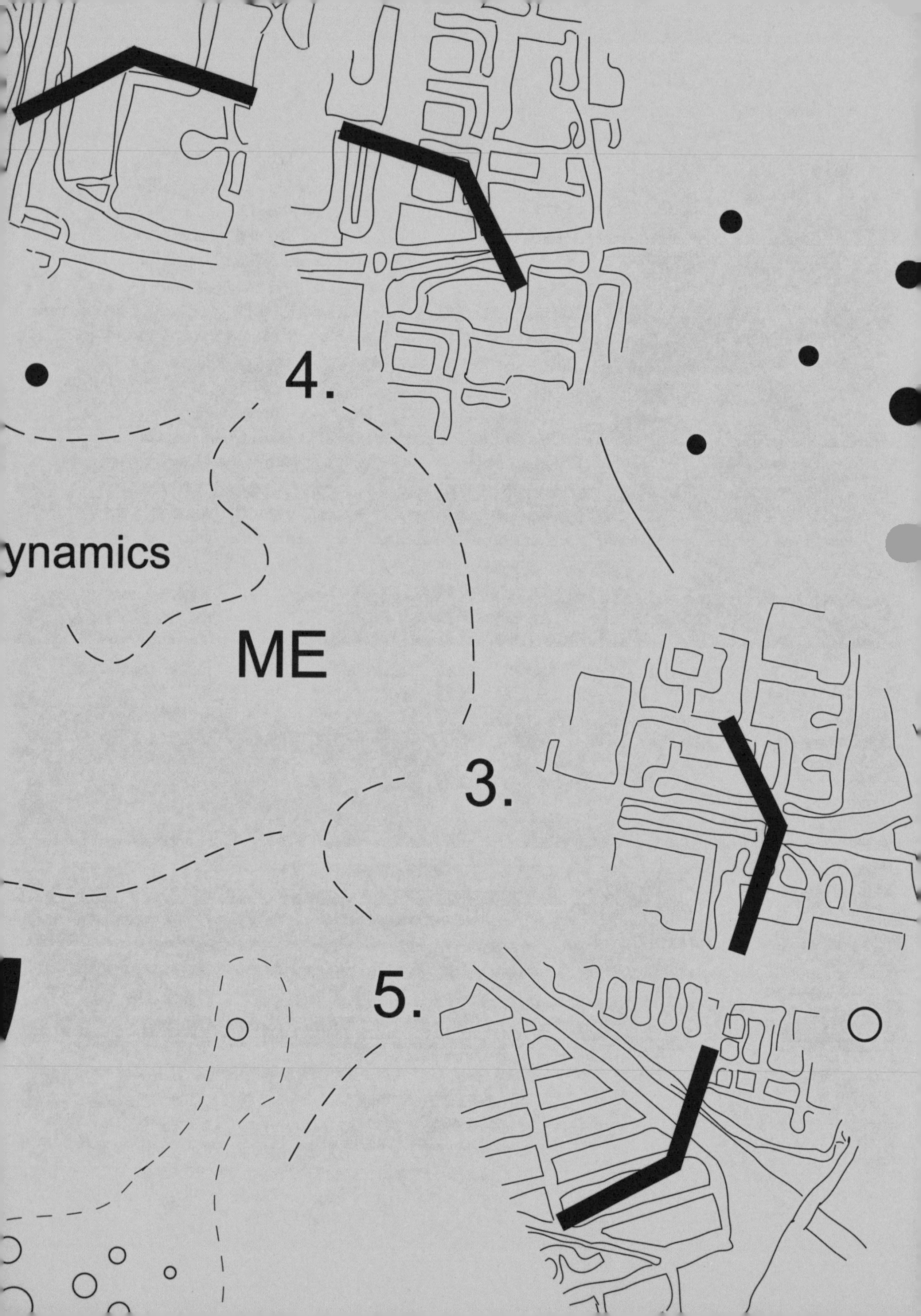

ynamics

ME

4.

3.

5.

13. Robert Smithson, "A Sedimentation of the Mind: Earth Project", *Artforum*. Nova York, v. 7, n. 1, set. 1968, p. 46.

"lugares do tempo"[13] – em síntese, aquilo que define o modo de ser e estar na cidade como forma.

Na cidade como forma, nada escapa à lógica do plano.

Viver na cidade como forma é viver no plano.

12

Se a cidade como forma é a reificação do plano, abandonar o plano é condição de possibilidade da cidade sem forma.

13

No plano, tudo está sempre em situação.

Situação é uma localização temporalizada, é a condição espaçotemporal básica dos lugares do tempo – de tudo o que existe no superlugar-tempo que é a cidade como forma.

A situação está para o plano assim como o evento está para a História com H maiúsculo, na qual, como apontou Hannah Arendt, nada é significativo "em si e por si só", mas sempre em função de um "processo" que tudo abarca e correlaciona.[14]

14. Hannah Arendt, *Entre o passado e o futuro*. São Paulo: Perspectiva, 1988. Walter Benjamin, "Sobre o conceito de História", in *Magia e técnica, arte e política*. São Paulo: Brasiliense, 1994, pp. 222-232.
15. Peter Pál Pelbart, *Rizoma temporal*. Coleção Outras Palavras. São Paulo: Escola da Cidade, 2017.

Estar "em situação" é estar em lugares que existem e só existem como posições específicas no decurso do tempo histórico.[15]

Mais que topológico, o plano é um dispositivo que se poderia chamar de "sincrológico", ou seja, tudo o que nele figura existe e só existe de modo síncrono e "co-movente".

Viver no plano é viver capturado num espaço em que os lugares estão sempre se deslocando sincronicamente e no exato ritmo do desenvolvimento histórico, vale dizer, da evolução urbana.

14

Toda ação na cidade como forma é sempre uma "situ-ação", uma ação situada nos lugares do tempo e a eles posta a serviço.

15

Na cidade como forma, tudo o que é só existe em um presente precário e incompleto; um presente suspenso entre o passado e o futuro, inelutavelmente enredado na lógica processual da "História".

16

A cidade como forma é essencialmente contextual: nada do que nela existe está ou pode estar fora de contexto, vale dizer, desvinculado de uma situação geral que tudo amarra e articula.

A noção de contexto é a própria condição existencial de tudo que é na cidade como forma: existir no mesmo espaço--tempo, em *sintopia*, é, ali, a própria condição de ser.

Não faz nenhum sentido dizer que na cidade como forma algo está fora de contexto.

Conceito tipicamente historiográfico, ligado em sua origem à ideia de "encadeamento das ideias dum discurso",[16] a noção de contexto tornou-se uma categoria central do pensamento urbano e da prática do urbanismo: eis um desdobramento lógico de um espaço colonizado pelo tempo.

O chamado urbanismo contextualista não passa de uma redundância: não existe a rigor "urbanismo" ou "planejamento urbano" que não seja contextualista – o espaço e o tempo históricos são a própria condição de existência de ambos.

Ao afirmar que o contextualismo "é uma nostalgia do presente",[17] Peter Eisenman (um leitor de primeira hora de Smithson) explicitou o significado inconfessável dessa noção: expressão de uma pulsão mórbida e compulsiva, desejo irrefreável (moderno, pós-moderno, contemporâneo) de manter a cidade confinada num presente em que ela está há séculos aprisionada.

O contextualismo é a síndrome de Estocolmo do espaço sequestrado pelo tempo histórico.

16. *Dicionário etimológico Nova Fronteira da língua portuguesa.* Rio de Janeiro: Nova Fronteira, 1982, p. 211.

17. Peter Eisenman, "Three Texts for Venice", *Domus.* Rozzano, n. 611, nov. 1980, p. 9.

17

Como obra de arte, a cidade como forma é a grande realização do *site-specific*, categoria estética que designa obras criadas para um espaço determinado.

Michael Fried foi um dos primeiros a perceber que a noção de *site-specific* nunca significou apenas *espacialmente específico*, mas também e sobretudo *temporalmente específico*. Essa é, precisamente, a questão de fundo de sua célebre (e em muitos sentidos infame) crítica à arte minimalista, que se aplica com perfeição à vida em situação como um todo e, assim, à cidade como forma. Conforme argumentou em "Arte e objetividade",[18] Fried não considerava a arte *em situação* minimalista apenas desinteressante, mas sobretudo contraditória com a própria ideia de arte, de qualquer arte.[19] A função da arte, afinal, era libertar as pessoas das situações e dos ambientes nos quais já viviam cotidianamente imersas – não o oposto disso.

Assim como Smithson, Fried era visceralmente avesso à arte *site-specific* – ou ao que Peter Plagens chamou com argúcia de *"context art"*, arte do contexto.[20] O artista e o crítico nunca compartilharam, no entanto, a capacidade de ver e imaginar. Apavorado com o rumo que a arte contemporânea vinha tomando no final dos anos 1960 (mais tarde admitiria que "nada menos do que o futuro da civilização ocidental estava em jogo em 'Arte e objetividade'"),[21] Fried só conseguia olhar para trás e para o alto, a saber, para a tradição estética romântica e a promessa de sublimação epifânica que ela sempre trouxe consigo. Extasiado, Smithson faria diferente: olhou para o lado[22] e sobretudo para baixo, mais precisamente para um chão dessituado e inespecífico, o chão/não chão ficcional e movediço que sua arte obstinadamente reivindicou e segue reivindicando.

18. Michael Fried, "Art and Objecthood", *Artforum*. Nova York, v. 5, n. 10, verão 1967, pp. 12-23.

19. O problema da crítica de Fried não estava em problematizar uma arte contemporânea que ele, não sem razão, via cada vez mais capturada pela "presença" e pelo "presente" (em suas palavras, por um presente que "persiste no tempo"), senão em supor que a única linha de fuga possível era a que levava a uma "presentidade" que, como Smithson prontamente denunciou, era muito mais religiosa do que propriamente estética. Robert Smithson, "Letter to the Editor", *Artforum*. Nova York, v. 6, n. 2, out. 1967, p. 4.

20. Peter Plagens, "Los Angeles/Richard Serra", *Artforum*. Nova York, v. 8, n. 8, abr. 1970, p. 86.

21. Michael Fried, "Interview", *in* Amy Newman, *Challenging Art: Artforum, 1962-1974*. Nova York: SoHo, 2000, p. 435.

22. Leia-se: para dezenas de coisas que a vanguarda dos anos 1960 não considerava "arte", por exemplo: ficção científica, filmes e literatura de horror, *muzak*, história natural, cristalografia e geologia, entre outros. Robert Smithson, "Entropy and the New Monuments", *Artforum*. Nova York, v. 4, n. 10, jun. 1966, *passim*.

18

Se toda ação na cidade como forma é sempre situada (assim como todas as coisas que dela resultam: obras de arte, edifícios, lugares), a cidade sem forma é o lugar/não lugar de uma outra ação: uma ação dessituada, radicalmente estranha aos lugares do tempo.[23]

23. Otavio Leonidio, "Mundos de ação: arte e arquitetura depois da política", *Viso: Cadernos de estética aplicada*. Rio de Janeiro, v. 14, n. 26, jan.-jun. 2020, pp. 366-440.

19

Livre da nostalgia do presente e resistente a qualquer con-textualização, inespecífica dos pontos de vista espacial e tem-poral, a cidade sem forma é a realização máxima de uma con-dição "destemporânea", estranha à presença e ao presente.

20

Na origem do plano está o mapa, um mapa em que não mais figuram deuses e monstros, mapa de um globo transformado em superfície esquadrinhável, mensurável, colonizável. Em síntese, o mapa moderno.[24]

O mapa não é uma figuração em escala reduzida, uma representação mais ou menos fiel do espaço real. O oposto é mais exato: o chamado "espaço real" é uma figuração do mapa, a representação em escala real de um espaço já cartografado.

Smithson também percebeu isso. Ao descrever seu passeio pelos monumentos de Passaic, anotou: "A qualquer momento meus pés estavam aptos a cair através do chão de papelão".[25]

O que vale para o mapa vale para o plano e sua realização máxima, a cidade como forma: a cidade como forma é a representação de um espaço há muito tempo cartografado.

21

Não é fortuito que Ildefonso Cerdá, em cuja obra cidade e plano de algum modo se fundem, seja frequentemente considerado o "pai" do urbanismo. O urbanismo não é nem a práxis nem a ciência da cidade; é a práxis e a ciência da cidade transformada em plano.[26]

---

24. Agradeço a Bruna Alvino por ter me chamado a atenção para esse aspecto dos mapas modernos.

25. Robert Smithson, "Um passeio pelos monumentos de Passaic, Nova Jersey". Trad. Pedro Sussekind, *Arte & Ensaio*. Rio de Janeiro, n. 19, 2009, p. 167.

26. Ildefonso Cerdá, *La Théorie générale de l'urbanisation*. Paris: Éditions du Seuil, 1979.

22

A tradicional distinção entre plantas cadastrais e planos urbanísticos não se sustenta: umas e outros são sempre planos. E todo plano é plano de captura: mais do que documentar ou projetar determinada configuração espacial, o plano prescreve um modo de ser no espaço.

O plano define uma economia geral da distribuição espaçotemporal de tudo o que existe na cidade como forma, na cidade feita plano.

23

As cidades planejadas são a versão hiperbólica da cidade feita plano: a cidade como forma, afinal, é sempre planejada. Por "planejada" não se entenda *previamente* planejada, mas a indicação de que, em dado momento, a cidade foi subsumida pelo plano.

Que moradoras e moradores das chamadas cidades-satélites se refiram a Brasília como "Plano Piloto", ou seja, por sua denominação projetual, por sua existência em papel, é apenas um paroxismo.

24

Há inúmeras evidências de que cidade e plano se transformaram e continuam se transformando numa única e mesma coisa: a universalização do planejamento, em suas diversas versões, como instância indispensável a toda e qualquer intervenção propriamente "urbanística"; o pressuposto de que não há espaço que não se conforme ao plano – e foi-se o tempo em que o mar era uma exceção a essa regra; a reificação das noções e categorias do planejamento e do desenho urbano, em especial aquelas que compõem a chamada morfologia urbana.

Há muito tempo as noções e categorias da morfologia urbana deixaram de ser meras ferramentas analíticas e projetuais para se transformar em dispositivos que conformam a vida na cidade à vida no plano.

Viver na cidade como forma é, por isso, viver capturado por um conjunto de instrumentos analíticos e projetuais reificados.

A reificação da morfologia urbana vai além da ideia de que toda e qualquer cidade possui "morfologia" e que, portanto, é redutível, analítica e projetualmente, a seus elementos constituintes básicos: rua, lote, alinhamento, quadra, bairro, vizinhança, ambiente, malha/tecido/trama, rede, setor, área, zona etc. Essa reificação institui sobretudo um modo de ser conformado à morfologia

27. Gilles Deleuze e Félix Guattari, "Rizoma", *in Mil Platôs: capitalismo e esquizofrenia*. São Paulo: Editora 34, 1995, p. 25.

28. Carlos Nelson Ferreira dos Santos, *A cidade como um jogo de cartas*. Niterói: EDUFF; São Paulo: Projeto Editores, 1988.

urbana – com seu arranjo específico de partes e todo, seus encadeamentos espaçotemporais lineares e sequenciais, com tudo que é preestabelecido pelo que Gilles Deleuze e Félix Guattari denominaram "lei de contiguidade ou de imediatidade".[27]

Se, como queria Carlos Nelson Ferreira dos Santos, a cidade é um jogo de cartas, a cidade como forma é um jogo de cartas marcadas.[28]

25

29. Paul B. Preciado, *Manifesto contrassexual*. São Paulo: N-1 Edições, 2017; Donna Haraway, "A Cyborg Manifesto: Science, Technology, and Socialist-Feminism in the Late Twentieth Century", *in Simians, Cyborgs and Women: The Reinvention of Nature*. Nova York: Routledge, 1991, pp. 149-181.

Se a cidade como forma requisita e define um corpo "específico", afeito à sua economia geral, a cidade sem forma demanda um corpo alternativo: um corpo/não corpo ficcional e protético.[29] Um corpo anacrônico e dessituado, que simultaneamente está e não está; um corpo que reclama um espaço estranho aos lugares do tempo; um corpo inespecífico e parafenomenológico que opera saltos, descontinuidades, anacronismos e todo tipo de dobra espaçotemporal. Em suma, um corpo imune e alheio ao plano.

26

A reificação das noções e categorias da morfologia urbana decorre da reificação de um significante bem mais elusivo e potente: o solo urbano, o piso da cidade como forma. Nesse solo planificado e planificável – um solo praticável dotado de boa parte dos atributos da folha de papel sobre a qual, faz muito tempo, se projetam mapas, planos, cidades – vieram se apoiar, física e conceitualmente, as noções e categorias da morfologia urbana. Dia após dia, é sobre ele que toma forma a cidade feita plano.

27

Peter Eisenman compreendeu ainda que, se outra cidade era possível, ela jamais se assentaria sobre o solo praticável e funcional da cidade como forma. Coerentemente, seu projeto para o Cannaregio se assenta sobre um chão que, além da Veneza

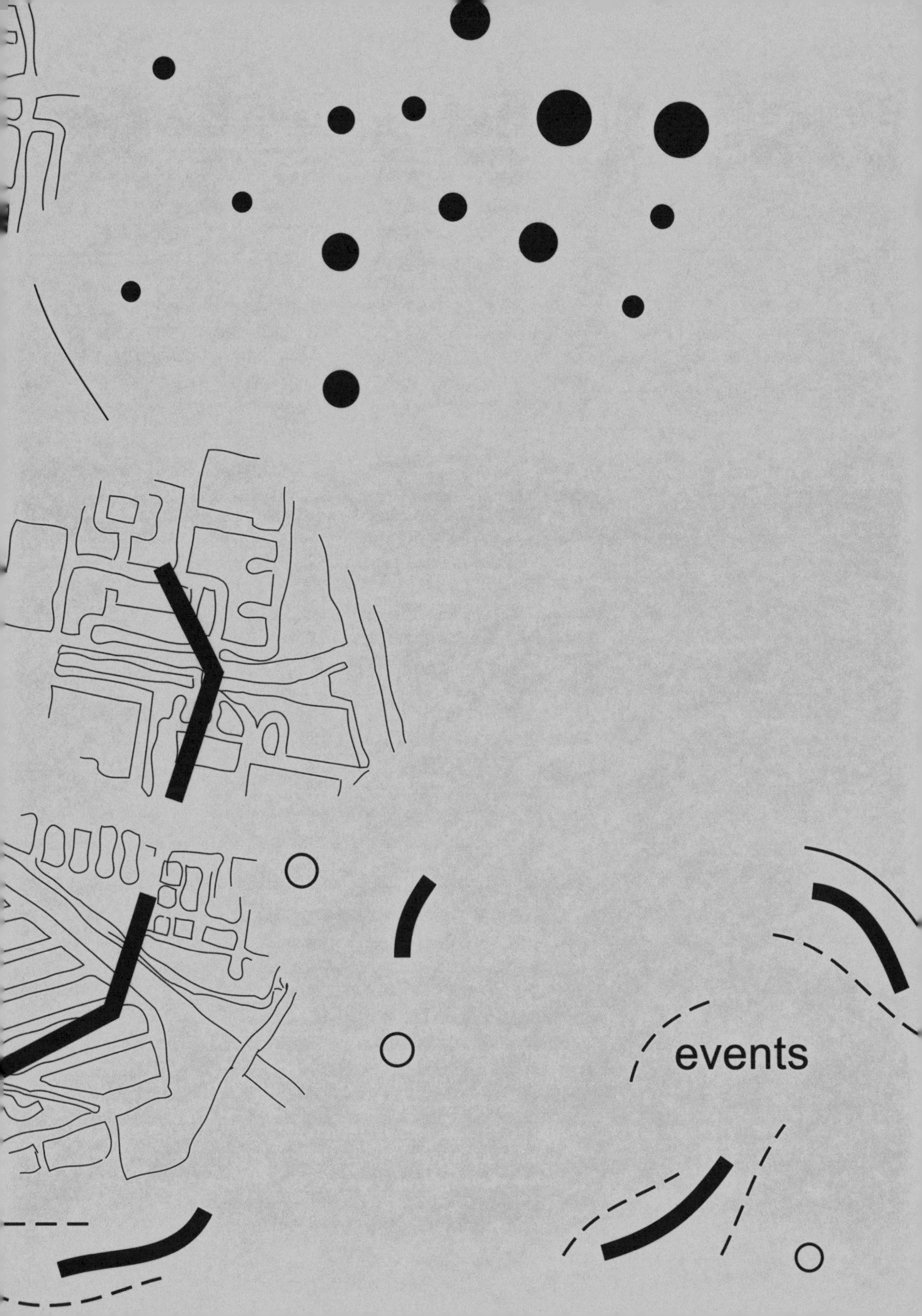

events

"real", abre e guarda espaço – anacrônica e atopicamente – para o projeto nunca executado de Le Corbusier para a cidade e o parque projetado por Bernard Tschumi para Paris. Um chão que, como Eisenman fez questão de enfatizar, não possui, de direito, nem lugar nem tempo específicos.[30]

Apoiando-se sobre um solo multiestratificado e movediço, um cripto-solo ficcional e desastroso, impraticável e disfuncional, afeito a deslocamentos e justaposições, onde nada está em situação e no qual o contexto colapsa – um solo-palimpsesto onde, em vez de presenças, só existem traços e espectros –, a Veneza de Eisenman é o lugar/não lugar onde a cidade sem forma se abre como risco e possibilidade.

30. Peter Eisenman, "Separate Tricks", *in Written into the Void: Selected Writings, 1990-2004*. New Haven: Yale University Press, 2007, p. 77.

28

Um dos atributos mais insuspeitos desse solo urbano é também um de seus operadores mais eficazes: o preceito supostamente autoevidente de que tudo o que é na cidade se assenta sobre, e assim ocupa, uma única e mesma superfície – um piso contínuo e fluido, multiabrangente e englobante. Um piso-*medium* que, como percebeu e registrou Giambattista Nolli ainda no século 18, tudo abarca e alcança, e por meio do qual tudo está sempre interconectado.

29

São incontáveis os desdobramentos do preceito de que, deliberadamente ou não, todos os que pisam o solo urbano ocupam, por definição, o espaço da cidade. Um deles é particularmente importante: se todos os que pisam o solo urbano já ocupam, querendo ou não, o espaço da cidade, o que usualmente chamamos de ocupação não é, a rigor, uma ação.

Antes mesmo de definir o modo como agimos na cidade, notadamente o modo como nela nos posicionamos e nos deslocamos (interditando qualquer tipo de conexão descontínua do ponto de vista espacial ou temporal), o solo urbano interdita, de saída, aquela que é ou deveria ser a ação primeira de todas e todos aqueles que se encontram na cidade: o ato de ocupar.

30

O espaço público que deriva dessa concepção de solo urbano é um dispositivo especialmente ardiloso. Estabelece sub-repticiamente um vício de origem para todas as ações desempenhadas na cidade como forma, na medida em que toda e qualquer ação nele desempenhada irá, *por definição*, derivar de uma ausência primordial de ação.

O conceito de espaço público opera uma inversão radical e, em termos políticos, particularmente danosa: não é o público que faz o espaço, é um conceito predefinido e constrangedor de espaço que faz "o público".

Para além de sua notória dimensão excludente, o espaço público é um dispositivo literalmente imobilizante. Além de repelir determinados grupos sociais, étnicos e políticos, suprime uma das mais fundamentais ações políticas: o próprio ato de ocupar e, assim, abrir espaço.

31

Não é acidental que a repressão aos movimentos de ocupação (físicas e discursivas) do espaço público esteja entre as ações mais violentas que o Estado move contra seus adversários reais, potenciais e imaginários.

O implacável mando do Estado sobre o espaço público vai muito além do controle e da regulamentação de seu uso efetivo. O que está em jogo é algo bem mais importante e estratégico: a perpetuação de um típico e altamente eficaz aparelho de Estado.

A repressão às ações desviantes de ocupação do espaço público não é fortuita. O espaço público é, afinal, o solo epistemológico sobre o qual se assenta o Estado, e qualquer trepidação pode bem abrir espaço para um chão "máquina de guerra" em que o Estado eventualmente derrapa.[31]

31. Gilles Deleuze e Félix Guattari, *Mil Platôs: capitalismo e esquizofrenia 2 – v. 5.* São Paulo: Editora 34, 2012. "É preciso os dois [cidade e Estado] para operar a estriagem do espaço", pp. 133-134.

32

A cidade sem forma se aproxima da noção de rizoma não apenas porque, diferentemente do que ocorre no plano, o rizoma permite a conexão de pontos diversos sem ordem ou hierarquia, mas sobretudo porque, como Gilles Deleuze e Félix Guattari enfatizaram,

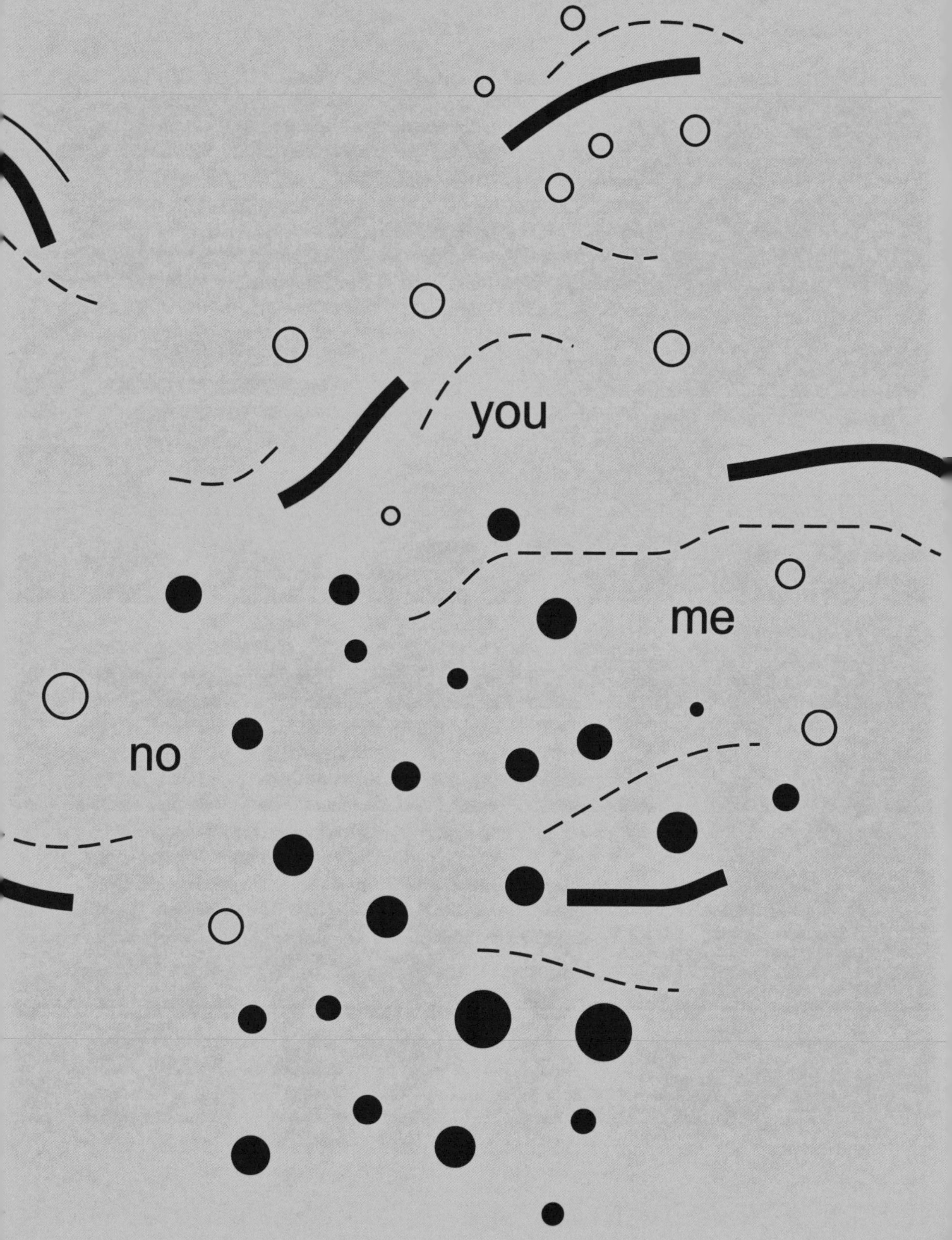

you

me

no

o rizoma é uma questão de performance: se há rizoma é porque se fez rizoma, não há rizoma que preceda o ato de fazer rizoma.[32]

32. A frase original é "um mapa é uma questão de performance". Destaco que, para Deleuze e Guattari, "mapa" é o oposto do que aqui é chamado de mapa. "Diferente é o rizoma, mapa e não decalque." *Ibidem*, p. 22. Isabelle Stengers também destacou esse aspecto crucial do rizoma: "While connections *may* be produced between any parts of a rhizome, they also *must* be produced". Isabelle Stengers, "Reclaiming Animism", *op. cit.*, itálicos da autora.

33

Se o solo urbano e a cidade que ele sustenta derivam da supressão do ato primordial de ocupar, então uma das precondições para a emergência da cidade sem forma é reivindicar o chão, o direito há muito usurpado de ocupá-lo.

34

33. Bruno Latour, "Why Has Critique Run out of Steam?: From Matters of Fact to Matters of Concern", *Critical Inquiry*. Chicago, n. 30, inverno 2004, pp. 225-248.
34. Isabelle Stengers, "Reclaiming Animism", *op. cit.*

Reivindicar o chão: estranhar o chão; fazer do chão não mais uma "questão de fato" mas uma "questão de interesse";[33] reaprender a conectar-se pelo chão, redescobrir no chão a "eficácia metamórfica dos agenciamentos".[34]

35

35. Agradeço a leitura e os comentários de Carlos M. Teixeira, Leonardo Filippo, Lucas Ferraço Nassif, Maria Palmeiro e Paula de Oliveira Camargo. Meus agradecimentos também a Paulo Roberto Pires, que editou e tornou o texto muito mais fluido e claro.

Reivindicar o chão: aceitar o risco de pisar um chão que só existe quando e enquanto é pisado – de mil e uma maneiras diferentes, um passo depois do outro, de novo e de novo e de novo e de novo; um chão que não preexiste às práticas de ocupação que o reivindicam e que por isso mesmo são sempre precárias, parciais, inconsistentes, iterativas, anacrônicas, absurdas, transformativas, desastrosas, temerárias, indeterminadas, incipientes, ficcionais, mágicas, ruidosas, inoportunas, profanadoras, metamórficas, coreográficas, parasitárias, errantes, performativas e sempre políticas: todas as práticas que, reivindicando o chão, abrem espaço para a cidade sem forma.[35]

Otavio Leonidio (1965) é arquiteto, doutor em história e professor associado do Departamento de Arquitetura e Urbanismo e do Programa de Pós-Graduação em Arquitetura da PUC-Rio. É autor de *Carradas de razões: Lucio Costa e a arquitetura moderna brasileira* (Loyola/PUC-Rio, 2007) e *Espaço de risco* (Romano Guerra, 2017), e coautor de *Koolhaas, Eisenman e o Brasil: diálogos supercríticos* (Cosac Naify, 2014).

Ricardo Basbaum (1961) é artista, curador e professor.

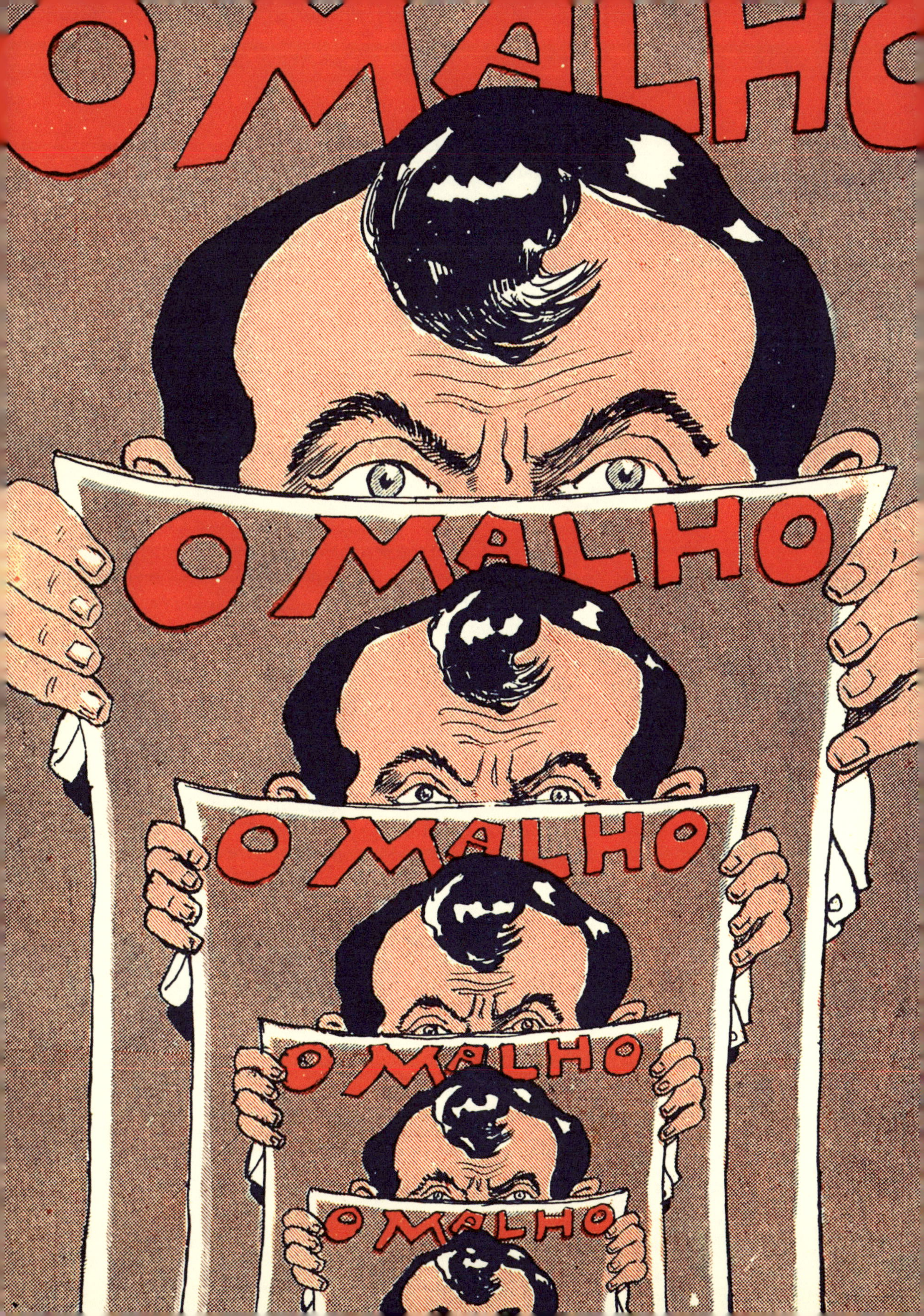
O MALHO
O MALHO
O MALHO
O MALHO
O MALHO

Rafael Cardoso

Modernidades ambíguas, modernismos alternativos

Às vésperas do centenário da Semana de 1922, o cânone modernista segue tributário de uma narrativa em que as culturas populares e de massa são ignoradas em favor das esferas elitistas de literatura, arquitetura, arte e música eruditas

Capas da revista *O Malho*

São Paulo tem a virtude de descobrir o mel do pau em ninho de coruja. De quando em quando, ele nos manda umas novidades velhas de quarenta anos. Agora, por intermédio do meu simpático amigo Sérgio Buarque de Holanda, quer nos impingir como descoberta dele, São Paulo, o tal de "Futurismo".

1. Lima Barreto, "O futurismo", *Careta*. Rio de Janeiro, 22.07.1922, s.p.

LIMA BARRETO (1922)[1]

Ao receber um exemplar de *Klaxon*, a revista literária produzida pelos modernistas de São Paulo por volta de 1922, Lima Barreto deixou registrado o famoso protesto da epígrafe. A curiosa formulação "mel do pau em ninho de coruja" sugere um grau de contrariedade beirando o delírio. Como crítica ao pedantismo alheio, essa flor da retórica, disfarçada de coloquialismo, esconde mais do que revela. É fingida, com toda certeza, a irreverência com que o autor dispensa os jovens intelectuais provincianos. Após acusá-los, no primeiro parágrafo, de impingir novidades de 40 anos atrás, o artigo reduz essa acusação pela metade, afirmando em seguida que todo mundo conhece há mais de 20 anos "as cabotinagens de 'Il Marinetti'". Posto que F.T. Marinetti publicou seu "Manifesto do Futurismo" em 1909, mesmo a cifra menor sugere ou que a denúncia de Lima Barreto era hiperbólica ou então que ele era péssimo em matemática. Seu ressentimento contra os paulistas por pretenderem inaugurar o modernismo no Brasil é tão evidente, até mesmo para ele, que acaba se desculpando com seus leitores pelo "que há de azedume neste artiguete".[2]

2. *Ibidem.*

Lima Barreto tinha bons motivos para se sentir amargurado. Quatro meses mais tarde, em novembro de 1922, ele iria falecer aos 41 anos de idade, internado duas vezes no hospício por problemas decorrentes do alcoolismo crônico, frustrado duas vezes em sua ambição de se eleger para a Academia Brasileira de Letras, sem encontrar efetivamente quem lhe editasse os últimos escritos, vários dos quais só viriam a ser publicados em edições póstumas. Escritor afrodescendente, de talento reconhecido, mas de extração social modesta, sua crítica ácida e seu posicionamento político radical fecharam portas para sua carreira. Conforme observou Berthold Zilly, ele ocupava uma posição ambígua, iniciado o suficiente para querer integrar o

3. Berthold Zilly, "Nachwort: das Vaterland zwischen Parodie, Utopie und Melancholie", *in* Afonso Henriques de Lima Barreto, *Das traurige Ende des Policarpo Quaresma*. Zurique: Ammann, 2001, pp. 309-336.

4. Ver Lilia Moritz Schwarcz, *Lima Barreto: triste visionário*. São Paulo: Companhia das Letras, 2017, pp. 430-461; e Irenísia Torres de Oliveira, "Lima Barreto, modernidade e modernismo no Brasil", *Revista Terceira Margem*. Rio de Janeiro, v. 11, n. 16, 2007, pp. 113-129.

5. Ver, entre outros, Flora Süssekind, *Cinematógrafo de letras: literatura, técnica e modernização no Brasil*. São Paulo: Companhia das Letras, 1987; Eduardo Jardim de Moraes, "Modernismo revisitado", *Estudos Históricos*. Rio de Janeiro, v. 1, n. 2, 1988, pp. 220-238; Centro de Pesquisas/Setor de Filologia, *Sobre o pré-modernismo*. Rio de Janeiro: Fundação Casa de Rui Barbosa, 1988. Ver também Beatriz Resende, "Modernização da arte e da cultura na Primeira República", *in* Paulo Roberto Pereira (org.), *Brasiliana da Biblioteca Nacional: guia das fontes sobre o Brasil*. Rio de Janeiro: Nova Fronteira/Fundação Biblioteca Nacional, 2001; e Silviano Santiago, *Ora (direis) puxar conversa!: ensaios literários*. Belo Horizonte: Editora UFMG, 2006.

establishment literário, porém intruso demais para saber fazer as devidas concessões.[3] Quase um século após sua morte, Lima Barreto é reverenciado como um dos grandes nomes da literatura brasileira, e sua modernidade é reconhecida como tendo antecedido aquela dos jovens arrivistas de São Paulo.[4] À época, contudo, a estrela deles estava em ascensão; a sua estava em queda; e ambos os lados tinham consciência de seus respectivos destinos.

Ao longo da segunda metade do século 20, e mesmo mais recentemente em algumas esferas, resistiu-se à classificação da obra de Lima Barreto como moderna. Qualificá-la de modernista, então, era impensável. Ao contrário, ela vivia enjaulada na gaiola do *pré-modernismo*, juntamente com uma miscelânea de outros escritores ativos nas primeiras décadas do século 20. O melhor a fazer é descartar, de saída, essa categoria desprovida de sentido histórico e carregada de sobredeterminação historicista. Em poucas palavras, ninguém se propõe a ser *pré*-coisa alguma no momento em que cria uma obra (a não ser que a ação seja realizada de maneira profética, *à la* São João Batista, ou com a intenção de revigorar uma tradição perdida, como no pré-rafaelismo). Situar Lima Barreto como precursor dos jovens autores e poetas que se reuniram em torno de *Klaxon*, rechaçados por ele com tanta impaciência, equivale a dizer que o trabalho deles representa a plena realização de qualidades artísticas ou estilísticas que ele não foi capaz de atingir. Seria difícil, nos dias de hoje, encontrar um crítico literário disposto a defender essa opinião.

MODERNISMOS ALTERNATIVOS

Nos estudos de literatura brasileira, a noção de *pré-modernismo* vem sendo desmontada desde o final da década de 1980. As obras de Lima Barreto, Benjamim Costallat e João do Rio, entre outros, passaram por revisões críticas nas décadas de 1990 e 2000, e suas reputações foram devidamente reerguidas.[5] Mesmo assim, o mau cheiro continua a emanar do pântano epistemológico no qual estavam afundados. Se forem respeitadas noções rígidas de periodização, de que modo devem ser categorizadas as inflexões modernistas, tanto em termos de técnica quanto de estilo, de obras produzidas anteriormente à década de 1920? A reabilitação

6. Paulo Herkenhoff, "O moderno antes do modernismo oficial", *in Arte brasileira na coleção Fadel*. Rio de Janeiro: Centro Cultural Banco do Brasil, 2002, pp. 22-29; e Gilda de Mello e Souza, "Pintura brasileira contemporânea: os precursores", *Discurso*. São Paulo, v. 5, n. 5, ago. 1974, pp. 119-130. Ver também Ana Paula Cavalcanti Simioni e Lúcia K. Stumpf, "O moderno antes do modernismo: paradoxos da pintura brasileira no momento de nascimento da República", *Teresa – Revista de Literatura Brasileira*. São Paulo, n. 14, jun. 2014, pp. 111-129.

7. Partha Mitter, "Decentering Modernism: Art History and Avant-Garde Art from the Periphery", *The Art Bulletin*. Nova York/Londres, v. 90, n. 4, abr. 2008, pp. 538-540.

8. Ver Larry Silver, "Introduction: Canons in World Perspective – Definitions, Deformations and Discourses", *in* Larry Silver e Kevin Terraciano (orgs.), *Canons and Values: Ancient to Modern*. Los Angeles: Getty Publications, 2019, pp. 1-21; e Hubert Locher, "The Idea of the Canon and Canon Formation in Art History", *in* Matthew Rampley *et alii* (orgs.), *Art History and Visual Studies in Europe: Transnational Discourses and Nation Frameworks*. Leiden: Brill, 2012, pp. 29-40.

seletiva de autores notáveis não bastou para resgatar outros da terra de ninguém que separa "modernistas" de "tradicionalistas" nas disputas culturais de meados do século 20. No campo das artes visuais, então, quase não houve avanço. As poucas tentativas de lidar com o que Paulo Herkenhoff batizou de "o moderno antes do modernismo oficial" não chegaram a alterar o balanço historiográfico. Bom número de artistas relegados pela crítica modernista ao último suspiro do "academismo" – Eliseu Visconti, Belmiro de Almeida e Arthur Timótheo da Costa, entre outros – continua a ocupar mais ou menos a mesma posição em que Gilda de Mello e Souza os deixou, ainda na década de 1970, quando chamou a atenção para a injustiça dessa designação.[6]

As tentativas de reabilitar artistas individuais como precursores esbarra num obstáculo conceitual. Se o modernismo é uma ruptura radical com o passado, conforme alegaram seus proponentes, então qualquer esforço aquém dessa ruptura deve permanecer do outro lado da divisa, independentemente de possuir ou não viés modernizador. Noves fora seu fino apelo retórico, a formulação *modernidade antes do modernismo* não chega a deslocar a premissa do progresso teleológico em direção a uma verdade formal. Essa premissa é que precisa ser combatida, posto que não existe evolução na história da arte. Por mais que artistas sejam influenciados por outros ou impactados pelo legado histórico – o que acontece, sem dúvida –, isso não implica progresso. A presença da citação e da cópia tampouco significa que algumas obras sejam apenas derivadas enquanto outras são inteiramente originais. Conforme ensinou Partha Mitter, as influências não operam em mão única, mas antes acarretam um processo de trocas mútuas, emulação e mudanças de paradigma.[7]

É preciso problematizar, além do mais, a periodização simples de estilos artísticos por meio da eleição de algumas poucas obras-chave. Termos como "continuidade e ruptura", "cânone e revolução", "clássico e moderno" existem em relação dialética, sujeitos a análise hermenêutica contínua.[8] Como qualquer outro constructo histórico, as categorias estilísticas devem ser questionadas a todo instante e reavaliadas à luz das fontes documentais. Daí resulta a impossibilidade de pensar o significado do termo "arte moderna" a partir dos critérios autorreferentes impostos pelo próprio modernismo. Qualquer avaliação histórica rigorosa deve recusar o

9. Ver Stephen Bann, *Ways around Modernism*. Londres: Routledge, 2007, pp. 58-61, 92-101, 107-111.

10. Andreas Huyssen, "Geographies of Modernism in a Globalizing World", *New German Critique*. Durham, v. 34, n. 1 (100), fev. 2007, pp. 193-199.

11. Perry Anderson, "Modernity and Revolution", *in* Cary Nelson e Lawrence Grossberg (orgs.), *Marxism and the Interpretation of Culture*. Londres: Macmillan, 1988, p. 323; e Raymond Williams, *The Politics of Modernism*. Londres: Verso, 1989, pp. 31-35.

12. Sobre a possibilidade de pensar o modernismo como conceito unificado, ver Fredric Jameson, *A Singular Modernity: Essay on the Ontology of the Present*. Londres: Verso, 2002, pp. 1-13, 32-55, 94-99, 161-179; e Raymond Spiteri, "A Farewell to Modernism?: Re-Reading T.J. Clark", *Journal of Art Historiography*. Birmingham, n. 3, dez. 2010, pp. 1-13.

pressuposto, muitas vezes oculto, de que o teor de modernidade de uma obra possa ser determinado unicamente por suas características formais ou por princípios estéticos professados por seus autores.[9]

Não há espaço aqui para uma discussão abrangente do modernismo: o que foi, quando foi, se deve ser abraçado ou deixado para trás. Antes, a meta é contribuir com mais um estudo de caso para o esforço coletivo de investigar a modernização cultural como fenômeno histórico disperso e diverso. Variações no que se entende por "arte moderna" não são exclusividade do caso brasileiro. A vontade impensada de atribuir uma unidade estável a esse conceito atropela discrepâncias de forma e estilo, assim como as de contexto político e cultural. Quanto mais se comparam as diferentes experiências nacionais e regionais, menos convincente se torna o argumento a favor de um entendimento único do modernismo.[10]

Ante as variadas manifestações da arte moderna em escala global, faz sentido falar em "uma multiplicidade de modernismos", no plural, conforme propôs Perry Anderson há mais de três décadas. Não é mais possível acatar critérios seletivos que pretendem justificar qualquer sentido excludente do termo, os quais quase sempre se fundam na "ideologização explícita", em maior ou menor grau, conforme avisou Raymond Williams.[11] As evidências em nível mundial apontam para a existência de uma série de *modernismos alternativos*, que se entrecruzam e se sobrepõem a partir da década de 1890, se não antes, para constituírem juntos um campo ampliado de trocas modernistas. Cada uma das diversas partes não partilha necessariamente de todas as qualidades formais, pressupostos teóricos ou estruturas sociológicas que caracterizam o restante; e toda tentativa de reduzir a pluralidade de exemplos a uma narrativa única resulta necessariamente em simplismo.[12]

O sentido maior do modernismo no Brasil só pode ser compreendido ao se considerarem outras correntes de modernização cultural em paralelo àquela geralmente reconhecida. O termo costuma ser aplicado no contexto brasileiro de modo estreito e bastante peculiar, revelando os pressupostos elitistas que o embasam. Os grandes nomes do nosso cânone derivam quase exclusivamente das esferas de literatura, arquitetura, arte e música eruditas, enquanto modernismos alternativos que brotaram da cultura popular e de massa são esquecidos ou ignorados.

O MITO DE 1922

A relevância maior da modernização artística no Brasil costuma ser ofuscada pelo predomínio de uma narrativa mítica da "arte moderna". Pergunte a qualquer brasileiro razoavelmente bem informado quando teve início o modernismo no Brasil, e a resposta vai girar em torno do ano 1922. A referência, claro, é à Semana de Arte Moderna, evento ocorrido em São Paulo em fevereiro de 1922, abarcando apresentações musicais, palestras, récitas de poesia, além de uma exposição com uma centena de obras de arte. Patrocinada por figuras eminentes da burguesia paulista – sob a chancela do mecenas e cafeicultor Paulo Prado – e realizada no Theatro Municipal de São Paulo, a Semana juntou um elenco que inclui alguns dos nomes mais ilustres da cultura brasileira no século 20: os escritores Oswald de Andrade e Mário de Andrade; os artistas plásticos Anita Malfatti, Di Cavalcanti e Victor Brecheret; o compositor Heitor Villa-Lobos, entre muitos outros. Ela gerou também um mito fundador que continua a proliferar em vasta bibliografia, em grande parte celebratória.[13]

Mesmo consagrada por estudiosos e preservada por instituições fundadas em sua memória, a importância da Semana reside principalmente em seu *status* como lenda.[14] À época em que o evento ocorreu, seu impacto ficou limitado a um público de elite em São Paulo, então uma cidade ainda provinciana apesar de sua grande prosperidade. Durante as décadas de 1920 e 1930, as ações transcorridas no palco do Theatro Municipal tiveram repercussão pequena em âmbito nacional. Um dos poucos órgãos da grande imprensa no Rio de Janeiro, então capital e centro cultural do país, a dar maior atenção à Semana foi justamente a revista *Careta*, para a qual Lima Barreto escrevia.

Careta estava a par do grupo paulista mesmo antes do evento. Em fins de 1921, foi publicado em suas páginas um artigo que procurava distanciar Oswald de Andrade, Mário de Andrade, Menotti del Picchia e Guilherme de Almeida, entre outros, do rótulo "futurista", sob o qual eram categorizados, e aproximá-los do termo "modernista".[15] Poucos meses após a realização da Semana, outro artigo, intitulado "O mortório do futurismo" e atribuído à sucursal de São Paulo, concluiu que a Semana havia sido um fracasso e fustigou os participantes por sua pretensão.[16] No ano seguinte, a revista voltou

---

13. Entre as fontes mais recentes, ver Ana Paula Cavalcanti Simioni, "Le Modernisme brésilien, entre consécration et contestation", *Perspective*. Paris, n. 2, 2013, pp. 325-342; Saulo Gouveia, *The Triumph of Brazilian Modernism: the Meta-Narrative of Emancipation and Counter-Narratives*. Chapel Hill: University of North Carolina Press, 2013; Frederico Coelho, *A semana sem fim: celebrações e memória da Semana de Arte Moderna de 1922*. Rio de Janeiro: Casa da Palavra, 2012; Marcos Augusto Gonçalves, *1922: a semana que não terminou*. São Paulo: Companhia das Letras, 2012; e a edição especial da *Revista USP*, n. 94, 2012, organizada por Lisbeth Rebollo Gonçalves, que contém uma gama ampla de apreciações históricas e críticas.

14. Ver Monica Pimenta Velloso, *História e modernismo*. Belo Horizonte: Autêntica, 2010, pp. 22-30; e Rafael Cardoso, "Forging the Myth of Brazilian Modernism", *in* Larry Silver e Kevin Terraciano (orgs.), *op. cit.*, pp. 269-287.

15. Y-Juca-Pirama, "A morte do futurismo", *Careta*. Rio de Janeiro, 05.11.1921, s.p. Sobre o debate entre futurismo e modernismo nos anos 1920, ver Annateresa Fabris, *O futurismo paulista: hipóteses para o estudo da chegada da vanguarda ao Brasil*. São Paulo: Perspectiva, 1994, pp. 70-76, 139-153.

16. Ataka Perô, "O mortório do futurismo", *Careta*. Rio de Janeiro, 01.04.1922, s.p.

17. Ildefonso Falcão, "A idiotice que pretende ser arte", *Careta*. Rio de Janeiro, 28.07.1923, s.p.

18. Ver Angela de Castro Gomes, *Essa gente do Rio...: modernidade e nacionalismo*. Rio de Janeiro: Fundação Getúlio Vargas, 1999, pp. 12-13; Francisco Alambert, "A reinvenção da Semana (1932-1942)", *Revista USP*. São Paulo, n. 94, 2012, pp. 107-118; e Rafael Cardoso, *op. cit.*

19. Ver Rafael Cardoso, "Modernismo e contexto político: a recepção da arte moderna no *Correio da Manhã* (1924-1937)", *Revista de História (USP)*. São Paulo, n. 172, 2015, pp. 335-365.

20. Ver Rafael Cardoso, *Impresso no Brasil, 1808-1930: destaques da história gráfica no acervo da Biblioteca Nacional*. Rio de Janeiro: Verso Brasil, 2009, p. 133.

à tona, atacando violentamente os "futuristas" e promovendo uma defesa de valores tradicionais na arte.[17] Seus editores tiveram o cuidado, contudo, de publicar dois poemas de Mário de Andrade na mesma página, sob o título "Futurismo brasileiro em poemas", dando aos leitores a oportunidade de julgarem por si.

A posição reacionária da revista *Careta* era pouco representativa da grande imprensa. Em sua maior parte, os jornais da capital ignoraram as estripulias em São Paulo ou as trataram como brincadeira inofensiva. Na contramão da crença hoje generalizada de que a Semana teria escandalizado a burguesa sociedade brasileira – mito propagado estrategicamente, entre os anos 1940 e 1960, pelos remanescentes do modernismo paulista e seus herdeiros –, a verdade é que o meio cultural no Rio de Janeiro tinha mais o que fazer.[18] O ano de 1922 foi de grande importância simbólica para o Brasil, com o calendário dominado pelas comemorações do centenário da Independência e recheado de acontecimentos políticos portentosos, incluindo a fundação do Partido Comunista do Brasil, a inauguração da associação católica Centro Dom Vital e a malfadada Revolta dos 18 do Forte, no mês de julho. Se tudo isso não bastasse para matizar a importância da Semana, vale ressaltar a existência de outras correntes modernizadoras, subestimadas pela historiografia, principalmente no que diz respeito aos campos das artes visuais e da história da arte. Desenrolou-se, nas décadas de 1920 e 1930, acalorado debate em torno do que se entendia por "arte moderna" e sua aplicabilidade ao contexto brasileiro.[19] O movimento em redor da Semana era um entre outros a concorrer pela liderança. Até 1928, além do mais, o grupo original havia se cindido em três correntes divergentes.

O anseio de ser percebido como moderno data de muito antes da década de 1920. Como adjetivos, "moderno" e "moderna" começam a pipocar com alguma frequência no discurso literário brasileiro a partir das últimas décadas do século 19. O emprego jornalístico da palavra tornou-se corriqueiro nas duas primeiras décadas do século 20, geralmente com o intuito de qualificar algum processo ou atividade como novidade tecnológica: cinema, aeroplanos, automóveis, eletricidade, arranha-céus. O desejo de ser percebido como moderno já era tão difundido na década de 1910 que inspirou o nome e a embalagem de uma marca de cigarros chamada Modernos.[20] É divertido imaginar que eles pudessem ser fumados pelos

21. A referência é ao fabricante britânico de móveis Maple & Co.; João do Rio, *A profissão de Jacques Pedreira*. Rio de Janeiro/São Paulo: Fundação Casa de Rui Barbosa/Scipione, 1992, p. 109.

22. Vera d'Horta Beccari, *Lasar Segall e o modernismo paulista*. São Paulo: Brasiliense, 1984, pp. 48-64. Ver ainda Jasmin Koβmann, "Will Grohmann, Lasar Segall und die Dresdner Sezession Gruppe 1919", *in* Konstanze Rudert (org.), *Zwischen Intuition und Gewissheit: Will Grohmann und die Rezeption der Moderne in Deutschland und Europa 1918-1968*. Dresden: Staatliche Kunstsammlungen Dresden, 2013.

23. Ver Arthur Valle, "'A maneira especial que define a minha arte': pensionistas da Escola Nacional de Belas Artes e a cena artística de Munique em fins do oitocentos", *Revista de História da Arte e Arqueologia*. São Carlos, n. 13, jul. 2010, pp. 109-144; e Arthur Valle, "Bolsistas da Escola Nacional de Belas Artes em Munique, na década de 1890", *Artciencia*. Lisboa, n. 7, 2012, pp. 1-16.

personagens do conto "Modern Girls", escrito por João do Rio em 1911 (o título original é em inglês, idioma visto como *up-to-date* por uma elite que ainda tinha o francês como norma da elegância). Em outra obra do mesmo autor e da mesma época, o romance *A profissão de Jacques Pedreira*, as poltronas do Automóvel Clube são descritas como sendo "de um modernismo que nem ao Mapple pedia auxílio".[21] A modernidade imaginada por João do Rio – repleta de *jazz bands* e *modern girls* – só viria a se tornar corriqueira no Brasil após a Primeira Guerra, mas sua existência no início da década de 1910, mesmo que um tanto fantasiosa, é digna de nota.

O simples emprego do termo "moderno" não constitui por si só um modernismo artístico, fenômeno que tampouco pode ser reduzido à modernidade tecnológica ou a mudanças de hábitos sociais. Empolgar-se com modismos e novidades, ou mesmo condená-los, é distinto de contemplar essas experiências como fruto de uma condição histórica. É outro passo maior ainda desenvolver um programa estético a partir da consciência da modernidade. Todavia, tais gradações entre modernização, modernidade e modernismo já estavam presentes no Brasil durante as décadas de 1900 e 1910. A historiografia do modernismo há muito reconhece episódios em que manifestações plenas de arte moderna – no sentido restrito às vanguardas históricas – foram apresentadas ao público brasileiro antes de 1922.

O exemplo mais notório são as exposições de Lasar Segall, em São Paulo e Campinas, em 1913. Vindo de Dresden, na Alemanha, onde viveu o fervilhamento modernista entre o final do grupo Die Brücke e o surgimento da Dresdner Sezession (Gruppe 1919), da qual participou, Segall mostrou no Brasil pelo menos alguns trabalhos que seriam classificados hoje como expressionistas. Foi recebido com aplausos mornos e alguma perplexidade da parte de críticos provincianos que não conseguiram entender como um pintor de evidente habilidade podia cometer "erros" tão primários.[22] O caso de Segall nem é o mais antigo exemplo de relações brasileiras com o secessionismo alemão. Essas influências chegaram ao Rio de Janeiro com uma década de antecedência por intermédio de Helios Seelinger e José Fiuza Guimarães.[23]

O impacto do movimento *art nouveau* é outra faceta gravemente subestimada da modernização artística no Brasil. Entre 1900 e 1914, a mania da "nova arte" varreu o meio cultural do

Rio de Janeiro em todos os níveis, de cinemas a salas de concerto, de anúncios publicitários a salões de belas-artes. Em 1903, o eminente crítico de arte Gonzaga Duque esmiuçou o conceito de *arte moderna*, propriamente dito. Seus escritos do período – assim como os de contemporâneos como Camerino Rocha, José Veríssimo e Nestor Victor – fazem referência reiterada ao que julgavam ser tendências e estilos modernos. Talvez de modo ainda mais significativo, contrapunham explicitamente o que entendiam por moderno à produção dita *acadêmica* do passado. Esses críticos estavam atentos a debates na Europa e correram para se alinhar às novas correntes estéticas e políticas que admiravam. Para eles, o *moderno* era uma decorrência das descobertas científicas e filosóficas do novo século, fato inexorável da existência que exigia novas respostas e atitudes renovadas. Não resta dúvida que seu compromisso com a modernização artística era tanto proposital quanto consciente.

A recorrência de termos como "arte moderna" e "modernismo" no discurso brasileiro da virada para o século 20 só soa estranha quando se presume que uma inovação conceitual desse porte não poderia ocorrer fora do âmbito das línguas francesa, inglesa ou alemã. Apesar dos desafios conceituais e metodológicos colocados pelos estudos pós-coloniais ao longo das últimas décadas, ainda prevalece infelizmente a tendência a subvalorizar a precocidade do *modernismo* no contexto latino-americano, em especial nos escritos do poeta nicaraguense Rubén Darío, que cunhou o termo ainda na década de 1880.[24] A obra de Darío foi discutida no meio literário brasileiro, e o autor chegou a visitar o Rio de Janeiro em 1906. O escritor brasileiro que lhe deu maior atenção, chegando a editar um pequeno volume sobre seu trabalho, foi Elysio de Carvalho, poeta e esteta, militante ateísta e anarquista, tradutor de Oscar Wilde, propagandista de Nietzsche e Max Stirner.

Alguns anos mais tarde, Elysio de Carvalho daria uma guinada ideológica em direção ao conservadorismo católico e viria a se tornar criminologista policial.[25] Uma estranha combinação, para dizer o mínimo; porém, ele está longe de ser o único intelectual brasileiro a ostentar a coexistência de tendências modernistas e antimodernistas em sua biografia. Toda uma teia complexa de relações profissionais e pessoais propiciou essa convivência, e até mesmo conivência, entre posições radicalmente divergentes no Rio de Janeiro de princípios do século 20.

24. É sabido que Fredric Jameson recusou-se a reconhecer a precocidade de Darío; Fredric Jameson, *op. cit.*, 2002, pp. 100-101. Para o argumento contrário, ver Daniel Link, "Rubén Darío: la sutura de los mundos", *in* Gesine Müller, Jorge J. Locane e Benjamin Loy (orgs.), *Re-Mapping World Literature: Writing, Book Markets and Epistemologies between Latin America and the Global South*. Berlim: De Gruyter, 2018, pp. 81-90; e Alejandro Mejías-López, *The Inverted Conquest: The Myth of Modernity and the Transatlantic Onset of Modernism*. Nashville: Vanderbilt University Press, 2009, pp. 85-124.

25. Ver Diego Galeano e Marília Rodrigues de Oliveira, "Uma história da *História natural dos malfeitores*", *in* Elísio de Carvalho, *Escritos policiais*. Rio de Janeiro: Contracapa/Faperj, 2017, pp. 15-27; Maria Vânia de Souza, *Modernismo e modernidade: a trajetória literária do alagoano Elysio de Carvalho*. Maceió: Edufal, 2013; e Lená Medeiros de Menezes, "Elysio de Carvalho: um intelectual controverso e controvertido", *Revista Intellectus*. Rio de Janeiro, v. 4, n. 2, 2004, s.p.

O fenômeno se deu não somente no Brasil, aliás. O tamanho diminuto dos meios artísticos na América Latina, assim como sua insularidade, contribuiu historicamente para atiçar os sentimentos de alienação e desassossego tão determinantes para fomentar desejos de modernidade.

Monica Pimenta Velloso foi possivelmente a primeira autora a formular a ideia de que o modernismo já existia no Rio de Janeiro muito antes da Semana de 1922. Seu livro *Modernismo no Rio de Janeiro*, de 1996, pleiteia o reconhecimento de uma modernidade artística que girava em torno da sociabilidade de cafés, redações e salões literários, manifestações características de uma paisagem urbana em transformação nos anos 1900 e 1910, protagonizada por jornalistas, ilustradores e humoristas.[26] A hipótese defendida por ela permanece irrefutada e vem ganhando fôlego pelo acréscimo de uma riqueza de dados que vieram à tona ao longo das últimas décadas.

O modernismo carioca identificado por Pimenta Velloso é assumidamente cosmopolita e menos primitivista do que seu equivalente paulista. O fato é revelador. Do ponto de vista parisiense, essa outra modernidade brasileira era familiar demais e, portanto, não comportava a carga de exotismo que seduzia os modernizadores europeus. A geração mais nova de modernistas em São Paulo – em especial, o grupo em torno da *Revista de Antropofagia*, entre 1928 e 1929 – vestiu o figurino do selvagem, o que a tornou mais interessante para os europeus. Figuras ricas e bem-nascidas como Oswald de Andrade e Tarsila do Amaral sabiam se posicionar como modernas, segundo padrões parisienses, e portanto conseguiram cativar formadores de opinião do lado de lá do Atlântico. Ao voltarem para o Brasil, ostentavam a qualidade percebida de terem feito sucesso em Paris.[27]

A comparação entre tendências e grupos modernizadores no Rio e em São Paulo pode ser útil, mas não deve ser superestimada. Eles nunca foram inteiramente distintos. João do Rio, sujeito tão carioca que incorporou a cidade até ao pseudônimo, recorria a São Paulo sempre que possível, não somente em busca de dinheiro como também de perspectivas sobre outros modos de ser brasileiro.[28] Di Cavalcanti, outro "perfeito carioca" (conforme se intitulou em sua autobiografia), foi um dos grandes artífices da Semana de Arte Moderna. Quando Oswald de Andrade lançou seu "Manifesto da poesia Pau-Brasil", optou por publicá-lo nas páginas do *Correio da Manhã*, um

26. Monica Pimenta Velloso, *Modernismo no Rio de Janeiro: Turunas e Quixotes*. Rio de Janeiro: FGV Editora, 1996 (ver especialmente o capítulo 2).

27. Ver Rafael Cardoso, "White Skins, Black Masks: Antropofagia and the Reversal of Primitivism", *in* Uwe Fleckner e Elena Tolstichin (orgs.), *Das verirrte Kunstwerk: Bedeutung, Funktion und Manipulation von Bilderfahrzeugen in der Diaspora*. Berlim: De Gruyter, 2019, pp. 131-154.

28. Ver Nelson Schapochnik (org.), *João do Rio: um dândi na Cafelândia*. São Paulo: Boitempo, 2004.

O MALHO

A LIMA CAMPOS

29. Beatriz Sarlo, *Una modernidad periférica: Buenos Aires 1920 y 1930.* Buenos Aires: Nueva Visión, 1988, pp. 15-18.

30. Barbara Weinstein, *The Color of Modernity: São Paulo and the Making of Race and Nation in Brazil.* Durham: Duke University Press, 2015, pp. 27-68.

dos principais diários da capital, em vez de enterrá-lo em alguma revista literária de pouca circulação. Quando Tarsila do Amaral resolveu montar sua primeira exposição individual no Brasil, em 1929, escolheu o Palace Hotel, na avenida Rio Branco, então centro nervoso do Distrito Federal.

As tensões conjugadas no caso brasileiro pela contraposição Rio de Janeiro *versus* São Paulo são comparáveis àquelas entre *criollismo* e *vanguardia* que Beatriz Sarlo identificou como força motriz da modernização na Buenos Aires da década de 1920.[29] A história do modernismo brasileiro entre as décadas de 1920 e 1960 pode ser compreendida mais como um vaivém no eixo Rio-São Paulo – subordinando o resto do país à sua rivalidade – do que como o triunfo de uma cidade sobre a outra. Mesmo assim, as inflexões regionais da narrativa da Semana de 1922 não podem ser ignoradas. Seu predomínio está relacionado ao declínio do Rio e à ascensão de São Paulo, especialmente após a transferência da capital para Brasília em 1960. Outro aspecto relevante é o conflito entre gerações. Os integrantes do modernismo carioca identificado por Pimenta Velloso eram, em média, 15 anos mais velhos do que os modernistas paulistas. Por fim, havia disparidades marcantes entre os dois movimentos em termos de composição racial e de classe social.

A consagração do modernismo paulista deu-se em torno de uma retórica de supremacia que situa São Paulo como entidade cultural à parte, superior ao resto do Brasil, conforme demonstrou Barbara Weinstein.[30] Embora esse antagonismo tenha se escancarado somente a partir de 1932 – com a chamada Revolução Constitucionalista –, sua existência data da década de 1890, quando vozes eminentes começaram a afirmar a região como alternativa em termos racializados. A coloração racista dos ideais de modernidade promovidos em São Paulo ajuda a explicar por que foram relegados a um segundo plano modernismos alternativos em outras regiões do país, inclusive no Rio de Janeiro.

O desafio de compreender a modernidade de modo plural tange à dificuldade de incutir um senso unificado de nacionalidade a um país que sofre desde sempre de pressões centrípetas. Entre outros que existiram, os modernismos de Minas Gerais, Pará, Pernambuco e Rio Grande do Sul tiveram sua importância apagada ou rebaixada a fim de se ressaltar a liderança paulista. A dialética entre regionalismos e nacionalismo é um problema conceitual imenso, muito além do escopo da presente discussão. Contudo, vale colocar em questão o modo como agentes modernistas tão díspares quanto Mário de Andrade, Oswald de Andrade ou Plínio Salgado se propuseram a repensar, ou mesmo refundar, a cultura brasileira em sua totalidade, sem nunca se darem conta da presunção inerente à ideia de pensar o Brasil a partir de São Paulo.

Com a noção de uma *modernidade em preto e branco*, enceta-se um diálogo com *a cor da modernidade*, título do livro de Barbara Weinstein. O "preto e branco" refere-se não somente a disparidades raciais como também a tensões entre a cultura de elite e uma incipiente cultura de massa que encontrou expressão em mídias como fotografia e artes gráficas (outrora designadas, em fontes de língua inglesa, como *"black and white art"*). No contexto brasileiro, a interseção entre exclusões a partir de critérios racistas e classistas torna quase impossível pensar uns sem levar em consideração os outros. Em princípios do século 20 andaram juntas, com frequência, tentativas de afirmar identidades negras e de classe operária, como parte do esforço para desbancar o poder das velhas oligarquias. Os discursos históricos que consagraram o modernismo paulista às vezes flexionam apenas uma ou outra questão, de modo seletivo, a fim de assegurar sua própria ascendência. Assim, camuflam que o movimento em torno da Semana de Arte Moderna resultou de uma situação de privilégio e dominação patriarcal.

MODERNISMO E PRIMITIVISMO

Para entender o que estava em jogo nos debates sobre modernismo, é preciso compreender o quanto era escorregadia, antes da década de 1930, a noção de identidade brasileira. Após a abolição do escravagismo em 1888, tornou-se premente a questão de como incorporar a parcela antes escravizada da população à comunidade imaginada da nação, da qual havia sido excluída durante séculos. Há muito, atribui-se aos modernistas paulistas o crédito por terem encontrado uma resposta. Segundo uma versão ainda repetida, porém capciosa, os principais agentes da Semana, assim como seus seguidores, recuperaram a negritude do silenciamento cultural imposto pelas elites afrancesadas do século 19.[31] Essa tese sustenta-se em três premissas falsas, desmentidas facilmente por

31. A formulação pioneira dessa tese ocorreu em texto de 1940 (Robert C. Smith, "The Art of Candido Portinari", *in Portinari of Brazil*. Detroit: The Detroit Institute of Arts, 1940, pp. 10-11), e tornou-se corrente a partir do ensaio de Antonio Candido, "Literatura e cultura de 1900-1945" (1953). Um exemplo da persistência desses discursos está em: Jorge Schwartz, *Fervor das vanguardas: arte e literatura na América Latina*. São Paulo: Companhia das Letras, 2013, pp. 30-31, 69-75.

32. Ver Rafael Cardoso, "The Problem of Race in Brazilian Painting, *c.* 1850-1920", *Art History.* Oxford, v. 38, n. 3, jun. 2015, pp. 488-511; e Roberto Conduru, *Pérolas Negras, primeiros fios: experiências artísticas e culturais nos fluxos entre África e Brasil.* Rio de Janeiro: EdUerj, 2013, pp. 301-313.

33. Mário de Andrade, *Macunaíma: o herói sem nenhum caráter.* São Paulo: Melhoramentos, 2018, capítulo 7. Ver ainda Bruno Carvalho, *Porous City: a Cultural History of Rio de Janeiro (from the 1810s onward).* Liverpool: Liverpool University Press, 2013, pp. 116-131.
34. Ver Emerson Giumbelli, "Macumba surrealista: observações de Benjamin Péret em terreiros cariocas nos anos 1930", *Estudos Históricos.* Rio de Janeiro, v. 28, n. 55, 2015, pp. 87-107. Para um apanhado geral do contexto, ver Roberto Moura, *Tia Ciata e a Pequena África no Rio de Janeiro.* Rio de Janeiro: Prefeitura da Cidade do Rio de Janeiro/Biblioteca Carioca, 1995.

35. Roberto Schwarz, "As ideias fora do lugar", *in Ao vencedor as batatas: forma literária e processo social nos inícios do romance brasileiro.* São Paulo: Duas Cidades/Editora 34, 2000 [1977].

36. Esther Gabara, *Errant Modernism: The Ethos of Photography in Mexico and Brazil.* Durham: Duke University Press, 2008, pp. 13-15.

exemplos: 1) que sujeitos negros não eram representados na arte e na literatura brasileiras antes de 1922; 2) que o modernismo paulista propagou um discurso consciente e unificado a propósito de questões raciais; 3) que as representações produzidas pelo movimento modernista são afirmativas de identidades afro-brasileiras.[32]

A visão de que o modernismo paulista combateu a hegemonia colonialista é um constructo histórico fantasioso. Os apelos do movimento ao indígena e ao autóctone são questionáveis, na melhor das hipóteses, e não podem ser aceitos de modo acrítico. Independentemente das intenções de cada artista, o procedimento de configurar o subalterno por meio da folclorização e/ou da paródia teve o efeito de perpetuar estereótipos. Em última análise, logrou excluir da modernidade, à qual aspiravam os agentes que conduziram esse processo, os objetos de suas incursões etnográficas. O exemplo mais célebre, um entre muitos, é a famosa cena da macumba na casa de Tia Ciata, no romance *Macunaíma* (1928), de Mário de Andrade.[33] O deboche com que o autor retrata uma conjuntura fulcral para a identidade cultural afro-brasileira contrasta mal com a seriedade atribuída ao mesmo tema, quase em paralelo, por um comentarista estrangeiro como o poeta Benjamin Péret.[34] A falta de cerimônia com que alguns integrantes do grupo da Semana se apropriaram de heranças africanas e indígenas trai um senso de prerrogativa não muito distante do modo como as autoridades coloniais europeias encaravam os "nativos" sob sua "proteção".

Os apelos ao primitivismo por autores como Mário de Andrade e Oswald de Andrade, ou de artistas plásticos como Tarsila do Amaral e Lasar Segall, precisam ser reavaliados, caso a caso, em termos do seu significado para a época. Suas tentativas de atribuir voz ao subalterno seriam manifestações de modernidade cultural? Ou, ao contrário, devem ser relegadas ao rol das ideias fora do lugar, no senso consagrado por Roberto Schwarz?[35] Ou ainda, e de modo mais problemático, será que sua verdadeira relevância se situa entre esses dois polos? Esther Gabara avançou o conceito de *errância* para enfatizar a importância de seguir as trajetórias e rupturas que cercam as ideias fora do lugar.[36] Daí a necessidade de destrinchar a natureza errante – no sentido mais profundo onde o vagar territorial encontra as divagações epistemológicas – do *tópos* primitivismo.

37. Daniel Miller, "Primitive Art and the Necessity of Primitivism to Art", *in* Susan Hiller (org.), *The Myth of Primitivism: Perspectives on Art*. Londres: Routledge, 1991, pp. 50-71.

38. O termo "arcaísmo" é empregado aqui no sentido desenvolvido por João Fragoso e Manolo Florentino, *O arcaísmo como projeto: mercado atlântico, sociedade agrária e elite mercantil em uma economia colonial tardia: Rio de Janeiro, c. 1790-1840*. Rio de Janeiro: Civilização Brasileira, 2001.

39. Florencia Garramuño, *Modernidades primitivas: tango, samba y nación*. Buenos Aires: Fondo de Cultura Económica, 2007, especialmente pp. 15-43.

40. *"Tel est le Brésil, d'une grandeur ineffable où la civilisation et la sauvagerie ne contrastent pas mais se mêlent, se conjuguent, s'épousent d'une façon active et troublante. On reste le souffle coupé d'admiration et, souvent, de terreur ou de passion."* Blaise Cendrars, "Mort subite", *in Trop c'est trop. Œuvres complètes*, tome VIII. Paris: Denoël, 1987, p. 163.

41. Néstor García Canclini, "Modernity after Postmodernity", *in* Gerardo Mosquera (org.), *Beyond the Fantastic: Contemporary Art Criticism from Latin America*. Londres: Institute of International Visual Arts, 1995, pp. 20-23.

O medo e o fascínio gerados pelo suposto primitivo exerceram o papel essencial de contrastar com o moderno.[37] Dado esse fato, salta aos olhos a centralidade de temáticas como carnaval e favelas, que não costumam constar de narrativas convencionais sobre modernização artística no Brasil. É preciso examinar o pano de fundo de arcaísmo ante o qual se desenrolaram as ações dos atores modernistas. Caso contrário, seus gestos performáticos ficam reduzidos a monólogos em cima de um palco vazio.[38]

Florencia Garramuño propôs o conceito aparentemente paradoxal de *modernidades primitivas* para explicar como o exotismo e o autoexotismo se entrelaçam na América Latina, gerando um equilíbrio instável em que a vanguarda e o autóctone se reforçam mutuamente.[39] Essa observação é crucial para sustentar a tese de que o moderno e o arcaico não são opostos na cultura brasileira, mas antes se entrecruzam e se mesclam, conforme expresso pelo poeta Blaise Cendrars: "Assim é o Brasil, de uma grandeza inefável em que a civilização e a selvageria não entram em contraste, mas antes se mesclam, se conjugam, se casam, de maneira ativa e perturbadora. É de deixar a respiração cortada de admiração e, muitas vezes, de terror ou paixão."[40]

Ao contrário do que reza o senso comum, favelas e carnaval não estão deslocados numa discussão sobre modernização artística. Antes, é preciso partir do questionamento oposto: por que a historiografia do modernismo evitou tocar nesses temas, durante todo esse tempo? Será possível dissociar obras de arte, assim como seus criadores, do contexto político e social em que foram produzidas? Até que ponto a modernização artística operou no Brasil como um projeto de emancipação, e até que ponto serviu às velhas forças de opressão? Tais perguntas apontam para uma disjunção fundamental no contexto latino-americano, identificada por Néstor García Canclini como o paradoxo de "um modernismo exuberante no interior de uma modernização falha", gerando uma situação em que arte e arquitetura modernas são "vistas como uma máscara, um simulacro da elite e da máquina estatal", incongruentes e pouco representativas das camadas profundas da existência coletiva.[41]

No mais das vezes, a recepção do modernismo brasileiro na história da arte contentou-se em tapar um cadáver ensanguentado com uma folha de parreira. Essa figura dramática

42. Frederico Pernambucano de Mello, *Estrelas de couro: a estética do cangaço.* São Paulo: Escrituras, 2012, pp. 190-192.

43. Mário de Andrade, *Aspectos da literatura brasileira.* São Paulo: Livraria Martins Editora, 1974, pp. 253-255. Ver também Rafael Cardoso, "O intelectual conformista: arte, autonomia e política no modernismo brasileiro", *O Que Nos Faz Pensar.* Rio de Janeiro, v. 26, n. 40, 2017, pp. 179-201.

44. Para uma discussão da modernidade política, sua relação com o pensamento iluminista e sua aplicabilidade a contextos não europeus, ver Dipesh Chakrabarty, *Provincializing Europe: Postcolonial Thought and Historical Difference.* Princeton: Princeton University Press, 2008, pp. 4-6.

não é empregada aqui com sentido unicamente retórico, mas também para se referir a cadáveres de verdade. Sob a ditadura do Estado Novo, celebrações modernistas do *folclore* e do *povo* serviram, com demasiada frequência, para encobrir a supressão real de diferenças regionais e da autodeterminação popular. O exemplo da brutalização do cangaceiro Lampião e seu bando – caçados e massacrados por tropas do exército, com seus corpos profanados e a imagem de suas cabeças decapitadas circulando publicamente como aviso – corrobora o grau de determinação do governo Vargas de impor uma identidade nacional unificada.[42]

O papel desempenhado por artistas em apoio a esse regime é assunto ausente, em grande medida, da historiografia da arte moderna. Os próprios modernistas, no entanto, tinham plena consciência do dilema. Em sua notória palestra de 1942, "O movimento modernista", Mário de Andrade deixou registrado um *mea culpa* claríssimo e público: "Eu creio que os modernistas da Semana de Arte Moderna não devemos servir de exemplo a ninguém. Mas podemos servir de lição." O poeta explicou, com didatismo, que seu pecado havia sido o de se entregar ao individualismo e à colaboração com o poder, em vez de contribuir para o "amilhoramento político-social do homem".[43] Os seguidores e admiradores de Mário vêm fazendo o possível, desde então, para contemporizar essa fala.

O que significa ser moderno? Grande parte do que é reconhecido como *modernista* no Brasil, em termos estéticos, bate de frente com os fundamentos sociais e políticos do conceito de *modernidade* na história ocidental.[44] Ideais como bem-estar coletivo, igualdade entre povos, luta de classes e revolução, intrínsecos ao contexto das vanguardas europeias, às vezes explicitados em seus manifestos, estão quase ausentes do modernismo paulista da década de 1920. Ao contrário, as filiações políticas dos principais agentes do grupo da Semana eram conservadoras antes de 1930, ligadas intimamente às oligarquias que dominavam o Partido Republicano Paulista e seu rival, o Partido Democrático. Com a mudança de ares políticos, vários deles abraçaram posições de esquerda. Entre outros, Di Cavalcanti, Oswald de Andrade e Tarsila do Amaral se aproximaram do Partido Comunista do Brasil ou se filiaram a ele, porém pagaram o preço por seu engajamento. As correntes modernistas que prosperaram sob

O MALHO

45. Ver Adauto Novaes, "Introdução", *in* Enio Squeff e José Miguel Wisnik, *O nacional e o popular na cultura brasileira*. São Paulo: Brasiliense, 1983, pp. 9-11.

46. Benjamin Péret, "Black and White in Brazil" (trad. Samuel Beckett), *in* Nancy Cunard, *Negro: Anthology*. Londres: Nancy Cunard at Wishart & Co., 1934, pp. 510-514.

47. Blaise Cendrars, "Utopialand" e "La Voix du sang", *in op. cit.*, pp. 191-193, 235-237. O interesse continuado de Cendrars pelo Brasil desaguou nos seus contatos com Oswaldo Goeldi, que produziu uma série de ilustrações para *La Vie dangereuse* (1938), retratando aspectos diversos da cultura popular, inclusive imagens de maxixe, macumba e Lampião; ver Roberto Conduru, "Feitiço gráfico – A macumba de Goeldi", *in op. cit.*, pp. 25-35; e Alexandre Eulalio, *A aventura brasileira de Blaise Cendrars*. São Paulo: Edusp/Imprensa Oficial, 2001, pp. 504-512.
48. Ver Aracy A. Amaral, *Blaise Cendrars e os modernistas*. São Paulo: Editora 34/ Fapesp, 1997, pp. 15-20; e Luciano Cortez, "Por ocasião da descoberta do Brasil: três modernistas paulistas e um poeta francês no país do ouro", *O Eixo e a Roda*. Belo Horizonte, v. 19, n. 1, 2010, pp. 15-37. Ainda sobre as repercussões dessa viagem, ver Renata Campello Cabral e Paola Berenstein Jacques, "O antropófago Oswald de Andrade e a preservação do patrimônio: um 'devorador' de mitos?", *Anais do Museu Paulista*. São Paulo, v. 26, 2018, pp. 1-39.

o Estado Novo foram as que souberam se desviar da difícil tarefa de fazer oposição política.

Durante a primeira era Vargas, as afirmações de dissenso – incluídas aí as de diferenças étnicas e raciais – foram subordinadas a um nacionalismo populista que preconizava uma identidade brasileira unificada, acima de tudo.[45] Após sua deportação do Brasil, em 1931, Benjamin Péret preferiu silenciar a respeito dos esforços de seus antigos companheiros modernistas. Seu ensaio "Black and White in Brazil", publicado no volume *Negro: Anthology* (1934), organizado por Nancy Cunard, não faz nenhuma menção à Antropofagia, movimento com o qual colaborou, e tampouco a outras correntes artísticas. Em vez disso, o autor dirige duras críticas à persistência da desigualdade racial no Brasil e prega a necessidade de "um programa decididamente comunista".[46]

Para quem olhasse de fora, especialmente um observador europeu, as contradições do modernismo brasileiro eram desconcertantes. Blaise Cendrars, que cumpriu papel decisivo ao despertar o interesse dos modernistas paulistas pela suposta essência primitiva existente em seu próprio país, chegou mais tarde à conclusão de que tudo não passara de um conchavo literário de pouco resultado duradouro. "Do modo que foi praticado, todo esse modernismo nada mais era do que um vasto mal-entendido", escreveu em 1955. Pudera! Comparado ao verdadeiro drama e à selvageria da expansão do Brasil para o oeste, o "blefe do modernismo", conforme o apelidou, mal rompia a superfície para sondar as profundezas culturais do país.[47]

Poucos episódios são mais reveladores das contradições do grupo da Semana do que a viagem empreendida em companhia de Cendrars, em abril de 1924, para as cidades coloniais de Minas Gerais, com o intento declarado de "descobrir o Brasil".[48] Para o poeta suíço, que visitava o país pela primeira vez, a frase até faz sentido. Para os demais membros da chamada caravana modernista – Mário de Andrade, Oswald de Andrade, Tarsila do Amaral, René Thiollier, Olívia Guedes Penteado, Gofredo da Silva Telles –, um passeio ao estado vizinho de Minas, viajando em conforto e recebidos por autoridades locais, não chega a constituir um encontro com alguma entidade cultural remota e misteriosa. Com exceção de Mário, todos eram membros da alta burguesia do grande estado cafeicultor, um dos lugares mais ricos do mundo na década de 1920. Que eles concebessem essa viagem como uma ocasião para descobrir o Brasil profundo apenas confirma o quanto viviam apartados da realidade comum e revela a falta de noção dessa empreitada quase colonialista. O mais assustador é que esse episódio continue a ser relatado, sem ironia, como um momento de "descoberta". Ainda perduram, pelo visto, as estruturas sociais e de pensamento que permitem às elites brasileiras viverem afastadas da cultura majoritária em seu próprio país.

ARTE MODERNA E CULTURA DE MASSA

A modernização artística deve ser entendida, no contexto brasileiro, como um campo disputado por diversos discursos e agentes que se plasmaram mutuamente ao longo do meio século anterior à Segunda Guerra Mundial. Por volta de 1945, quando o Estado Novo chegou ao fim, surgiu uma nova geração de críticos e estudiosos, a maioria jovem demais para ter participado diretamente dos acontecimentos de 1922, que reconfigurou os nomes, as datas e os fatos para compor a narrativa hoje consagrada como o mito da Semana. A "tradição modernista" fundada por eles, seguindo a expressão de Heloisa Pontes, foi moldada por relações pessoais desses estudiosos com os sujeitos estudados, pela comunidade acadêmica à qual pertenciam e pelo esforço ideológico para se distanciarem tanto do regime varguista, então de saída, quanto de sua oposição comunista – temporariamente unidas no *queremismo*.[49] Em conjunto, esses fatores os levaram a superdimensionar a centralidade tanto da literatura quanto de São Paulo para compreender o modernismo no Brasil. Há outras abordagens possíveis. Conforme observou Silviano Santiago, cada tentativa de "desbravar a selva da produção artística desde 1922" conduz a "sempre caminhar por uma única das suas possíveis veredas", ignorando outras.[50] Três décadas depois dessa avaliação, o acúmulo de caminhos percorridos permite mapear o território com maior precisão.

Ao examinar as fontes primárias com um mínimo de isenção, salta aos olhos o grau de experimentação e inovação formal ocorridas em áreas antes pouco valorizadas da cultura visual e material, como o design gráfico, em contraposição ao domínio fortemente patrulhado das chamadas belas-artes.[51]

49. Heloisa Pontes, *Destinos mistos: os críticos do Grupo Clima em São Paulo (1940-1968)*. São Paulo: Companhia das Letras, 1998, especialmente pp. 34-42. Ver também Rafael Cardoso, "Forging the Myth of Brazilian Modernism", *op. cit.*

50. Silviano Santiago, "Caleidoscópio de questões", *in Sete ensaios sobre o modernismo*. Rio de Janeiro: Funarte, 1983, pp. 25-26.

51. Ver, entre outros, Rafael Cardoso (org.), *O design brasileiro antes do design: aspectos da história gráfica, 1870-1960*. São Paulo: Cosac Naify, 2005; Julieta Sobral, *O desenhista invisível*. Rio de Janeiro: Folha Seca, 2007; e Paula Ramos, *A modernidade impressa: artistas ilustradores da Livraria do Globo – Porto Alegre*. Porto Alegre: UFRGS Editora, 2016.

As revistas de grande circulação produziram expressões vibrantes de modernismo artístico no exato momento em que a maioria dos pintores e escultores se entregava a uma produção bastante acanhada. Esses impressos atingiam um grande público e impactavam atitudes e comportamentos para além do âmbito restrito das elites, fato que os torna mais interessantes em termos históricos, não menos. Essa constatação suscita uma pergunta preocupante: por que razão a historiografia, de modo geral, tem se interessado pouco por tais objetos?

Ao longo das décadas, os estudos do modernismo brasileiro privilegiaram tão marcadamente formas eruditas de expressão que se condicionaram a excluir todas as outras. Um exemplo emblemático é um estudo recente do modernismo nas revistas brasileiras dos anos 1920 que se volta assumidamente para periódicos literários de "parca popularidade e curtíssima duração" e exclui, sem maior justificativa, o que chama de "revistas culturais", tais quais *Kosmos*, *Fon-Fon!*, *O Malho* e *Para Todos*, mesmo o autor admitindo que estas atingiram um público amplo e influenciaram importantes agentes modernistas.[52] Inexplicavelmente, a popularidade dos objetos culturais é menosprezada como um aspecto que diminui sua importância.

Esse tipo de erudição excludente não é novidade no culto ao modernismo de 1922. A mesma recusa a enxergar o que está na cara perpassa as apreciações que Mário de Andrade fez da cultura popular, estudada por ele sob as rubricas de folclore e etnomusicologia, mas quase sem considerar suas ramificações em relação à cultura urbana emergente. O autor compilou vasta coleta documental a respeito de tradições musicais, história oral e lendas rurais, algumas das quais utilizou para compor o romance *Macunaíma*. Seus escritos na imprensa comprovam que ele estava ciente também das novidades no gênero musical do samba, então em plena efervescência e transformação. No entanto, conforme denunciou José Miguel Wisnik há muitos anos, Mário não foi capaz de tecer uma relação entre esses fenômenos e, por conseguinte, reconhecer o samba, o carnaval e outras formas urbanas como expressões culturais da identidade brasileira.[53]

Ao reproduzir a dicotomia entre "alta" e "baixa" culturas (*high/low*), tão definidora para o modernismo em outros contextos culturais, Mário de Andrade não soube reconhecer a cultura popular urbana como digna de ser considerada arte. De modo análogo, em seu ensaio sobre a representação

---

52. Ivan Marques, *Modernismo em revista: estética e ideologia nos periódicos dos anos 1920*. Rio de Janeiro: Casa da Palavra, 2013, pp. 14-16. Ver ainda Aracy A. Amaral, *Artes plásticas na Semana de 22*. São Paulo: Perspectiva, 1970, pp. 27-28 (a edição mais recente foi publicada pela Editora 34 em 2010).

53. José Miguel Wisnik, "Getúlio da Paixão Cearense", *in* Squeff e Wisnik, *op. cit.*, pp. 131-133. Ver ainda Avelino Romero Pereira, *Música, sociedade e política: Alberto Nepomuceno e a República musical*. Rio de Janeiro: Editora UFRJ, 2007, pp. 26-28.

54. Leocádio Pereira, "Romanceiro de Lampeão", *in* Mário de Andrade, *O baile das quatro artes*. São Paulo: Livraria Martins Editora, 1963, pp. 85-119.

55. Abilio Guerra, *O primitivismo em Mário de Andrade, Oswald de Andrade e Raul Bopp: origem e conformação no universo intelectual brasileiro*. São Paulo: Romano Guerra, 2010, pp. 260-264.

56. Poronominare, "Manipulações etnológicas", *Revista de Antropofagia*. São Paulo, II, n. 6. *Diário de S. Paulo*, 24.04.1929, p. 10.

57. "Lampeão-Antropófago", *Revista de Antropofagia*. São Paulo, II, n. 8. *Diário de S. Paulo*, 08.05.1929, p. 12.

58. Antônio de Alcântara Machado, "Vaca", *Revista de Antropofagia*. São Paulo, I, n. 6, out. 1928, p. 1.

de Lampião na literatura de cordel, publicado sob pseudônimo em 1932, o autor revelou-se conhecedor desse gênero popular, mas não fez nenhum movimento para situar o sujeito de sua discussão como agente cultural.[54] Para o grande crítico modernista, figuras como Lampião, Sinhô e J. Carlos eram objetos a serem estudados e/ou ignorados estrategicamente, porém jamais pares a serem tratados de igual para igual. Essa incapacidade de compreender a relevância da cultura majoritária reflete o esnobismo intelectual que, fora algumas honrosas exceções, há muito caracteriza certa elite cultural brasileira.

A apreensão, por Mário de Andrade, do rural e do étnico como objetos legítimos para o estudo folclórico tem sua origem em noções românticas de pureza perdida. Ela implica uma atitude primitivista, no sentido europeu de se apropriar da cultura presumidamente atrasada do *outro* subalterno com o propósito de afirmar as energias transgressoras do *eu* modernista.[55] Ao contrastar as posições de Mário com aquelas do movimento antropofágico, observa-se melhor os usos divergentes do primitivismo no contexto brasileiro. Os antropofagistas ocuparam-se explicitamente do assunto e teceram críticas às práticas europeias.[56] Com seu desprezo por toda espécie de pedantismo intelectual, o movimento não hesitou em denunciar o pernosticismo de Mário e seus escritos folcloristas. A *Revista de Antropofagia* chegou ainda a alardear, em tom irônico, que Lampião seria integrante do movimento.[57]

Apesar das bravatas e da antipatia ao esnobismo, contudo, os antropofagistas tampouco souberam abraçar a modernidade da cultura urbana que os cercava. Em artigo de outubro de 1928 para a *Revista de Antropofagia*, Antônio de Alcântara Machado cita de passagem um desenho de J. Carlos, retratando a dupla Mutt & Jeff, das histórias em quadrinhos americanas.[58] Embora estivessem claramente cientes da existência do ilustrador, em nenhum momento os integrantes do movimento foram capazes de apreciar seu valor artístico, muito menos suas qualidades modernas. O virtuosismo gráfico de J. Carlos, a explosão do samba e do carnaval modernos, a saga midiática de Lampião são todos fenômenos que nenhuma pessoa residente num centro urbano do Brasil entre os anos 1920 e 1930 podia ignorar. Porém, tendo em conta o silêncio do movimento modernista, é como se fossem irrelevantes para os debates artísticos.

59. Andreas Huyssen, *After the Great Divide: Modernism, Mass Culture and Postmodernism*. Londres: Macmillan, 1986, pp. VII-XIX, 16-18, 56.

60. Ver Antônio Herculano Lopes (org.), *Entre Europa e África: a invenção do carioca*. Rio de Janeiro: Topbooks/ Fundação Casa de Rui Barbosa, 2000.

61. Ver Hermano Vianna, *O mistério do samba*. Rio de Janeiro: Jorge Zahar/ Editora UFRJ, 1995; e Carlos Sandroni, *Feitiço decente: transformações do samba no Rio de Janeiro, 1917-1933*. Rio de Janeiro: Jorge Zahar/Editora UFRJ, 2001.

A cultura de massa pode ser interpretada como "o outro reprimido do modernismo", conforme Andreas Huyssen a batizou na década de 1980. O esforço empreendido por alguns críticos modernistas para rebaixar sua importância é igualmente evidente na Europa ou nos Estados Unidos. Tomados por ansiedade em relação à tecnologia, à industrialização e às mudanças de atitude engendradas por elas, os modernistas "incorporaram avidamente temas e formas da cultura popular", segundo Huyssen, como meio de resistir aos imperativos de uma cultura de massa que temiam.[59] No contexto brasileiro, a cisão entre cultura erudita e cultura popular subsistiu no interior do modernismo e, possivelmente, operou de modo ainda mais determinante. Com sua desigualdade econômica gigantesca e fortes disparidades de classe social, a sociedade brasileira costuma revalidar, de modo quase impensado, o gosto da minoria privilegiada. Os modernistas brasileiros não sentiram necessidade de combater a cultura de massa porque podiam simplesmente se dar ao luxo de ignorá-la.

Diferentemente de Paris ou Nova York, onde a cultura de massa apagou formas tradicionais de cultura popular e substituiu estruturas pré-industriais por modismos passageiros, o Rio de Janeiro é uma cidade onde o velho e o novo, o rural e o urbano, o sagrado e o profano desenvolveram maneiras únicas e peculiares de conviver. A geografia social da cidade, em plena transformação durante o início do século 20, propiciou o surgimento das favelas como modelo de moradia urbana e a evolução concomitante de uma dinâmica cultural em que as diversas esferas – separadas por classe, raça, religião, educação e renda, assim como por acesso a serviços públicos e cidadania – moldaram-se mutuamente para gerar a identidade carioca moderna.[60] Samba e carnaval são as formas culturais específicas nascidas do contato entre as elites cariocas ávidas de uma fantasia de Europa e a pujante população constituída por imigrantes, migrantes e descendentes de pessoas antes escravizadas, estes últimos livres pela primeira vez para celebrar seus ritos e ritmos de matriz africana. A cultura urbana formada por esse encontro deitava raízes profundas nas tradições populares mas não era avessa, de modo algum, a novas mídias e à novidade tecnológica.[61]

A falta de interesse do movimento modernista pela cultura de massa poderia ser relevada pelo argumento plausível de que esse fenômeno não havia atingido o mesmo grau de

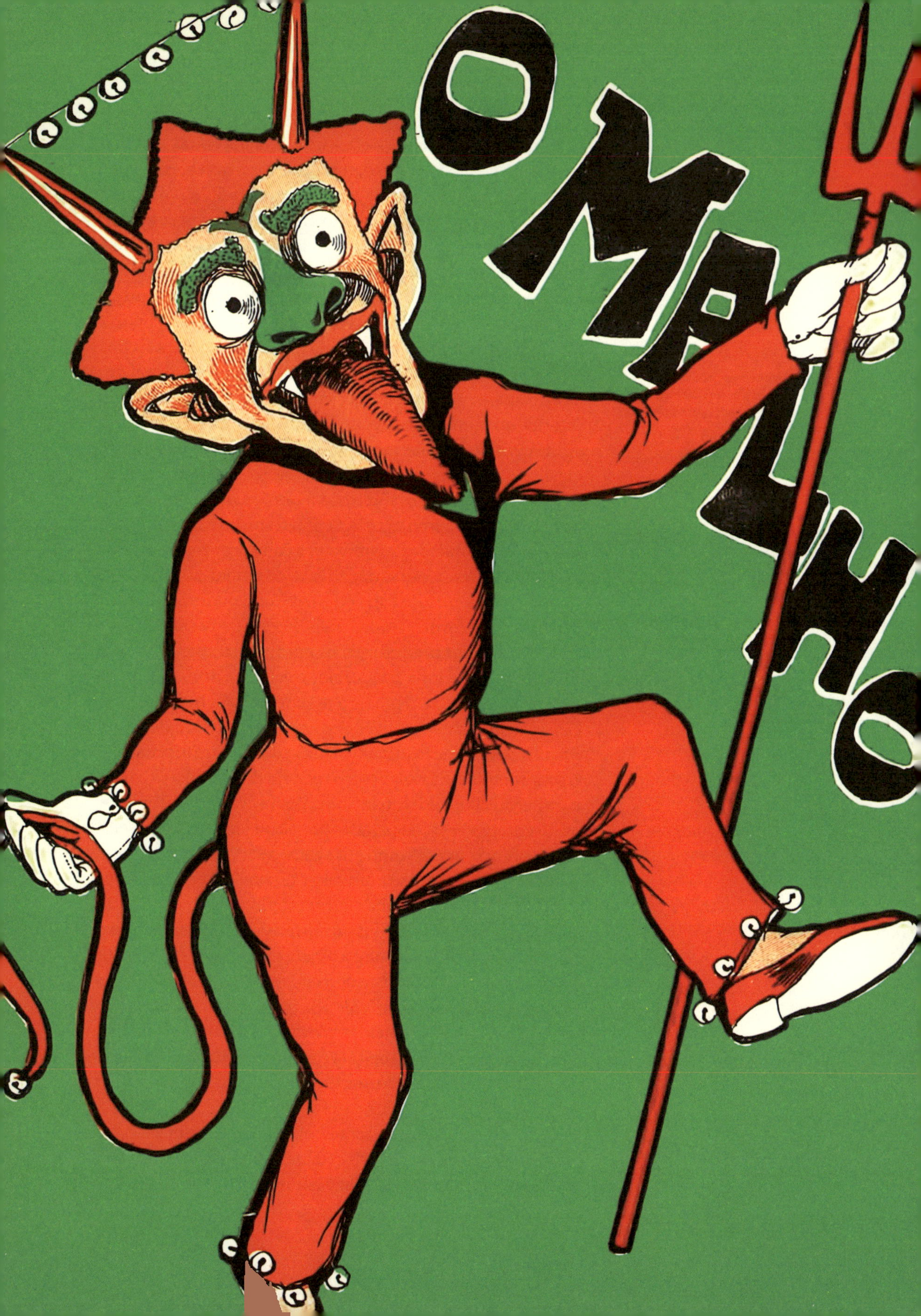
O MALHO

62. Renato Ortiz, *A moderna tradição brasileira*. São Paulo: Brasiliense, 1988, pp. 38-76.
63. Ver Beatriz Resende, "A volta de *Mademoiselle Cinema*", *in* Benjamim Costallat, *Mademoiselle Cinema: novela de costumes do momento que passa*. Rio de Janeiro: Casa da Palavra, 1999, pp. 9-27. Ver ainda: Maite Conde, *Consuming Visions: Cinema, Writing and Modernity in Rio de Janeiro*. Charlottesville: University of Virginia Press, 2012. A existência anterior de público leitor amplo é discutida em Alessandra El Far, *Páginas de sensação: literatura popular e pornografia no Rio de Janeiro (1870-1924)*. São Paulo: Companhia das Letras, 2004.
64. Ver, entre outros, Maria Clementina Pereira Cunha, "De sambas e passarinhos: as claves do tempo nas canções de Sinhô", *in* Sidney Chalhoub, Margarida de Souza Neves e Leonardo Affonso de Miranda Pereira (eds.), *História em cousas miúdas: capítulos de história social da crônica no Brasil*. Campinas: Editora da Unicamp, 2005, pp. 547-587; Rafael José de Menezes Bastos, "Les Batutas, 1922: une anthropologie de la nuit parisienne", *Vibrant*. Brasília, v. 4, n. 1, jun. 2007, pp. 28-55; Micol Seigel, *Uneven Encounters: Making Race and Nation in Brazil and the United States*. Durham: Duke University Press, 2009, pp. 104-115; Izomar Lacerda, *Nós somos batutas: uma antropologia da trajetória musical do grupo Os Oito Batutas e suas articulações com o pensamento musical brasileiro*. Dissertação de mestrado, Programa de Pós-Graduação em Antropologia Social, Universidade Federal de Santa Catarina, 2011; e Marc A. Hertzman, *Making Samba: A New History of Race and Music in Brazil*. Durham: Duke University Press, 2013, pp. 109-125.
65. Ver Nicolau Sevcenko, "A capital irradiante: técnica, ritmos e ritos do Rio", *in* Nicolau Sevcenko (org.), *História da vida privada no Brasil 3. República: da Belle Époque à Era do Rádio*. São Paulo: Companhia das Letras, 1998, pp. 513-620; e, ainda, Nicolau Sevcenko, *Orfeu extático na metrópole: São Paulo, sociedade e cultura nos frementes anos 20*. São Paulo: Companhia das Letras, 1992.

preponderância, no Brasil das décadas de 1920 e 1930, que em outras sociedades mais desenvolvidas economicamente, onde a mercantilização e a espetacularização cultural já estavam avançadas. No ensaio pioneiro "Cultura e sociedade", Renato Ortiz propôs que a designação *cultura popular de massa* só seria aplicável ao Brasil a partir da década de 1940, especialmente em função da ascensão do rádio como meio de comunicação.[62] Diversas pesquisas realizadas nas três décadas desde a publicação daquele ensaio impõem uma revisão de suas conclusões.

Em primeiro lugar, não resta dúvida de que a presença crescente do cinema – em especial, de filmes americanos produzidos em Hollywood – impactou de modo significativo a cultura visual do público brasileiro e influenciou diretamente as formas estabelecidas de produção cultural. O sucesso estrondoso do romance *Mademoiselle Cinema* (1923), de Benjamim Costallat – que chegou a três edições em um ano, gerou uma adaptação para o cinema e um segundo romance na sequência, e firmou o autor como uma força no mercado editorial –, é a prova metonímica do poder da combinação cinema, sexo e modernidade para atingir um público maior do que o reduzido círculo de leitores de literatura erudita.[63]

A música gravada é a segunda arena em que um novo público de massa pode ser vislumbrado. As carreiras de sensações musicais como Sinhô ou os Oito Batutas, cuja turnê parisiense virou objeto de escrutínio histórico em nível internacional nos últimos anos, confirmam que a cultura popular urbana já era fenômeno de alcance e porte consideráveis na década de 1920.[64] A terceira arena são os periódicos ilustrados de grande circulação e a publicidade comercial. A importância cultural dessas fontes continua a ser subestimada, apesar das importantes contribuições de Nicolau Sevcenko para pensar como novos meios de comunicação moldaram o imaginário coletivo.[65] De modo geral, e sempre com honrosas exceções, as avaliações históricas do período atribuem peso desproporcional aos discursos eruditos. As revistas ilustradas propagaram um entendimento do modernismo, como estilo e entretenimento, que se difundiu a partir da década de 1910, em especial para as camadas médias urbanas nas quais conviveram os principais agentes modernistas. Não seria exagero dizer que, na cultura visual brasileira, a produção de ponta ocorreu fora do âmbito da arte erudita.

No momento da caçada a Lampião, entre 1930 e 1938, e do furor midiático em torno dela, a cultura de massa havia gerado na sociedade brasileira uma consciência de sua própria modernidade. Dada a preponderância do cinema, da música gravada e das revistas ilustradas, e sua relação inequívoca com condições urbanas e mudanças tecnológicas, fica a pergunta: por que razão as discussões sobre modernismo no Brasil giram quase unicamente em torno da produção cultural erudita? Comparadas à fina manipulação da imprensa que Lampião realizou por meio de mídias como fotografia e cinema, as estratégias de Oswald de Andrade para promover a Antropofagia mais parecem travessuras de um colegial. Comparadas ao poder retumbante de um desfile de carnaval, as ideias de Mário de Andrade sobre música ecoam os corredores vazios da torre de marfim. Comparadas ao arrojo gráfico de K. Lixto ou J. Carlos, obras de arte produzidas com o intuito declarado de serem revolucionárias parecem hoje insípidas. No entanto, estudiosos e jornalistas insistem em propagar um cânone modernista bem menos do que assombroso, até para os padrões modestos de quem o consagrou.

Um último ponto precisa ser enfatizado antes de se encerrar este ensaio. O paradigma vigente do modernismo artístico no Brasil continua a relegar artistas afrodescendentes às margens. Em qualquer outro contexto cultural, o pioneirismo de um artista gráfico como K. Lixto o habilitaria a ser considerado um dos grandes nomes de sua época. No Brasil, ele é quase esquecido. Isso se deve somente em parte a questões raciais. Seu contemporâneo e colega J. Carlos, igualmente talentoso, também foi excluído da historiografia sobre arte moderna no Brasil, embora fosse não somente branco, como abertamente racista.[66] A dificuldade passa mais pela cisão intelectual entre belas-artes e artes gráficas, entre "alto" e "baixo", discutida anteriormente.

Já o caso de Arthur Timótheo da Costa, pintor formado na tradição erudita, nos obriga a encarar a questão. Arthur Timótheo faleceu um mês antes de Lima Barreto, em outubro de 1922, pouco antes de completar 40 anos, também internado no hospício.[67] É terrível a coincidência entre suas trajetórias como artistas afrodescendentes de talento, condenados a um fim trágico. As relevantes contribuições de Timótheo à pintura brasileira entre 1906 e o ano de sua morte permaneceram relativamente apagadas até a inauguração do Museu Afro

66. Ver Rafael Cardoso, "O moderno e o arcaico em J. Carlos", *in* Cássio Loredano, Julia Kovensky e Paulo Roberto Pires (orgs.), *J. Carlos: originais*. São Paulo: Instituto Moreira Salles, 2019, pp. 178-187.

67. Adalberto Pinto de Mattos, "Bellas artes. O pintor que morreu", *O Malho*. Rio de Janeiro, 14.10.1922, s.p.

68. Rafael Cardoso, "The Problem of Race in Brazilian Painting", *op. cit.*, 2015, pp. 501-505. Ver também Kleber Antonio de Oliveira Amancio, *Reflexões sobre a pintura de Arthur Timótheo da Costa*. Tese de doutorado, Faculdade de Filosofia, Letras e Ciências Humanas, Universidade de São Paulo, 2016.

Brasil, em São Paulo, em 2004. Embora ele seja reconhecido atualmente como grande artista afro-brasileiro e pioneiro na autorrepresentação da negritude, sua obra ainda não foi devidamente reconciliada com a narrativa mais ampla da modernização artística no Brasil.[68] Ao contrário, ele continua a ser visto como uma anomalia, um *outsider* ou forasteiro em sua própria cultura.

Um ponto cego ainda permite às interpretações tradicionais da arte moderna ignorarem modernismos alternativos e suas histórias. Ele se situa na dificuldade que a sociedade brasileira tem de examinar a si mesma de modo crítico. Em especial, existe pouca disposição para analisar a fundo as desigualdades de raça e classe, que são o legado da escravidão em nossa história. No Brasil, a modernidade costuma ser confundida com o desejo de parecer moderno. Às vezes, de modo proposital. Políticas voltadas para a modernização resultam num verniz de progresso, mas recuam sistematicamente da tarefa de promover mudanças reais. Sempre dá menos trabalho passar mais uma camada de tinta sobre uma parede rachada do que reconstruí-la.

Resta, contudo, a esperança de que essa condição possa vir a ser transformada por uma consciência maior das deficiências estruturais que a embasam e a perpetuam. O arcaísmo inerente à modernidade brasileira não deriva de nenhuma condição ou destino traçado por natureza, mas antes de constructos sociais passíveis de serem desconstruídos por meio da análise histórica e da educação política. A opressão continua a existir; o subalterno continua a resistir; e o passado sempre dá um jeito de voltar a assombrar o presente. É preciso explorar alternativas ao paradigma vigente e questionar por que ficaram esquecidas por tanto tempo.

Rafael Cardoso (1964) é escritor e historiador da arte. É autor de livros como *Design para um mundo complexo* (Ubu, 2016) e *A arte brasileira em 25 quadros* (Record, 2008). Dentre seus títulos de ficção, destacam-se *O remanescente* (Companhia das Letras, 2016) e *Entre as mulheres* (Record, 2007). Este ensaio é adaptado da introdução de *Modernity in Black and White: Art and Image, Race and Identity in Brazil, 1890-1945*, publicado em abril de 2021 pela Cambridge University Press. A edição brasileira, prevista para 2022, será publicada pela Companhia das Letras.

"¡OYE GUATI-GUAPA!"

"Si te gusta el baile, llámame. No te arrepentirás. Aquí tienes mi teléfono."

Desmembrando o império

Coco Fusco

Curadores e artistas mostram por que já passou da hora de museus enfrentarem a violência do colonialismo incrustada em seus acervos e restituírem artefatos saqueados a seus donos

The Undiscovered Amerindians; ¡Oye Guati-Guapa! ["Si te gusta el baile, llámame. No te arrepentirás. Aquí tienes mi teléfono."], 2012 gravura em metal; 46,48 × 53,34 cm; edição de 8 + 2 PA
© 2021 Coco Fusco / Artists Rights Society (ARS), Nova York
Cortesia da galeria Alexander Gray Associates, Nova York

Há mais ou menos dez anos, li uma reportagem sobre a descoberta no Charité, hospital da Universidade Livre de Berlim, de mil crânios humanos oriundos das antigas colônias alemãs na África. Nos anos 1990, eu viajara o mundo como uma ameríndia enjaulada que tentava ser descoberta pelo Ocidente, numa performance criada em resposta às exposições etnológicas – os zoológicos humanos – instaladas para fins de pesquisa e entretenimento popular na Europa e na América dos séculos 19 e 20. Eu estava, portanto, familiarizada com a sordidez dos pactos firmados entre cientistas e regimes coloniais para obter espécimes humanos, vivos e mortos; eu entendo a história colonial – e os museus etnológicos cheios de artefatos coloniais – como uma transação unilateral que, marcada pelo fascínio com a ideia do "primitivo", se recusava a reconhecer a complexidade intelectual e a beleza das culturas africanas, asiáticas e latino-americanas, bem como a humanidade da população não europeia. A partir das pesquisas para a minha performance, eu tinha uma ideia bem clara sobre como os crânios africanos poderiam ter chegado a Berlim, mas sua impressionante quantidade e o fato de terem permanecido escondidos num hospital por mais de um século me pareceram particularmente espantosos.

Alguns anos depois de ler a reportagem sobre o Charité, fui convidada a criar um novo trabalho para um centro de artes em Berlim, quando pude saber mais sobre aqueles crânios. Presumi que ao menos alguns deles tinham vindo da Namíbia, a antiga colônia alemã que havia sido palco de uma campanha genocida contra os povos Nama e Herero entre 1904 e 1908. Até hoje circulam narrativas horripilantes sobre como os prisioneiros de guerra eram forçados a raspar a pele dos crânios de seus companheiros, preparando-os para serem expedidos para a Alemanha. A partir de 1990, quando a Namíbia alcançou a independência da África do Sul, o novo governo pediu que a Alemanha devolvesse os restos mortais dos Nama e Herero, o que resultou na repatriação de 20 crânios em 2011. Nas fotografias da cerimônia oficial de repatriação, em Berlim, percebi que havia uma espécie de escrita sobre os crânios. Eu queria olhar mais de perto para conseguir ler aquelas notações.

Pouco depois, fiquei sabendo que a redescoberta dos crânios no Charité causou certo constrangimento, levando à sua transferência para o Museum für Vor-und Frühgeschichte, cujo acervo de coleções pré-históricas integra o Neues Museum de Berlim. Quando pedi para agendar uma visita ao museu, um funcionário me informou que as ossadas namíbias não faziam mais parte da coleção e que os documentos que poderiam identificá-las haviam sido destruídos durante a Segunda Guerra Mundial. Também fui informada de que os esforços do museu para tratar restos humanos "com a maior sensibilidade e absoluto respeito" os obrigaram a negar meu pedido – que tinha motivações artísticas. Pareceu-me estranho que apenas os 20 crânios namíbios fossem identificáveis. E não pude deixar de suspeitar que a insistência do museu em se declarar sensível e respeitoso era uma forma de evitar a discussão sobre a violência colonial que possibilitou a transferência dos restos humanos para a Alemanha.

Na época eu não sabia da existência, em Frankfurt, de uma curadora politicamente ousada, Clémentine Deliss, que havia passado os últimos cinco anos convidando artistas ao Weltkulturen Museum, o museu etnográfico que dirigia, para que elaborassem respostas criativas aos milhares de artefatos tomados da África durante as expedições coloniais da Alemanha.

The Undiscovered Amerindians;
"Oh Please!" Begged the Gentleman
at *the Whitney Biennial* ["Let me feed the girl in the cage a banana so my wife can take a picture! I'll pay $10!"], 2012
gravura em metal; 46,48 × 53,34 cm; edição de 8 + 2 PA
© 2021 Coco Fusco / Artists Rights Society (ARS), Nova York
Cortesia da galeria Alexander Gray Associates, Nova York

"OH PLEASE!" BEGGED THE GENTLEMAN AT THE WHITNEY BIENNIAL.

"Let me feed the girl in the cage a banana so my wife can take a picture! I'll pay $10!"

"HOW CAN THE MUSEUM JUSTIFY SUCH DECEPTION?"

asked the concerned curator. "Would we be the only people on the Mall to have ever indulged in subterfuge?" replied the Guatinaui male.

Eu não sabia que, em 2015, enquanto investigava os crânios em Berlim, ela fora ejetada sem cerimônias de seu cargo por orquestrar o mesmo tipo de pesquisa que eu pretendia desenvolver. Tampouco poderia ter previsto que, dois anos depois, Emmanuel Macron reverteria o posicionamento de longa data do governo francês quanto à repatriação de artefatos africanos, defendendo sua devolução e impulsionando os esforços dos profissionais de museus da Europa e da África, bem como dos governos africanos, pela concretização desses regressos.

A tão discutida cena de *Pantera negra* em que dois personagens roubam um machado de Wakanda exposto em um museu britânico fictício popularizou a discussão em torno da pilhagem europeia dos tesouros africanos. E as recentes derrubadas de monumentos da Confederação, no Sul dos Estados Unidos, catalisaram os debates públicos sobre como as construções que nos cercam absolvem tacitamente o racismo. Mas o espinhoso processo de descobrir o que fazer com o saque das guerras coloniais, distribuído por centenas de coleções públicas e privadas na Europa e na América, ainda não se resolveu.

Dois livros oferecem longas reflexões sobre os muitos dilemas envolvidos na revisão da proposta do museu *world culture* em nossa era de ajuste de contas decolonial. Em *The Metabolic Museum*, Clémentine Deliss – que desde o ano passado é curadora-adjunta do KW Institute for Contemporary Art, em Berlim – apresenta sua abordagem radical de curadoria e relata suas tentativas de converter o Weltkulturen Museum, um moribundo depósito de artefatos, num laboratório e centro educacional para o envolvimento crítico com as culturas materiais de sociedades não europeias. Em *Brutish Museums*, Dan Hicks, professor de arqueologia e curador do Pitt Rivers Museum na Universidade de Oxford, elabora uma argumentação persuasiva em favor da repatriação dos Bronzes do Benim.

Consideradas exemplos majestosos da arte da África Ocidental, as mais de mil placas e esculturas que outrora decoraram o palácio real do rei do Benim, na atual Nigéria, foram saqueadas durante um ataque britânico em 1897. Historiadores chamam tais incursões de "expedições punitivas", para enfatizar a intenção retaliatória dos ataques direcionados a alvos estrangeiros. A maior parte dos bronzes roubados está hoje em poder da Grã-Bretanha e da Alemanha, mas muitos outros integram coleções privadas e museus norte-americanos, como o Metropolitan e o Brooklyn Museum. Hicks oferece um

The Undiscovered Amerindians; How Can the Museum Justify Such Deception? [asked the concerned curator. "Would we be the only people on the Mall to have ever indulged in subterfuge?" replied the Guatinaui male.], 2012
gravura em metal; 46,48 × 53,34 cm; edição de 8 + 2 PA
© 2021 Coco Fusco / Artists Rights Society (ARS), Nova York
Cortesia da galeria Alexander Gray Associates, Nova York

devastador e minucioso relato da destruição e da pilhagem do Benim, e uma análise política das estratégias retóricas empregadas pelos museus para sonegar as questões éticas implicadas em suas aquisições africanas. Trata-se de um longo relato de perdas.

Deliss e Hicks divergem sutilmente em suas propostas de transformação dos museus etnológicos, mas ambos procuram reimaginar a relação tensa da antropologia com os artefatos não ocidentais. Cada escritor enfatiza diferentes razões para explicar por que as instituições europeias evitaram essa história até recentemente. De acordo com Deliss, como os antropólogos proeminentes do pós-guerra desviaram seu foco das expressões culturais materiais para as imateriais – como a linguagem, os sistemas de crenças e os rituais –, os objetos perderam sua relevância para a disciplina, e a questão das origens sórdidas das coleções pôde ser deixada de lado. Por isso, muitas coleções etnológicas – como a do museu que ela dirigiu – foram em certa medida negligenciadas e, quando expostas, apresentadas de forma antiquada. Imagine um museu que desde os anos 1960 não alterou em nada sua estrutura expositiva, com vitrines fechadas, má iluminação e pisos de madeira revestidos de linóleo. A esse tipo de instituição Deliss chama de "museu como empório... essa museografia de loja de departamento com sua insidiosa diferenciação de classes".

Hoje em dia, a maioria dos visitantes dessas coleções tende a ser grupos de alunos de escola primária. Em Frankfurt, diante de tal situação, Deliss propôs uma série de medidas de "remediação... experimental", reorganizando os materiais, expondo-os de forma a incitar o engajamento crítico e convidando artistas para interpretá-los em performances e outras obras exibidas no museu.

Hicks também defende mudanças profundas nas práticas curatoriais, mas vê na relutância das instituições ocidentais em abordar suas reivindicações de propriedade dos artefatos saqueados em ataques coloniais uma forma prolongada de agressão, uma questão ainda pendente do imperialismo. Para Hicks, exibir o espólio das guerras travadas contra povos colonizados e conceber essas exposições como um grande serviço educativo para o mundo recende a arrogância europeia, além de estender a violência imperial ao presente. Ele descreve o recente reposicionamento de marca por parte de grandes museus etnológicos – como o British Museum –, que se apresentam como propagadores de uma *world culture*, como uma estratégia para extrair mais lucro por meio do turismo, para negar a outros países o benefício de seu próprio patrimônio cultural e legitimar as reivindicações europeias pela propriedade de bens roubados. É digno de nota que o livro de Hicks tenha sido publicado apenas semanas antes de David Adjaye revelar seus planos arquitetônicos para o novo Edo Museum of West African Art, na Nigéria. O museu deverá ser construído no centro da Cidade do Benim, exatamente onde os bronzes se encontravam antigamente. O governo nigeriano continua pressionando o Reino Unido pelo retorno das esculturas a seu lugar original, e a perspectiva desse novo grande museu enfraquece as tentativas de sugerir que a nação africana carece de recursos adequados à preservação desses tesouros.

A visão curatorial de Deliss está comprometida com o trabalho do antropólogo Paul Rabinow, e ecoa sua ênfase na necessidade de inventar novas maneiras para que as instituições compreendam as coisas de forma humana, para que compensem as práticas falhas do passado por meio de novas abordagens de exibição e envolvimento do público, e para que estimulem a pesquisa interdisciplinar. Ela também cita a distinção, proposta por Bruno Latour, entre uma exibição de objetos concebida para fornecer informações sobre uma identidade cultural preestabelecida e as táticas performativas de exibição, que permitem aos espectadores imaginar novas interpretações dos artefatos – sua preferência é, claramente, pela última. Deliss observa que os experimentos artísticos do coletivo Laboratoire Agit'Art em Dakar – conhecido por suas exposições satíricas e performances musicais e teatrais nos anos 1970 e início da década de 1980 – são uma importante influência pela interdisciplinaridade e rejeição das formas fixas.

Ao longo de seu texto, Deliss oferece inúmeros exemplos de como artistas foram influenciados pela antropologia e como a antropologia incorporou o trabalho de artistas. Pra fortalecer suas próprias sugestões de como os artistas podem revitalizar o espaço etnológico, ela menciona os escritos do artista norte-americano Joseph Kosuth, a revista *Documents*, de Georges Bataille, e os estudos de Lothar Baumgarten sobre museus etnográficos europeus.

Deliss, que nasceu em Londres de pais franco-austríacos, concebe o museu como um metabolismo, um organismo vivo em que a interação de diferentes partes gera as funções necessárias à sobrevivência. Para trazer o museu de Frankfurt de volta à vida, ela reorganizou seus órgãos e membros e os nutriu com as energias de grupos variados: artistas, integrantes do público, incluindo etnólogos amadores, e estudantes.

A curadora atribuiu novos espaços nas galerias a itens da coleção há muito esquecidos, que se beneficiaram, assim, de uma interpretação revigorada: por exemplo, centenas de fotografias de trabalhadores migrantes das plantações de tabaco em Sumatra, tiradas por um médico alemão (o diretor fundador do museu), e fotografias das genitálias de mulheres africanas foram reclassificadas para destacar o interesse médico pelas tipologias raciais nos séculos 19 e 20. Espaços expositivos foram mobiliados com mesas e assentos para encorajar discussões e engajamentos mais extensos e profundos. As vitrines foram remodeladas. Um gastroantropólogo foi contratado para elaborar refeições para os pesquisadores e oferecer cursos sobre o preparo de comida em diferentes culturas. Foram instalados laboratórios para estudantes de artes produzirem exposições experimentais usando peças da coleção, e criaram-se clubes para antropólogos amadores. Programas públicos foram elaborados para fomentar o debate em torno das questões que orbitam o tema da proveniência.

Artistas como Thomas Bayrle (cujo pai integrou uma "expedição de coleta" à Etiópia, comandada pelo afamado arqueólogo Leo Frobenius) foram convidados a estudar os artefatos e a propor intervenções. Alguns artistas incorporaram seus próprios trabalhos à coleção. Luke Willis Thompson, artista e cineasta neozelandês, usou o orçamento que a produção destinou à sua residência para financiar o retorno dos restos mortais de um imigrante muçulmano à sua terra natal. O objetivo de Deliss, em todas essas iniciativas, era o de transformar o envolvimento com a cultura material em uma experiência intelectualmente estimulante e socialmente consciente. Ela escreve:

> Essas coleções podem ser vistas como reservatórios de memórias à espera de emancipação, como bancos de códigos armazenados, como camadas de simbolismo, desejo e ingenuidade e, portanto, como concentrados de energia cujo valor econômico está suspenso e cuja circulação [para além da coleção do museu] é interditada.

Considerando que havia sido convidada mais de uma vez para assumir o museu de Frankfurt, e que aqueles que a contrataram estavam cientes de sua longa história de colaboração com artistas em projetos não convencionais, Deliss supôs ter carta branca para implementar mudanças. Mas logo se deu conta de que não seria assim. Seus planos de expandir o museu para um jardim adjacente naufragaram quando vizinhos reclamaram do fato de que o anexo exigiria a derrubada de árvores. Desconfiados dos artistas residentes, que passavam um mês no museu, funcionários se recusavam a catalogar suas obras de acordo com os procedimentos habituais. A decisão de contratar um gastroantropólogo provocou um alvoroço administrativo. Embora Deliss observe que, sob seu mandato, a frequência ao museu tenha aumentado e que os programas públicos e educacionais tenham sido bem recebidos, depois de cinco anos a pressão dentro e fora do museu culminou em sua demissão.

Lendo o relato de Deliss, me perguntei se suas metas intelectuais arrojadas eram idealistas demais para o momento ou, talvez, economicamente inviáveis. A linguagem usada para descrever sua empreitada é rigorosamente teórica: terá sido dessa forma que ela transmitiu seus planos aos profissionais mais pragmáticos que a rodeavam no museu? Seu relato não expressa preocupações a respeito do custo das obras ou das

The Undiscovered Amerindians; I Noticed That She Has No Hair on Her Legs [observed one seaman. "It probably doesn't grow," speculated another. "Maybe she pulls it out by the root," said a third.], 2012
gravura em metal; 46,48 × 53,34 cm; edição de 8 + 2 PA
© 2021 Coco Fusco / Artists Rights Society (ARS), Nova York
Cortesia da galeria Alexander Gray Associates, Nova York

"I NOTICED THAT SHE HAS NO HAIR ON HER LEGS,"

observed one seaman. "It probably doesn't grow," speculated another. "Maybe she pulls it out by the root," said a third.

"MUMMY! MUMMY!" CRIED THE CHILD.

"I don't want to see the show about the big bugs! I want to see the Mexicans!"

bolsas de residência, o que parece ser um lapso incomum para qualquer administrador de museu. Fica claro, no entanto, que, enquanto muitos artistas e o público em geral estavam felizes por participar de sua empreitada, forças políticas conservadoras não ficaram satisfeitas com a atenção que o trabalho de Deliss atraíra. Talvez preferissem que o museu permanecesse, de forma geral, negligenciado.

Dan Hicks defende a repatriação a partir de uma posição mais privilegiada e menos isolada que a de Deliss. Ele não é um estrangeiro trazido para dentro de um museu para transformá-lo: ele é britânico e tem papel ativo numa cadeia de esforços – que abrange toda a Europa – pela repatriação de artefatos saqueados. A coleção original do museu em Oxford foi herdada de um militar reformado do exército britânico, Augustus Pitt Rivers. Em meados do século 19, Pitt Rivers se interessou por arqueologia e etnografia e, ao longo da vida, alimentou uma coleção de 22 mil armas e ferramentas de todo o mundo, que organizou com base numa tipologia que traduz sua visão de evolução cultural. Hicks dedica parte do livro à crítica desse tratamento, do qual se depreende que as ferramentas africanas correspondem a um estágio primário do desenvolvimento humano – e que, portanto, os próprios africanos seriam humanos menos evoluídos. Atualmente, o museu abriga mais de 500 mil artefatos e, até 2020, ainda exibia cabeças encolhidas.

Hicks define a tarefa de uma antropologia decolonial como "necrografia", uma escrita forense da morte. Ele quer mudar as histórias que os britânicos contam sobre si mesmos e seu antigo império. Contesta a ideia de que os museus etnológicos são contêineres neutros ou guardiões de uma herança universal, afirmando que estariam mais próximos de monumentos propagandistas da superioridade ocidental. Ele aponta que, enquanto grande parte dos estudos antropológicos é baseada na teoria da dádiva como um gesto humano universal, esse foco no intercâmbio intencional obscurece o fato de as instituições europeias estarem repletas de bens roubados.

O caso dos Bronzes do Benim serve como exemplo de um fenômeno mais abrangente: uma vez que milhares de tesouros foram confiscados durante uma única expedição punitiva, é fácil, para Hicks, rastrear como foram traficados através da Europa e acomodar esses detalhes numa narrativa coerente. Essa necrografia se divide em três partes principais: uma análise da expedição de 1897; um relato da pilhagem e o subsequente

The Undiscovered Amerindians;
"Mummy! Mummy!" Cried the Child
["I don't want to see the show about the big bugs! I want to see the Mexicans!"], 2012
gravura em metal; 46,48 × 53,34 cm; edição de 8 + 2 PA
© 2021 Coco Fusco / Artists Rights Society (ARS), Nova York
Cortesia da galeria Alexander Gray Associates, Nova York

tráfico dos bronzes; reflexões sobre os vínculos dos museus com o colonialismo militarista-corporativo nos séculos 19 e 20 e com o capitalismo global no presente. De acordo com Hicks, "a fronteira está para o Estado-nação assim como o museu está para o império".

Em 1884, a Grã-Bretanha estabeleceu na Nigéria o Protetorado Oil Rivers, e a Royal Niger Company foi autorizada a controlá-lo, extraindo quantidades cada vez maiores de óleo e sementes de palma, ingredientes essenciais para o fabrico de sabão e lubrificante industrial, além de marfim, mogno e resinas variadas. Segundo Hicks, a justificativa histórica para a expedição de 1897 se baseou numa representação distorcida e até mesmo falsa do curso dos eventos. A história oficial relata que sete oficiais britânicos foram massacrados quando tentaram encontrar o Obá do Benim para negociar uma ampliação do comércio, desencadeando a "pequena guerra" de retaliação travada pelo exército britânico. Essa versão, baseada na ideia de que os brancos eram as verdadeiras vítimas, ofusca tanto a escala da violência contra o Benim quanto as motivações ulteriores para a invasão britânica.

A principal razão da invasão da Grã-Bretanha ao Benim era, de acordo com Hicks, a deposição do Obá e dos sacerdotes que impunham limites ao comércio britânico. Os planos para a execução desse programa eram anteriores ao assassinato dos oficiais britânicos. A escala de destruição do Reino do Benim foi enorme: dezenas de milhares foram mortos, toda a Cidade do Benim foi arrasada, o soberano foi expulso e os sacerdotes, executados publicamente. Com o genocídio indiscriminado e a destruição de locais sagrados, os britânicos não apenas violaram as convenções de guerra preexistentes, mas também se furtaram à produção de registros dos prisioneiros de guerra e dos mortos em combate, de surtos de doenças e fome ou dos campos de refugiados, como demandaria o padrão da documentação pós-guerra. Ao que parece, os sobreviventes africanos não foram considerados dignos do tratamento concedido à maioria dos outros grupos em tempos de guerra.

O fato de cinco mil soldados e uma artilharia imensamente superior terem sido enviados em resposta ao assassinato de nove indivíduos britânicos representa, para Hicks, uma prova de que o objetivo não era punir um líder estrangeiro, mas aniquilar toda uma sociedade. Os britânicos chegaram até mesmo a reivindicar uma superioridade moral no conflito, justificando

The Undiscovered Amerindians; I've Seen Pictures of Their Island in National Geographic! [said the elderly gentleman with absolute conviction to the docent posed primly before the map of Guatinau.], 2012
gravura em metal; 46,48 × 53,34 cm; edição de 8 + 2 PA
© 2021 Coco Fusco / Artists Rights Society (ARS), Nova York
Cortesia da galeria Alexander Gray Associates, Nova York

"I'VE SEEN PICTURES OF THEIR ISLAND IN NATIONAL GEOGRAPHIC!"

said the elderly gentleman with absolute conviction to the docent posed primly before the map of Guatinau.

a carnificina sob a alegação de estarem eliminando a barbárie pagã, o canibalismo e o comércio ilegal de escravos. Enquanto isso, a profanação deliberada de monumentos funerários sacros da realeza e a pilhagem de tesouros transformaram um local sagrado vivo numa ruína arqueológica.

Ainda segundo Hicks, a combinação de destruição e roubos faz do ataque de 1897 um exemplo do "capitalismo do desastre" de que fala Naomi Klein, uma prática que, para ele, ainda está em curso, uma vez que corporações multinacionais contemporâneas continuam lucrando com convulsões naturais ou provocadas. Ele traça paralelos, por exemplo, entre a exploração de óleo de palma no Benim e a do petróleo bruto no Iraque. A Royal Niger Company passou a ser controlada pela Unilever nos anos 1930 e permaneceu como uma de suas subsidiárias até 1987, quando foi absorvida pela empresa – que continua fabricando produtos alimentícios e de higiene pessoal à base de óleo de palma. Dentre estes, o mais conhecido é, no entanto, o sabonete Palmolive, que pertence à Colgate-Palmolive. Se hoje o sabonete em si já não inclui óleo de palma em sua fórmula, outros produtos da empresa ainda o utilizam. De acordo com um relatório publicado em 2016 pela Anistia Internacional, embora a Unilever e a Colgate afirmem que seus produtos contêm apenas óleo de palma de origem sustentável, o insumo proveniente de um fornecedor da Indonésia era produzido com trabalho infantil e forçado. Em resposta ao relatório, a Colgate-Palmolive emitiu um comunicado comprometendo-se a encerrar contratos com fornecedores envolvidos em tais práticas abusivas.

A história por trás dos Bronzes do Benim é assustadora. Hicks explica que não há registros definitivos de quantos objetos sagrados e da realeza foram levados ou de seu atual paradeiro. Depois do ataque, os britânicos afirmaram que a venda de artefatos assegurou o pagamento das despesas em que incorreram. Os tesouros foram negociados por comerciantes e administradores coloniais e transportados pelos soldados britânicos, alguns dos quais entregaram seu saque a negociantes especializados e leiloeiros. Sete meses após a expedição punitiva, artefatos saqueados no Benim foram expostos em Londres. O fato de serem expostos é, para Hicks, apenas parte do problema: o que converte tais objetos naquilo que ele chama de "eventos não concluídos" é a forma como são exibidos, somada à relutância dos curadores em divulgar o que sabem a respeito de sua origem e às estratégias defensivas dos museus, que se recusam a abrir mão deles.

Hicks acredita que as formas como os artefatos africanos são expostos produzem uma imagem de alteridade, apresentando as culturas africanas como distintamente primitivas. As diferenças culturais e geográficas se tornaram temporais, pois a cultura viva do Benim foi, desde a primeira apresentação dos objetos na Inglaterra, tratada como um conjunto de restos arqueológicos de um passado distante. As exposições de tais artefatos roubados também sustentaram teorias raciais pseudocientíficas e normalizaram "a ostentação de culturas humanas em forma material". O pensamento racista incrustado no conhecimento etnológico ocidental propagou uma "ideologia... de degeneração cultural" no que se refere à civilização que foi saqueada. Isso, defende Hicks, constitui uma "cronopolítica" que nega à África um "lugar no mundo contemporâneo".

Embora poucos afirmem sustentar hoje esse tipo de pensamento, a resistência contemporânea à repatriação – por parte de instituições, curadores e alguns agentes do governo – evidencia uma visão da África que ainda se ancora na ideologia racista e na arrogância imperial. Hicks expões três argumentos frequentes contra a devolução dos artefatos. O primeiro se baseia na premissa de que seu confisco estava em conformidade com os valores de outro tempo e que, portanto, sua posse é legítima, e a restituição violaria o direito da Grã-Bretanha à propriedade. O segundo sustenta que a devolução dos objetos os colocaria em risco, pois os africanos não são confiáveis no que diz respeito ao cuidado de seus tesouros. O terceiro rejeita a ideia de que o saque foi um ataque à soberania africana, tese que se considera excessivamente "política".

Hicks argumenta que esse tipo de raciocínio neocolonial corrobora a Declaração sobre a Importância e o Valor dos Museus Universais, assinada em 2002 por 19 museus europeus e norte-americanos, incluindo o Getty Museum e o Whitney Museum of American Art. O autor define a ideia do museu universal como um mito autoindulgente, uma forma de autojustificativa institucional:

> A Declaração é parte de uma instrumentalização mais ampla do "patrimônio" e da cultura como *soft power* na retórica dos intercâmbios globais e multiculturais – incluindo a compreensão dos empréstimos internacionais como um tipo de diplomacia cultural – durante a chamada "guerra ao terror" deflagrada pelos governos Blair e Bush; assim, na era do que George W. Bush descreveu como "uma nova ordem mundial", lançou-se mão do enredo universalista para operacionalizar museus com a função de espaços globais.

A boa notícia, para Hicks, é que os conservadores estão perdendo terreno. As demandas africanas por repatriação tiveram início há mais de 80 anos, e o governo da Nigéria continua comprando artefatos roubados em leilões. A pressão sobre museus europeus e norte-americanos se acirrou nos últimos anos, uma vez que a opinião pública mudou e, agora, favorece a repatriação. Hicks observa que, apesar da retórica em torno da preservação de coleções de *world culture* em nome do interesse público, há décadas muitos museus têm discretamente devolvido restos humanos a descendentes e repatriado artefatos a "comunidades de origem". Diversos museus (incluindo o British Museum e o Victoria and Albert Museum) restituíram milhares de artefatos culturais a comunidades aborígenes na Austrália, por exemplo. O Smithsonian possui duas divisões de repatriação e devolveu artefatos e restos humanos a comunidades nativo-americanas e a sociedades indígenas na Nova Zelândia.

"OH WOW!" GUSHED ANNIE SPRINKLE.

"Is there anything more exciting than a Native caress? I want some more!"

Hicks quer que os museus façam mais. Ele anuncia o momento atual como o fim "da inocência e da complacência". Invoca uma revisão das descrições eufemísticas dos saques e da violência colonial expostas nos textos de parede que acompanham os expositores dos museus, observando que o Metropolitan nem sequer menciona o ataque de 1897 na legenda do Bronze do Benim em seu acervo. Hicks procura despertar um processo nacional de reflexão sobre a "ultraviolência colonial" e suas ligações com o desastre do capitalismo global contemporâneo. Por fim, ele gostaria de transformar os museus antropológicos em "espaços de rememoração", nos quais a devolução de tesouros roubados seria transformada em memória por novos trabalhos de artistas contemporâneos. Como Deliss, Hicks evoca o poder restaurativo da arte frente aos traumas da violência e da perda. Para os que ainda hoje carregam o peso desses legados coloniais, seu livro urgente, lúcido e brilhantemente furioso é um aguardado tratado sobre a justiça.

The Undiscovered Amerindians;
"Oh Wow!" Gushed Annie Sprinkle
["Is there anything more exciting than a Native caress? I want some more!"], 2012
gravura em metal; 46,48 × 53,34 cm; edição de 8 + 2 PA
© 2021 Coco Fusco / Artists Rights Society (ARS), Nova York
Cortesia da galeria Alexander Gray Associates, Nova York

Coco Fusco (1960) é artista, escritora e curadora. Filha de mãe cubana e pai italiano, vive e trabalha em Nova York. É autora, dentre outros livros, de *Dangerous Moves: Performance and Politics in Cuba*. Em 2005, participou da 15ª edição do Videobrasil com *Bare Life Study #1*, registro de uma performance em que atores vestidos com macacões laranja, como os usados na prisão de Guantánamo, esfregavam com suas escovas de dente a calçada do consulado americano em São Paulo em meio a brasileiros à espera de vistos para os EUA. Publicado originalmente na *New York Review of Books*, este ensaio é aqui acompanhado pela série *The Undiscovered Amerindians*, realizada pela autora em 2012.
Tradução de **Julia de Souza**

O túmulo de Alice B. Toklas

Otto Friedrich

A generosidade e a inteligência da companheira de Gertrude Stein alimentaram por mais de uma década as ambições de um jovem escritor que não chegaram a se realizar

O portão de entrada do Père-Lachaise, no bulevar de Ménil-montant, região nordeste de Paris, é secundado por duas inscrições gravadas no muro amarelado, de mais ou menos quatro metros, que cerca o cemitério. De um lado, a expressão *"Spes illorum immortalitate plena est"* [A esperança deles é cheia de imortalidade]; do outro, uma citação de São João: *"Qui credit in me etiam si mortuus fuerit, vivet"* [Aquele que crê em mim, ainda que morto, viverá]. Foi ao cruzar esse portão que, numa tarde ensolarada da última primavera, bati à porta do que parecia ser uma guarita. Dentro dela, apertado em seu uniforme azul, estava um guarda com aquele olhar típico de guarda, ou seja, de homem forte que nunca deu duro na vida. O lugar tinha um cheiro mofado de delegacia, onde homens fortões uniformizados passam o tempo preenchendo formulários e as janelas nunca são abertas.

Pedi licença e perguntei se ele teria um mapa do cemitério ou poderia me indicar como encontrar um túmulo. *"Bien sûr"* [Claro], respondeu, buscando à sua direita um folheto com a

Maira Kalman
Ilustrações para o livro
A autobiografia de Alice B. Toklas,
de Gertrude Stein, 2020

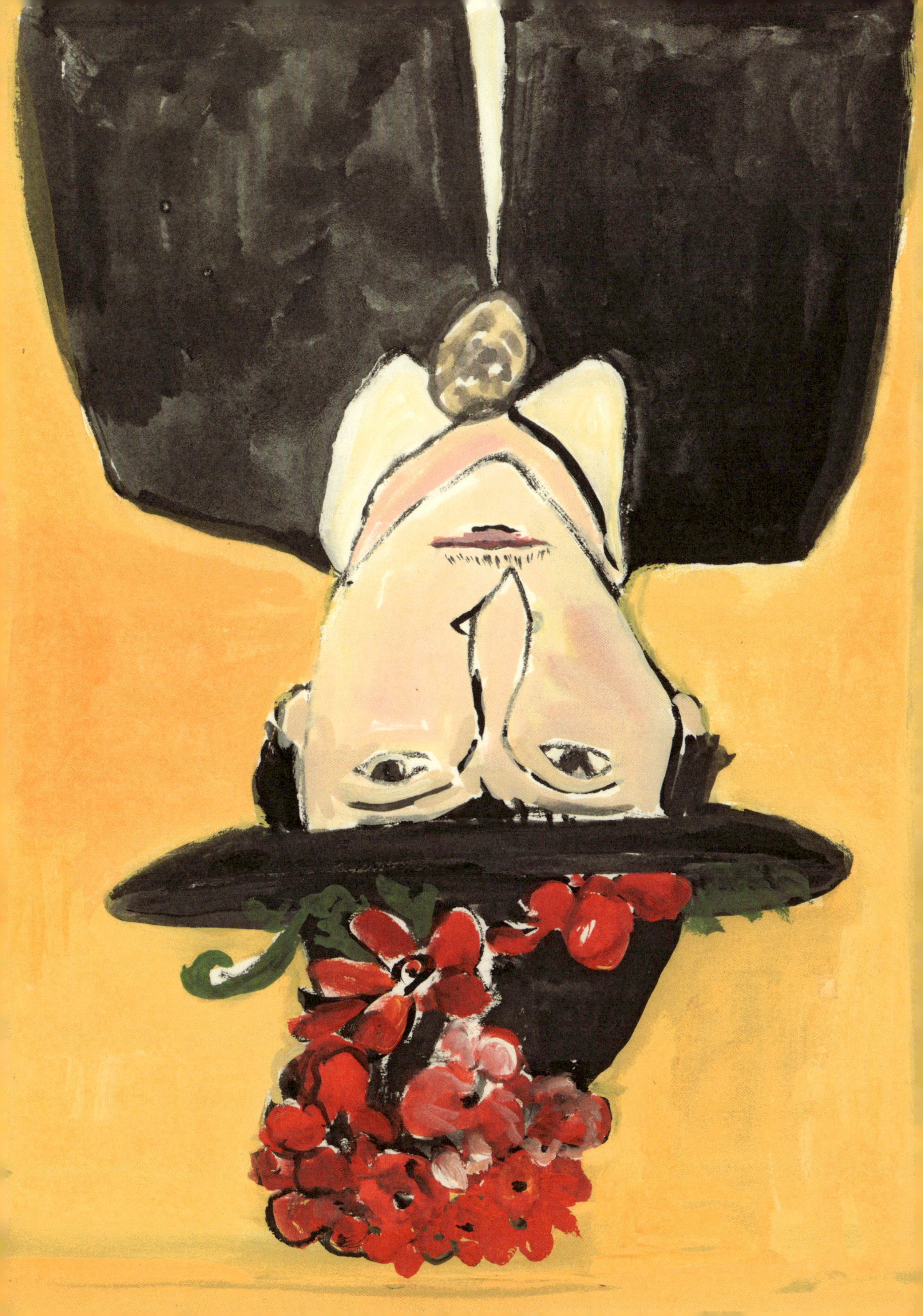

localização dos túmulos. Com um lápis azul, marcou um x no lugar onde ficava a guarita e perguntou de quem era o túmulo que eu buscava. "Gertrude Stein", respondi. O rosto apático, vazio, quase franziu. "Foi uma escritora americana", acrescentei. "Morreu há cerca de 20 anos." "*Je regrette, Monsieur*" [Lamento, senhor], disse tranquilamente, "*mais je ne connais pas ce nom*" [mas nunca ouvi falar]. Não tinha se irritado e tampouco se interessado. Estava apenas constatando um fato. "*Mais voyons*" [Vamos ver], disse. "*Vous êtes ici*" [Você está aqui]. Então, com o lápis azul, começou a traçar o melhor roteiro para um turista. Aqui, ele disse, é onde estão enterrados os compositores – Chopin, Cherubini, Bellini "*et les autres*" [e os outros]. Aqui, o lápis azul seguiu adiante, eu encontraria o túmulo de Edith Piaf. Ele parou por um instante, e então anotou na margem do mapa: "E. Piaf". Ergueu os olhos para ver se eu estava entendendo a importância de tal revelação. Acho que ficou desapontado comigo. Tentou mais uma vez. Aqui, continuou, estava o túmulo de Balzac, e se inclinou para marcar o ponto com seu lápis azul: "H.B.". E aqui – ele pareceu não dar muita bola para a minha reação a Balzac – estão os túmulos de Abelardo e Heloísa. Outra vez, anotou na margem do mapa: "Ab. H.". Ele me olhou, triunfante, e acho que se decepcionou comigo de novo, pois acrescentou: "Mas esse nome que você procura, não conheço". Agradeci mais uma vez e perguntei o que eu poderia fazer para encontrar o túmulo de Gertrude Stein, então ele me indicou o prédio da administração, apontando a primeira à direita, e depois "*tout droit, tout droit*" [sempre em frente]. Perguntei se poderia ficar com o mapa que ele tinha anotado e ele me deu o papel, entusiasmado. "*Entendu*" [Claro], disse, acrescentando que "os guardas do cemitério agradeceriam uma contribuição". Peguei uma moeda de um franco, cerca de 25 centavos de dólar, e joguei sobre a mesa. Ele olhou surpreso, como se não esperasse aquilo, e não pude adivinhar se era muito ou pouco, mas lhe agradeci outra vez e deixei o escritório sombrio rumo ao sol de abril.

No prédio da administração, a senhora atrás do balcão era menos sonolenta, mas também nunca tinha ouvido falar em Gertrude Stein. Ficou por um minuto com o olhar perdido se perguntando se seria alguma celebridade que ela deveria conhecer, até que um jovem sentado em outra mesa tentou ajudar. "*Ah, oui, Gertrude Stein, oui*" disse, "acho que o ano é 1946 ou 1947". A senhora virou para uma longa fileira de armários cheios de arquivos e começou a procurar. Em poucos minutos, voltou com um sorriso satisfeito e me entregou um pequeno formulário impresso intitulado *Situation de sépulture* [Localização da sepultura]. Os detalhes estavam claros. *Nom: Stein Gertrude. Date de l'inhumation: 22-10-1946. 94 Division, 1 ligne 77. Numéro 12-97*. No verso do papel tinha outro mapa, uma versão menor daquele que me custou uma contribuição para os guardas, e a senhora me mostrou o local da divisão 94, no extremo oposto do cemitério; então, com uma caneta esferográfica, marcou um x no lugar aproximado do túmulo.

No calor de abril, por entre as castanheiras que tinham acabado de explodir em flores, comecei a subir a *avenue* Casimir Pérrier, passei pelo cruzamento da grande rotunda, e subi a *avenue des* Acacias. Na verdade, *cemitério* não é uma palavra adequada ao Père-Lachaise; *sepulcrário* também não. Trata-se de um campo santo, repleto não só de túmulos, mas de mausoléus e de construções que parecem os antigos banheiros instalados do lado de fora das residências – numa espécie de garantia de privacidade para os proprietários, essas "casinhas" não foram erguidas em madeira, mas em granito, ainda que hoje estejam dilapidadas, em ruínas. Aglomerados uns ao lado dos outros, separados por uns poucos milímetros, esses mausoléus trazem estampados os nomes da burguesia francesa do século passado e alguns sobrenomes banais e desconhecidos, como Verroux e Duvalier. Muitas dessas construções ostentam uma informação sobre a fortuna das famílias se contrapondo à ameaça do progresso que remove os túmulos antigos: "*Concession à perpétuité*" [Concessão perpétua]. Foi nesse espírito que se construíram os mausoléus de pedra e ferro; porém, muitas paredes desabaram, o ferro está carcomido, há muitas teias de aranha pelos cantos e a hera que foi plantada com a intenção de homenagear os mortos agora sobe pelos muros como uma sufocante erva daninha.

Na *avenue des* Acacias, as árvores floridas crescem abundantes e o sol da tarde tremeluz por entre os galhos. Os pássaros fazem seus ninhos ali e, por isso, o caminho escuro de asfalto está todo esbranquiçado por excrementos. Descendo a avenida, no cruzamento da grande rotunda, além de algumas babás que empurravam carrinhos de bebê num passeio primaveril, não havia mais ninguém. O clima não é de dor ou tristeza, há apenas túmulos e lápides espremidos uns contra os outros numa espécie de favela, cortiços da respeitabilidade francesa expostos à visitação como num velório público, esquecidos.

Olho o mapa e me aventuro por um atalho, deixando para trás a via de asfalto para seguir por um caminho de terra. Entre os túmulos, encontro uma senhora de seus 50 anos, com o rosto cheio de ruge, que parece confusa e quer falar comigo, mas sei que não poderei ajudá-la. "*Pardon, Monsieur*" [Com licença, senhor], diz ela, com um sotaque que não consigo identificar. Dou de ombros, dando a entender que estou tão perdido quanto ela. "*Pardon*", ela insiste, "você saberia me informar onde – onde fica o túmulo de Sarah Bernhardt?" "Sinto muito", respondo, "*je suis perdu moi-même*" [também estou perdido]. Ela sorri e sai vagando em meio aos milhares de túmulos sob a luz do fim da tarde. Ergo os olhos e vejo uma placa, meu mapa mostra que este caminho vai dar na divisão 94, onde está enterrada Gertrude Stein. Mas a verdade é que não estou procurando o túmulo de Gertrude Stein, que nem conheci. Estou procurando um túmulo muito mais recente, que segundo os jornais estaria próximo ao dela, o túmulo de Alice B. Toklas.

Quando eu era criança, a Segunda Guerra Mundial começou como uma guerra entre o lugar onde estávamos e o lugar de onde tínhamos vindo, entre quem nós éramos e quem eram nossos ancestrais. Meu pai tinha vindo da Alemanha como estudante e conheceu minha mãe no Rockford College em Illinois; em 1934, ele decidiu que não suportaria viver em seu próprio país. Nos anos 1930, dedicou muito do seu tempo a fazer discursos contra os nazistas, implorando pela ajuda dos Aliados contra Hitler; mas, no dia 1º de setembro de 1939, se sentou aos prantos na sala de paredes rosadas de nossa fazenda em Vermont, ouvindo a voz gritada pelo rádio, que vinha de Berlim, transmitida em ondas curtas, com o prognóstico de que a RAF destruiria a Alemanha em 30 dias. Então, estávamos em guerra contra nós mesmos. Na sétima série, ouvíamos as professoras sussurrando pelos corredores sobre os ataques da Alemanha ao porto de Narvik, mas nas aulas de estudos sociais meu irmão mais velho teimava em negar que os alemães também tivessem começado a Primeira Guerra Mundial, e ele foi obrigado a ficar de castigo depois da aula por desobediência. Eu, que era mais diplomático, fiquei calado. Em casa, montava um álbum com os mapas das batalhas recortados da revista *Life*, com setas mostrando as ofensivas e os "movimentos de pinça" de um lado e de outro. Na escola, nos reunimos no auditório para ouvir o presidente Roosevelt condenando o dia que seria marcado na história da infâmia e nos juntamos aos esforços bélicos recolhendo pedaços de metal e comprando selos postais militares, e aplaudimos Robert Taylor quando, na cena final de *A patrulha de Bataan*, ele atirou nos japoneses que o cercaram. E também foi um dia feliz para o meu pai quando ele recebeu, pelas mãos da Cruz Vermelha suíça, uma carta de sua mãe enviada três meses antes com notícias de seus irmãos: o empresário, o religioso e o jornalista. E depois, em uma tarde ensolarada da primavera de 1944, andando em meio aos pombos no Boston Common, vi os meninos jornaleiros na estação Park Street agitando uma edição extra do *Boston Globe* com a manchete colossal: "Libertamos Roma". A guerra estava chegando ao fim.

Ir para a Europa em 1946, em um cargueiro turco chamado Bakir, que levou 29 dias de Nova York a Marseille, era como ir atrás daquilo que tínhamos aprendido a tratar como as fronteiras do inimigo. Nos mapas da guerra na *Life*, toda a Europa tinha virado um campo de batalha, e era difícil imaginar o que poderia ser mantido intacto. A destruição era estarrecedora. As grandes cidades alemãs eram agora montes de destroços, literalmente montanhas de pedras e tijolos quebrados, impregnadas de um cheiro horrível de cadáveres que estavam ocultos, mas ainda insepultos. Também era surpreendente que tantas coisas tivessem sobrevivido, não apenas os Alpes

1. Na tradução de José Lino Grünewald, "Canto LXXVI". *Os cantos*. Rio de Janeiro: Nova Fronteira, 2002. [N. do E.]

ou o rio Ródano, não apenas Chartres ou Santa Croce, mas uma civilização inteira, atordoada e terrivelmente ferida, porém, apesar de tudo, viva. "Como formiga solitária de um formigueiro destruído/ das ruínas da Europa, ego scriptor", escreveu Ezra Pound nos *Cantos*. "A chuva caiu, o vento vindo/ lá da montanha/ Lucca, Forte dei Marmi, Berchtold depois do outro.../ partes de novo reunidas."[1] Ezra Pound ficou depois confinado em uma cela em Pisa, esperando para ser enviado de volta aos Estados Unidos e ser julgado por traição, e ouvi, em Wiesbaden Walter Gieseking, acusado por muitos de simpatizar com o nazismo, tocando piano na casa de um coronel americano. Ele acompanhava um cantor sem talento em *Vozes da primavera*, de Strauss. Muitos dos convidados do coronel nunca tinham ouvido falar de Gieseking e, durante o recital, ficavam mexendo no gelo de suas bebidas. Perguntei quanto o pianista deveria estar recebendo para tocar ali e eles me responderam: "Ah, dois ou três maços de cigarro".

Por quase dez anos, a Europa foi um campo de batalha, tão castigada quanto os campos fora de Verdun, onde o chão ainda carrega as cicatrizes dos bombardeios de meio século atrás, e a grande descoberta de 1946 foi que os mortos do continente ainda estavam vivos. Minha avó de 73 anos, por exemplo, tinha sobrevivido a todos os bombardeios de Munique, ainda fumava dois maços de cigarro por dia e doara todas as roupas que meu pai tinha enviado a ela para os *Flüchtlinger* [refugiados] que chegavam aos montes do Leste. E, assim, com a autoconfiança escandalosa das pessoas de 17 anos, comecei um movimento sistemático de interpelar toda aquela geração de "monumentos vivos" que tinham sobrevivido à guerra. Foi em um terraço pouco iluminado à beira do lago no Grand Hotel em Lausanne que me aproximei da figura encurvada e grisalha de Richard Strauss e pedi que ele olhasse as primeiras páginas de um concerto de piano que eu estava tentando escrever. Ele deu de ombros e se retirou, enrolando-se numa capa – irritada, a senhora que o acompanhava fez um gesto para que me retirasse. Não me importei. Eu era um turista, "colecionando" uma geração. E, aos 17 anos, como ninguém tem uma educação apurada, ser rejeitado não tem nenhuma importância.

Mas nem sempre somos mal recebidos. Às vezes os mais velhos ficam encantados com jovens intrusos, ou são

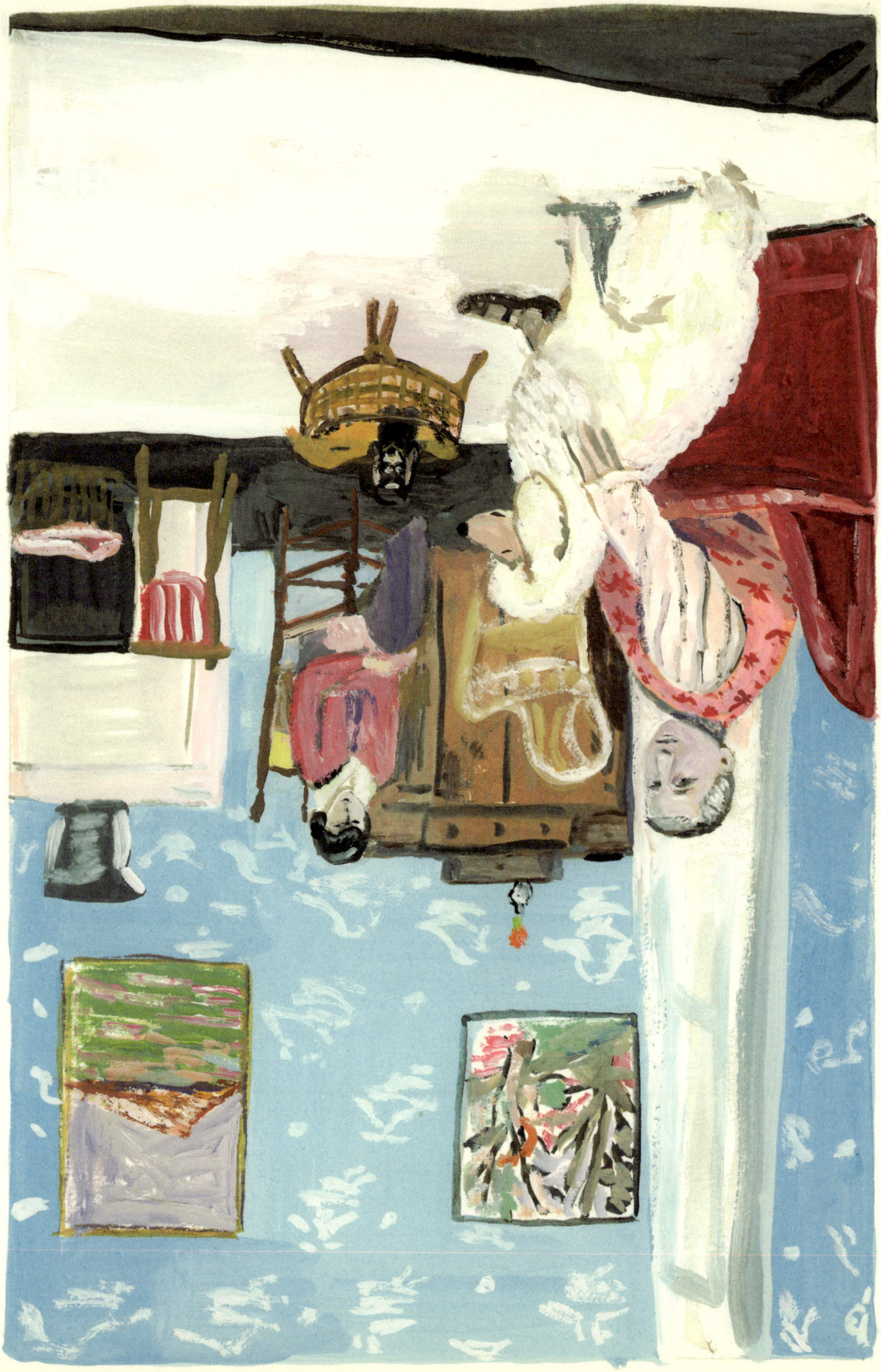

educados demais ou estão cansados demais para resistir a eles. Nos anos seguintes, bati à porta do apartamento de André Gide e consegui um exemplar autografado de seu novo livro sobre Chopin; também me convidei para tomar um chá com sanduíche de pepino com *sir* Max e *lady* Beerbohm no terraço ensolarado da casa de campo deles em Rapallo; depois telefonei para George Santayana, que estava deitado com seu pijama listrado em uma cama na casa de repouso das Monjas Celestes em Roma; e jantei com Harold Laski e fiz uma visita a Karl Jaspers e tive aulas de piano com Josef Pembaur, aluno de Rheinberger, e, ao deixar Munique a caminho de Paris, consegui que o elegante senhor escrevesse uma carta de recomendação que começava com: "*Sehr geehrter Meister Cortot...*" [Meu caro mestre Cortot...].

———

Eu estava em Genebra quando soube da morte de Gertrude Stein, Gertrude Stein que minha mãe tanto admirava pois a considerava amiga de Hemingway (que ela admirava ainda mais), Gertrude Stein que tinha vivido aqueles anos do outro lado do *front*, de forma bastante pacífica, e que na época descreveu em detalhes a chegada dos primeiros americanos, Brewsie e Willie. Gertrude Stein tinha morrido e eu pensei com meus botões, com aquele sangue-frio dos que têm 17 anos: *Bom, agora nunca poderei conhecer Gertrude Stein.*

Não lembro qual forma singular de turismo e visita a monumentos me levou até Alice B. Toklas. Só lembro que, num começo de tarde do inverno cinzento parisiense de 1948, me vi tocando a campainha no número 5 da *rue* Christine, atravessando o amplo e vazio pátio interno e depois subindo os degraus baixos que davam no segundo andar. Ao meu lado, ia um amigo chamado David Hersey. Talvez tenha sido ideia dele; talvez ele tenha combinado tudo. Seja como for, ele era ator e cavalheiro o bastante para ter nas mãos um grande buquê de lilases. Ouvimos o toque da campainha e depois pés se arrastando. Uma mulher gorducha, com as bochechas coradas, abriu a porta pesada, ouviu nossos nomes e se virou arrastando de volta os pés pelo corredor. Era Gabrielle, que nunca sorria, nunca demonstrava qualquer interesse ou surpresa. Ela nos conduziu pelo corredor, que era cheio de quadros pequenos, até a sala gigantesca, fria, escura e, apesar dos móveis extravagantes, austera. Enquanto Gabrielle foi chamar *madame*, ficamos parados numa espécie de reverência envergonhada, como ateus diante de catedrais.

É difícil lembrar a primeira impressão que se tem de um lugar que depois se torna familiar, mas a lembrança que me vem é a de um santuário.

Era como as coisas deveriam ser quando Gertrude Stein morava ali, tudo deve ter permanecido inalterado. É claro que as pinturas eram acachapantes, não apenas pelo que representavam, mas pelo jeito como estavam expostas, amontoadas, num arranjo caseiro. Em cima da lareira, encostada casualmente num grande espelho, a *Nu sur fond rouge*, de Picasso, e, na outra parede, a igualmente impressionante *Jeune fille nue avec panier de fleurs*. (No obituário de Miss Toklas publicado pela *New Yorker*, Janet Flanner descreveu-o como "a famosa garota nua segurando uma cesta de flores – primeira tela que ela [Gertrude Stein] e seu irmão Leo compraram de Picasso. Miss Stein achava as pernas da figura mal pintadas, então o *merchant* de arte de Montmartre disse: 'Ora, corte fora as pernas se não gosta delas – o artista não vai se importar desde que você a compre'.") À esquerda da lareira, outra pintura de Picasso, de uma cidade espanhola, que Gertrude Stein descreveu, em *A autobiografia de Alice B. Toklas*, como "o princípio do cubismo". À direita, uma maçã de Cézanne; dos dois lados, três ou quatros desenhos "africanos" de Picasso, bastante esquisitos, representando homens com cabeças em formato de bananas. Na verdade não prestei tanta atenção porque não tenho para a pintura o mesmo olhar dos apreciadores de arte. Vi um assombroso sofá estofado com crina de cavalo e um painel vertical com flores bordadas em ponto cruz e, então, uma minúscula senhora encurvada veio arrastando os pés na nossa direção, acompanhada por um *poodle* gigante de pelo amarelado e expressão meio abobalhada.

Miss Toklas ficou confusa. Quem éramos e o que queríamos? Uma visita guiada pelas pinturas? Histórias de Gertrude Stein? Dois anos depois, ela continuava um pouco confusa quando, numa carta, descreveu a visita como "nosso primeiro encontro quando você e ele apareceram de surpresa naquela tarde". Meu amigo, Hersey, era um jovem muito culto que podia discorrer com facilidade sobre Picasso e Braque, mas eu não. Ele tinha lido Gertrude Stein – eu não – e também escritores como Ezra Pound, Ford Madox Ford e D.H. Lawrence. Enquanto os dois conversavam, fiquei sentado em silêncio, tentando fazer amizade com o *poodle*, Basket, que na verdade não me agradava muito, e observando essa senhora que era o novo monumento que eu acabava de descobrir. Miss Toklas era inacreditavelmente feia, mais feia do que quase qualquer pessoa que eu já tinha conhecido. Criatura mirrada e franzina, ficou sentada encurvada em sua cadeira, com um pesado terno de lã e meias finas de algodão, inalcançável e indiferente. Ela tinha um narigão, um buço escuro, e o cabelo pintado de preto estava penteado com uma franja enorme sobre a testa. Quando jovem, essa feiura devia atormentá-la, e há muitas fotografias em que ela aparece atrás de Gertrude Stein, na chegada ou na partida de alguma viagem, cuidando das malas. Naqueles tempos, ela costumava ficar em segundo plano, como escreve Gertrude Stein em *A autobiografia*:

2. Todos os trechos aqui citados de *A autobiografia* fazem parte da edição *A autobiografia de Alice B. Toklas*. Trad. José Rubens Siqueira. São Paulo: Cosac Naify, 2009. [N. da T.]

Os gênios vinham e conversavam com Gertrude Stein, e as esposas se sentavam ao meu lado. [...] Sentei-me ao lado de esposas que não eram esposas de gênios que eram gênios de verdade. Sentei-me ao lado de esposas de verdade de gênios que não eram gênios de verdade. Sentei-me ao lado de esposas de gênios, de quase gênios, de pretensos gênios; em suma, sentei-me muitas vezes e por muito tempo ao lado de esposas e mais esposas de muitos gênios.[2]

Curiosamente, a feiura de Alice Toklas era tamanha que toda a prática de julgar os outros pela aparência se tornava irrelevante. Alguém que na juventude tivesse sido dotado por grande beleza poderia viver, aos 70, um espetáculo terrível de autodepreciação, mas Alice Toklas, embora confusa com a presença de seus visitantes, estava calma e bem-disposta aos 71. Comecei a reparar nas qualidades que nunca aparecem nas fotografias – a perspicácia dos imensos olhos pretos, o tom culto da voz levemente áspera, o entusiasmo da risada maliciosa. Ao contrário de muitas pessoas de idade, ela não se resignava. Sabia perfeitamente o que admirava e o que desprezava, e via os dois polos num embate perpétuo, tendo certeza de qual lado estava.

Meu amigo Hersey não despertou qualquer interesse nela. Ele era ótimo, mas era ator, e Miss Toklas não se interessava por atores. Interessava-se por escritores e, então, a certa altura virou-se para mim, que ainda estava sentado em silêncio no sofá de pelo de cavalo tentando me comunicar com o antipático Basket, e começou a me fazer perguntas. O que eu estava escrevendo? Um romance. Era meu primeiro romance? Não, o terceiro. Ela poderia ler os outros? Não, não valiam a pena. Eu mostraria o novo para ela? Só quando estivesse pronto. Sobre o que era? Sobre a Alemanha. Então ela fez uma pergunta esquisita, que eu nunca tinha de fato me feito antes: "Quem são suas influências?". Pensei por um minuto e disse que não sabia. "Faulkner, eu acho." "Bom", ela disse. "E Hemingway", eu disse. "Não tão bom assim", ela disse. "Hemingway, não." "E Kafka", eu disse. "Sério?", ela disse. "E Henry James", eu disse. "Esse é bom, muito bom", ela disse. "Mas você não parece alguém que poderia ser influenciado por Hemingway." Aos 19, é difícil ter coragem de fazer aquilo em que se acredita, pois não se acredita em nada, e não ousei confrontar a convicta senhora com uma defesa de Hemingway. Talvez ele não fosse mesmo uma influência. Talvez eu fosse influenciado principalmente pelo fato de que minha mãe, que tinha crescido na mesma cidade que ele, Oak Park, Illinois, o considerasse um dos maiores escritores do mundo. Nada que eu tinha escrito trazia de fato qualquer semelhança com Hemingway; na verdade, era Kafka quem exercia sobre mim uma influência quase sufocante, ainda maior que a de Dostoiévski, que não quis citar, mas também não sabia ao certo se ela aprovava Kafka. "Me mostre alguma coisa que escreveu", ela disse, quase como uma ordem. "Quero ler."

—

Hersey ficou em Paris durante todo aquele inverno. Passamos a noite de Ano-Novo em um bar lúgubre e vazio, e eu escrevia dez páginas por dia, num dia bom ou mau, boas páginas ou más, e quando Hersey voltou para os Estados Unidos eu tinha terminado o novo romance, que pretensiosamente intitulei *Angel's Laughter*, e fui à *rue* Christine com outro enorme buquê de lilases e o manuscrito em uma pasta preta. Também levei um romance mais antigo, espécie de fábula chamada *The Little Wizened Man*. "Olha", Miss Toklas disse. "Não me traga flores. É ridículo e caro e não preciso delas. E o romance?"

"Qual deles?", perguntei, em parte como piada, mas não totalmente. Já era um jogo entre o jovem rapaz e a velha senhora.

"Bom, quais você trouxe? O novo?"

"Aqui." Dei a ela a pasta preta recheada.

"Ótimo", ela disse. "E aquele ali?"

"É outro", eu disse. "É um texto antigo. Mas pode dar uma ideia."

"Um texto antigo", ela repetiu. "Mas quando você escreveu?"

"No verão passado", eu disse. Em parte era uma piada também, mas ela gostou. E relembrou essa cena alguns anos depois, rindo, "um texto antigo que você tinha escrito no verão anterior".

"Que bom", ela disse então. "Venha por aqui agora." Ela própria abriu a porta, se desculpando por Gabrielle estar adoentada, e foi arrastando os pés pelo corredor escuro, me conduzindo para a sala, segurando a pasta preta debaixo do braço. "Sente-se. Eu já volto."

—

Sentei-me no sofá de crina de cavalo, no silêncio monumental daquele lugar que ainda considero um museu. Agora já conhecia as pinturas, mas as encarei respeitosamente, sem interesse.

Havia certos rituais na *rue* Christine, e um deles era o Armagnac, bebida que eu nunca tinha tomado e de que não gostei, e ainda não gosto, mas era o que Miss Toklas servia, sempre em um decantador de cristal, sobre uma bandeja, com um copo pequeno. Ela vinha se arrastando e apenas deixava a bandeja sobre a mesa enorme. "Sirva-se." Ela afundava na cadeira ao lado da lareira e começava o ritual do cigarro. Em uma mesinha antiga ao lado da cadeira ficava um burrinho de prata puxando uma carroça, presente, pelo que me lembro, de Carl van Vechten. A carroça estava cheia de cigarros e, ao lado dela, havia uma grande caixa de fósforos de cozinha. Miss Toklas puxava um cigarro da elegante carroça de prata, depois pegava a caixa de fósforos, tirava um longo fósforo de dentro e então começava a conversa, o cigarro apagado nos lábios dela, o fósforo apagado pairando em volta do cigarro.

"Que tipo de livro é?", ela perguntou, me observando, sem acender o cigarro. "O novo, digo."

Todos os escritores querem falar sobre seus livros, e os jovens escritores querem ainda mais falar sobre seus livros, e um jovem escritor que acabou de escrever um livro quer tão desesperadamente falar sobre ele que um convite acolhedor por pouco não o leva ao silêncio. Então comecei a dar desculpas. *The Little Wizened Man*, o "trabalho antigo", não deve ser levado a sério. Eu o escrevi em três dias, sim, em três dias, como uma espécie de exercício. Nem o *Angel's Laughter* – título dado por Hersey, tirado de alguma peça de Shakespeare que ele conhecia, mas eu não – deve ser avaliado sozinho, pois vai fazer parte de uma tetralogia, uma série de quatro romances sobre a Alemanha, a destruição causada por ela e a destruição que eu vi por lá. Na verdade, esta não é a melhor maneira de descrever a destruição para alguém que não a viu e não pensou nela. Mas por alguns motivos não muito claros também andei lendo a Bíblia e estive pensando por um tempo em como deve ter sido para os egípcios, nos tempos do Êxodo, viver as pragas que Deus lhes infligiu. A primeira praga foi um milagre: "Toda a água que estava no rio se transformou em sangue. E o peixe que estava no rio morreu; e o rio começou a feder e os egípcios não podiam beber a água do rio; e havia sangue espalhado por toda a terra do Egito." Tentando imaginar a realidade desses desastres, escrevi uma narrativa em que essas mesmas pragas misteriosas aparecem na Alemanha que vi em 1947, começando na manhã em que as torneiras dos banheiros passaram a esguichar sangue. Tudo foi contado em uma narrativa simples, que não bastou para descrever a Alemanha de 1947, então decidi também escrever a minha versão do Fausto, narrada em fluxo de consciência pelo próprio Fausto, e assim construí o romance entremeando um capítulo sobre cada praga com um capítulo sobre o Fausto, convencido de que ele pode conquistar o Diabo, mas também ser conquistado ele próprio.

"Só um minuto", disse Miss Toklas, levantando-se da cadeira ao lado da lareira para ir até as janelas altas que davam para o telhado. Ela abriu o trinco e a figura familiar e amarelada de Basket entrou lentamente na sala, cheio de culpa, pedindo um afago como fazem os cachorros nessas circunstâncias.

Miss Toklas o ajudou a se aconchegar com resmungos em cima do sofá, de onde ele me olhou sem me reconhecer. "Sirva-se", disse Miss Toklas, mostrando o Armagnac. "Continue, estou interessada."

O romance não podia ser avaliado sozinho, eu disse outra vez, pois era apenas o primeiro dos quatro volumes da série. Na verdade eu já tinha comcçado o seguinte, chamado *Dies Irae*, que seria sobre processos de crimes de guerra. Como *Angel's Laughter*, esse também teria duas histórias diferentes, contadas em capítulos alternados. A primeira história era sobre juízes e promotores que tinham de punir os culpados por crimes que nenhum juiz ou promotor podia entender; a segunda, as memórias de um dos culpados, que aceitou ser punido por crimes que ele próprio não podia entender.

O terceiro romance seria baseado na vida de Hans Frank, governador-geral da Polônia sob a Ocupação, responsável por Auschwitz, que tocava Chopin para os seus convidados em jantares oficiais e, por fim, se converteu ao catolicismo durante os julgamentos de Nuremberg. Ele implorou para ser punido por seus crimes e foi devidamente enforcado. O quarto romance seria uma história de amor, na qual um oficial da Ocupação americana encontra uma moça alemã envolvida com nazistas, e eles tentam viver seu romance, mas nenhum dos dois entende o que está acontecendo. "Viu só?", eu disse, pois já tinha tudo projetado. O primeiro livro mostrava o fracasso das pessoas, em termos coletivos e individuais; o segundo seria sobre o fracasso da ideia de justiça. O terceiro, por meio da perversão do poder, sobre o fracasso do poder. O quarto, por fim, sobre o fracasso até do amor.

Basket levantou aborrecido do seu cantinho no sofá e foi até a cadeira de Miss Toklas pedir um carinho na orelha. Ela disse que parecia ser um projeto bastante ambicioso. Sim, mas eu já estava com tudo planejado. Escrevo dez páginas todos os dias, então posso terminar a primeira versão do romance em um mês. Miss Toklas continuou coçando as orelhas de Basket. Depois, edito 20 páginas por dia, assim a segunda versão fica pronta em duas semanas. Depois, bato à máquina 20 páginas por dia de correções, de modo que o romance completo fica pronto em dois meses. Depois, tiro uma semana de descanso antes de começar o volume seguinte. Era dessa forma que tinha escrito o *Angel's Laughter* – trabalho muito mais reflexivo, afinal, do que a aventura de três dias da escrita de *The Little Wizened Man* – e, mesmo em um ritmo modesto, minha previsão era de terminar o ciclo de quatro romances antes do meu aniversário de 21 anos, que seria quase um ano depois. Tendo dito isso tudo, falei que deixaria para ela avaliar o resultado até o momento e, fortalecido por mais Armagnac do que jamais tinha bebido, me deixei ser levado com cuidado até a porta e com cuidado avancei lentamente na penumbra pelas escadas do prédio, com a mão na parede, depois a mão tateando à frente para atravessar o pátio interno escuro, depois a mão desajeitada buscando o botão que faria um zumbido e abriria a porta antiga e pesada que dava para a rua.

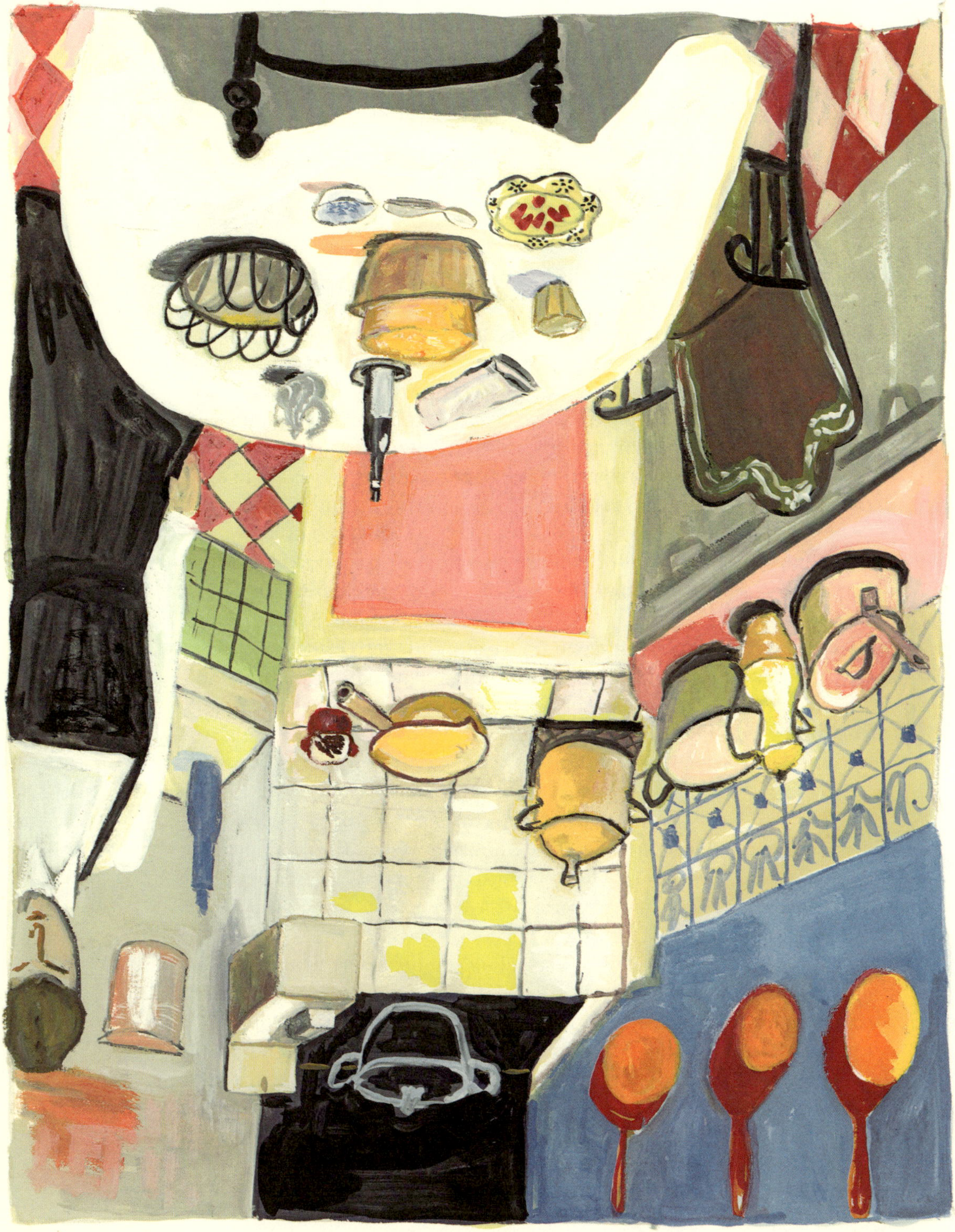

O tempo passou. No quarto sujo do hotel sujo na *rue* Servandoni, de onde eu não via o jardim de Luxemburgo, trabalhei incessantemente no novo romance sobre o campo de concentração e fiquei imaginando o que teria acontecido com o último livro. Por fim, depois de várias semanas, chegou um cartão-postal. De um lado, uma fotografia acastanhada de um *banderillero* espetando o pescoço de um touro destemido. Do outro lado, a caligrafia miúda e tremida, que vim a conhecer bem. Sem nenhum cumprimento prévio, começava:

> Infelizmente estive muito ocupada e não terminei de ler o *Angel's Laughter*. Será que você poderia vir sábado à noite por volta de oito e meia. Não se preocupe em responder se for bom para você. É claro que estou gostando muito do livro. Teria sido uma decepção se não tivesse gostado. Cordialmente, A.B. Toklas.

Naquele sábado, todos os rituais se repetiram, começando com a espera solitária naquela sala impressionante, com as pinturas famosas que de fato não me interessavam, então já nem olhava para elas, e depois o Armagnac que Gabrielle, agora recuperada, automaticamente trouxe, e então uma daquelas portas altas se abriu com um ruído e Miss Toklas de repente apareceu, dessa vez com a mão estendida.

"Você é muito bom, sabe", ela disse, sem nenhum preâmbulo. "Ainda não acabei de ler o livro novo, mas já terminei o outro, *Angel's Laughter*. É fascinante. Mesmo."

Em algum lugar, Gertrude Stein disse que os escritores não precisam de crítica literária, mas ser valorizados. Em minha primeira visita a Alice Toklas, eu era um turista. Na segunda, um aprendiz aplicado. Agora, na terceira, poderia ser ainda um turista e um aprendiz, mas essa senhora extraordinária que tinha conhecido e avaliado os trabalhos de Picasso e Hemingway e Matisse e Pound e Fitzgerald e praticamente todo mundo tinha lido dois dos meus romances amadores e estava me entregando de bandeja a única coisa que importa mais para um jovem escritor do que agentes, editores e direitos autorais. Elogios.

"Nasci em São Francisco, Califórnia", começa *A autobiografia de Alice B. Toklas*. "Consequentemente sempre preferi viver em um clima temperado, mas é difícil, na parte continental da Europa ou mesmo na América, encontrar um clima temperado e viver nele." Ficamos sabendo que ela descendia de patriotas poloneses, e mais:

> Eu própria não gostei nunca de violência e sempre apreciei os prazeres dos trabalhos de agulha e da jardinagem. Gosto de pinturas, mobília, tapeçaria, casas e flores, e até de legumes e árvores frutíferas. Gosto de uma paisagem, mas gosto de me sentar de costas para ela.

Na infância e na juventude, levei a existência bem-educada de minha classe e sexo. Tive algumas aventuras intelectuais nesse período, mas muito tranquilas. Quando tinha 19 anos, era grande admiradora de Henry James. Sentia que *The Awkward Age* daria uma peça de teatro muito especial e escrevi para Henry James sugerindo que eu fizesse a dramatização. Recebi dele uma carta deliciosa sobre o assunto e, depois, quando senti minha inadequação, fiquei vermelha de vergonha comigo mesma e não guardei a carta.

Mantendo a existência bem-educada de sua classe e tipo, a jovem Miss Toklas conheceu um conterrâneo, também de São Francisco, que tinha acabado de chegar de Paris com "três pequenas pinturas de Matisse, as primeiras três coisas modernas a cruzarem o Atlântico". No mesmo espírito, ela decidiu visitar Paris e lá inevitavelmente conheceu Gertrude Stein.

Fiquei impressionada com o broche de coral que ela usava e com sua voz. Posso dizer que só três vezes na vida encontrei gênios e a cada vez um sino tocou dentro de mim e não estava errada, e posso dizer que em cada caso foi antes do reconhecimento geral da qualidade de gênio neles. Os três gênios de que quero falar são Gertrude Stein, Pablo Picasso e Alfred Whitehead. [...] Em nenhum dos três casos me enganei. E foi assim que começou uma vida nova cheia para mim.

Essa seção de abertura de *A autobiografia*, chamada "Antes de eu vir para Paris", consiste em apenas duas páginas e meia, enquanto o capítulo seguinte, "Gertrude Stein antes de vir a Paris", chega a quase 20. Como o livro leva a assinatura de Gertrude Stein, a hipótese geral sempre foi de que Miss Stein estivesse escrevendo sua própria autobiografia, com uma técnica que vários críticos descreveram, dependendo de sua hostilidade em relação à obra da autora, como sendo cômica no melhor dos casos e, no pior, pouco confiável. Trinta anos depois da publicação de *A autobiografia*, por exemplo, uma importante obra de referência chamada *The Reader's Encyclopedia of American Literature* se refere de forma ríspida a Miss Toklas como "enfermeira, secretária, cozinheira, confidente de Miss Stein e, em seus últimos anos, suposta autora de *A autobiografia de Alice B. Toklas*, na verdade um livro de Gertrude Stein sobre Gertrude Stein".

Só comecei a ler *A autobiografia de Alice B. Toklas* depois de conhecer Miss Toklas, e concordei com a opinião geral de que o livro não é um sinal da megalomania de Miss Stein, mas de seu subestimado talento para a comédia. Assim, fiquei espantado, em uma das muitas noites sentado no sofá de crina de cavalo, ao lado da bandeja com o decantador de Armagnac, ao ouvir Miss Toklas contar uma das muitas histórias anti-Hemingway – dessa vez, era sobre Hemingway descrevendo o próprio talento como uma chama que precisava ser reduzida, reduzida até explodir – e ver que ela estava citando quase ao pé da letra uma passagem do livro que tinha sido escrito cerca de duas décadas antes. Então comecei a perceber, na medida em que fui conhecendo-a melhor, não apenas que a sua própria

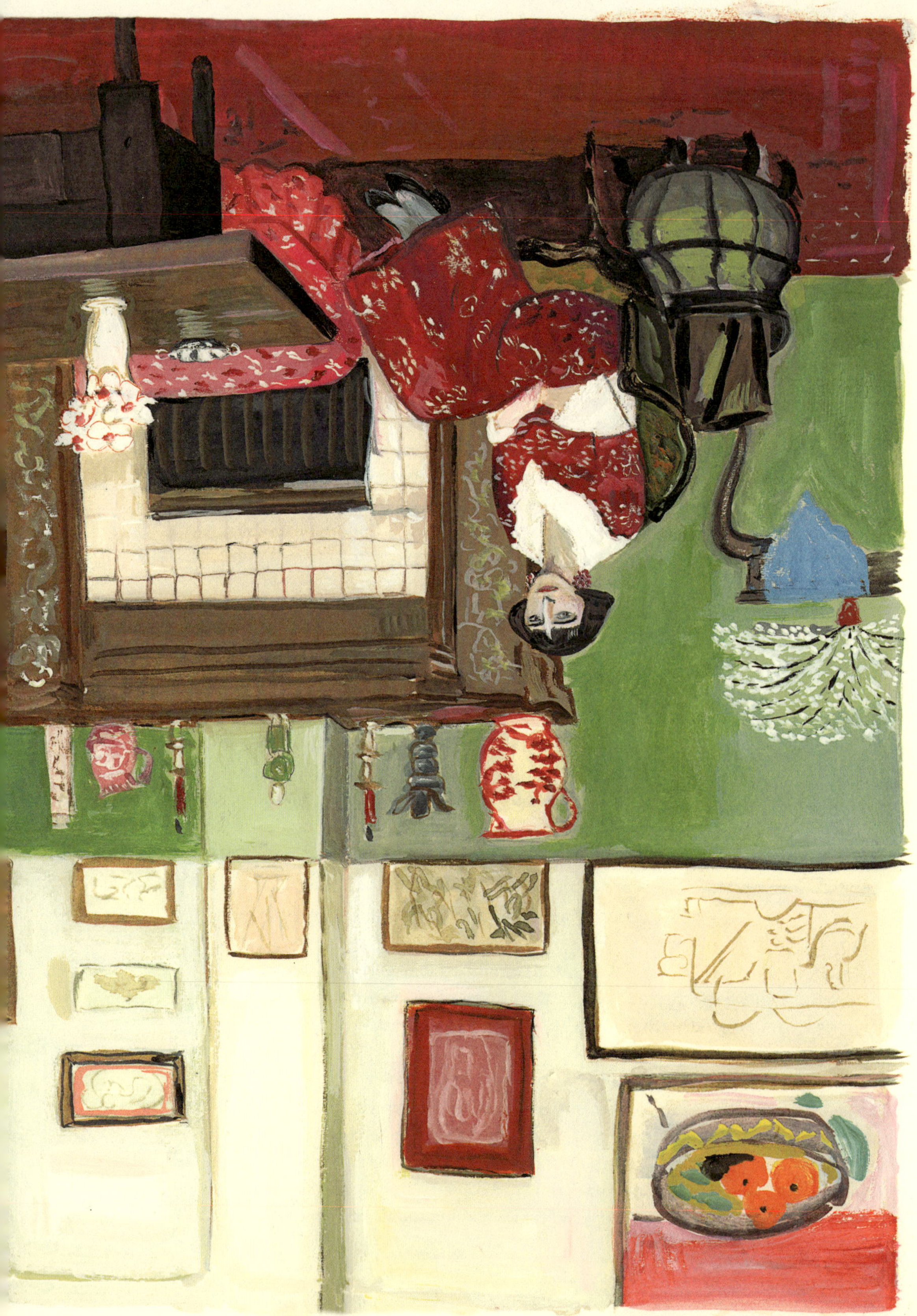

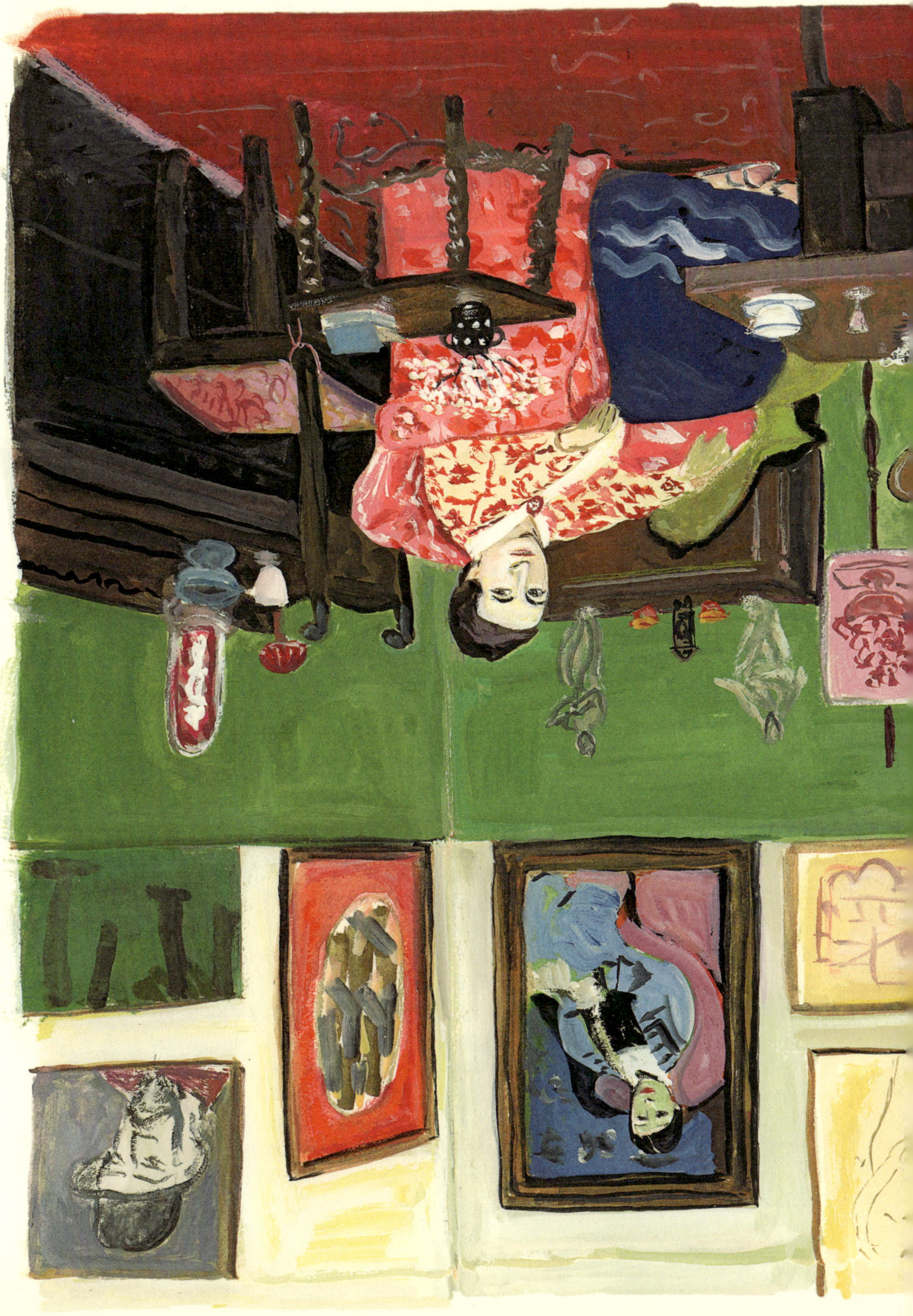

autobiografia traria inevitavelmente tanto material sobre Gertrude Stein quanto sobre ela própria, mas também que todas aquelas histórias maliciosas e todos os julgamentos mordazes não eram de Gertrude Stein, mas da própria Miss Toklas.

A relação com Hemingway é especialmente interessante. Ele é apresentado aos 23 anos como tendo "um ar bem estrangeiro, com apaixonado interesse, e olhos muito interessantes. Ele sentou na frente de Gertrude Stein, escutou e olhou." É retratado tanto como bajulador quanto como jovem indefeso. Miss Toklas foi madrinha de seu primeiro filho, e sobre o assunto ela diz: "Bordei uma cadeirinha e tricotei uma roupinha alegre para o afilhado. Nesse meio-tempo, o pai do afilhado estava trabalhando com muito empenho para se tornar escritor." Parece que foi Hemingway quem conseguiu que Ford Madox Ford publicasse um capítulo de *The Making of Americans* em sua revista, *Transatlantic*, e Hemingway se juntou a Miss Toklas para copiar o manuscrito para publicação. Miss Stein "se lembrava com gratidão" de tudo o que Hemingway tinha feito nesse caso, e dizia "é claro que eu tenho um fraco por Hemingway", mas por outro lado Miss Toklas desconfiava de Hemingway. "Nunca soube qual é a história, mas sempre tive certeza de que havia alguma outra história por trás disso tudo. É isso que eu sinto a respeito." Em seguida, prosseguiu dizendo a coisa mais indelicada de todas ao declarar que Gertrude Stein e Sherwood Anderson se "divertiam horrores" falando sobre o jovem que ambos consideravam como discípulo.

> Eles admitiam que Hemingway era covarde. [...] Mas que livro não seria, os dois concordavam, um livro que contasse a verdadeira história de Hemingway, não as que ele escreve, mas as confissões do verdadeiro Ernest Hemingway. [...] E então os dois concordavam que tinham um fraco por Hemingway porque ele era tão bom aluno. Ele é péssimo aluno, protestei.

Miss Toklas nunca mudou de ideia.

> Não me volte de braços dados com Hemingway, eu dizia para ela quando ela saía para passear. Mas é claro que um dia ela voltou com ele. Os dois se sentaram e conversaram por um longo tempo. Por fim ouvi quando ela disse, Hemingway, afinal de contas você é 90% rotariano. Ele disse, não dá para deixar por 80%. Não, ela disse, lamentando, não dá.

—

A publicação de *A autobiografia* em 1933 provocou, compreensivelmente, um estardalhaço. *Transition*, a revista literária dos expatriados, publicou um número especial para a defesa das muitas personalidades eminentes que se consideraram difamadas no livro. Matisse, por exemplo, reclamou amargurado das alegações de que ele tinha pintado retratos de sua esposa com cara de cavalo.

A esposa, ele declarou, não tinha cara de cavalo. Braque foi ainda mais veemente. Escreveu: "Miss Stein não entende nada do que acontece ao redor dela". Outro colaborador, que ficou chateado por ter sido retratado em estado de embriaguez, reclamou: "Éramos todos jovens na época e não tínhamos consciência de possíveis efeitos a longo prazo de nossas ações. Não estou zangado, mas acho que Gertrude Stein foi longe demais ao tornar públicas todas essas histórias." Quem ficou mais chateado, como era de esperar, foi Ernest Hemingway, que usou seu livro seguinte, *Verdes colinas da África*, para negar que Gertrude Stein tivesse ensinado qualquer coisa a ele e para acusá-la de tudo, desde incompetência até egomania.

O que nenhum desses críticos pareceu ter percebido foi que *A autobiografia* era exatamente o que dizia ser. Ela diz na última página:

> Eu sou muito boa dona de casa, muito boa jardineira, muito boa bordadeira, muito boa secretária, muito boa editora, muito boa veterinária para cachorros e tenho de fazer tudo isso ao mesmo tempo, acho difícil, além disso, ser uma escritora muito boa. Cerca de seis semanas atrás Gertrude Stein disse, me parece que você não vai nunca escrever esta autobiografia. Sabe o que eu vou fazer? Vou escrever para você. Vou escrever com a mesma simplicidade com que Defoe fez a autobiografia de *Robinson Crusoé*. E ela escreveu e aqui está.

É um final engraçado, mas é também uma declaração de fatos. *A autobiografia* não é uma versão bonitinha da autobiografia de Gertrude Stein, mas literalmente os julgamentos, os pontos de vista, a linguagem, o tom e o modo de pensar da própria Alice B. Toklas. E como tal, ou seja, como recriação da personalidade de outra pessoa, não é apenas o melhor trabalho de Miss Stein, como também uma pequena obra-prima deste século. Mas eu não estava ali por esse motivo. Tinha lido pouquíssimas coisas de Gertrude Stein e não tinha gostado do que li. Comecei a ler uma história como *As a Wife Has a Cow* – *"Nearly all of it to be as a wife has a cow, a love story. All of it to be as a wife has a cow, all of it to be as a wife has a cow, a love story. As to be all of it as to be a wife as a wife has a cow, a love story, all of it as to be all of it as a wife all of it as to be as a wife has a cow a love story, all of it as a wife has a cow as a wife has a cow a love story"*[3] – e eu pude ver a cabeça dela trabalhando, lutando com uma teoria

---

3. "Quase tudo isso pra ser como uma esposa que tem uma vaca, uma história de amor. Tudo isso pra ser como uma esposa que tem uma vaca, tudo isso para ser como uma esposa que tem uma vaca, uma história de amor. Como ser tudo isso como uma esposa que tem uma vaca, uma história de amor, tudo isso como uma esposa que tem uma vaca como uma esposa que tem uma vaca uma história de amor." [N. da T.]

indomável, mas eu não estava interessado ou impressionado, nem pela teoria nem pelos resultados. E aquele assunto nunca vinha à tona. Estava subentendido que eu era um admirador respeitoso, senão não estaria ali, mas, como eu nunca perguntava nada sobre Gertrude Stein, ficou pressuposto que minha admiração respeitosa era mais uma questão de deferência do que de literatura.

Tal qual uma pessoa de 20 anos, eu estava interessado, sobretudo, em mim mesmo, então não falávamos de Stein, mas de mim: quem eu era e o que pensava e o que estava lendo e escrevendo. Foi mais ou menos naquela época que alguém inventou a teoria do testa alta/testa média/testa curta, e a revista *Life* publicou várias páginas com as tabelas contendo as preferências de gosto dos que têm a "testa alta" e dos que têm a "testa curta", em todas as coisas, da comida à música. De acordo com as tabelas, pelo que me lembro, os de testa alta ouviam Bach e os de testa curta comiam salada de repolho – as duas coisas pareciam aceitáveis, o jogo seria, aparentemente, não ser enquadrado em nenhuma categoria que pudesse ser associada com a espécie recém-nomeada: testa média. Uma noite perto da lareira, contei a Miss Toklas sobre esse novo jogo, enquanto Basket vagava insatisfeito como de costume, e ficamos tentando encontrar uma categorização definitiva para os escritores. Logo concordamos que Henry James era o escritor perfeito para os de testa alta, e não lembro quem selecionamos como o perfeito para os de testa média, mas nosso problema real era descobrir o escritor perfeito para os de testa curta. Era um problema, pois essa elegante senhora tinha apenas uma estante de livros – nem mesmo uma estante, na verdade, era um armário com algumas prateleiras – onde ela mantinha uma bela coleção branca da edição novaiorquina das obras reunidas de Henry James, e apenas uma prateleira com livros novos variados que as pessoas mandavam para ela, que ela lia ou não lia, e me dava ou jogava fora. "James M. Cain", sugeri, depois de pensar um pouco, mas não era uma solução. "Já ouvi falar", disse ela, "mas nunca li nada. O que ele escreveu?" "Oh, *thrillers*", disse, "mas *thrillers* bons. *Pacto de sangue. O destino bate à sua porta.*" "Não, não conheço." Pensando um pouco mais, sugeri o nome de alguém que era então considerado um jovem romancista bem-sucedido em termos de vendas: "Gore Vidal". A resposta era quase a mesma: "Quem?". Estava quase desistindo, mas Miss Toklas também estava à procura de um nome para o perfeito escritor dos testa curta. "Já sei", ela disse, afinal, sorridente. "É o homem perfeito." "Quem?", perguntei. Triunfante, ela disse: "Osbert Sitwell".

—

Os dois, a velha senhora e o jovem rapaz, jogavam todos os tipos de jogos, jogos de salão, jogos de poder, flertes, intrigas. Ter 20 anos é ser ambicioso, enérgico, desatento e desprovido quase por completo de caridade ou compaixão ou senso comum; ter 71 anos é ser um sobrevivente, às vezes tão limitado e autocentrado quanto qualquer jovem, mas às vezes perspicaz e divertido, capaz de um afeto desinteressado que ninguém de 20 anos pode entender. Ter 20 anos é querer muito ter sucesso e estar pronto para lutar por ele; ter 71 é observar as outras pessoas lutando. Miss Toklas queria me ajudar. Ela me convidou para um chá com Carl van Vechten e depois com Thornton Wilder, e eu ouvi este último expor um plano extraordinário para escrever um livro inteiro sobre uma página do *Finnegans Wake*, de Joyce, mas àquela altura eu já tinha deixado para trás minha fase de "colecionar monumentos" e não tinha nada a dizer para aqueles nobres senhores, e nem eles a mim. Mas Miss Toklas era muito prática, então me apresentou ao agente literário de Gertrude Stein em Londres, um figurão com um bigode magnífico chamado David Higham, e ele se encarregou (sem sucesso, como acabou acontecendo) de vender meus vários romances na Inglaterra. Miss Toklas também entendia que a publicidade era importante e conseguiu marcar um encontro com um correspondente em Paris do *New York Times*. Não causei uma boa impressão nele, nem ele em mim, mas eu tinha acabado de escrever uma crítica feroz de Thomas Mann – sobre quem eu pouco sabia, embora me provocasse fortes emoções – em uma nova revista, chamada *Zero*, e, como os editores novaiorquinos de meia-idade são cronicamente obcecados pelo que pensam os jovens, esse me pareceu um assunto óbvio para tratar com um correspondente do *Times*. Ele escreveu:

> Foi a revista *Zero* que publicou há pouco uma resenha massacrante de *Doutor Fausto* feita por um *romancistazinho* americano (com quatro romances não publicados), de 22 anos, residente em Paris, chamado Otto Friedrich. A teoria de Thomas Mann da grande arte, escreve Friedrich, "como uma doença levada pelo demônio, é uma teoria completamente estranha a quase todos os praticantes reais da grande arte".

É raro os escritores ficarem contentes, claro, e eles nunca ficam contentes com as coisas que escrevem a respeito deles. Mas por qual motivo o jornalista precisou fazer aquele comentário sobre meus romances não publicados? Não seria um insulto ser chamado de *romancistazinho*? Por que disse que eu tinha 22 quando mal tinha completado 20? Não seria possível para o *New York Times* ter mais precisão nas informações? Além do mais, nenhum escritor é imune à intoxicação da publicidade e à visão de seu nome impresso. Sob qual critério razoável estava eu autorizado a dizer alguma coisa sobre Thomas Mann? E sob qual critério razoável minha ladainha merecia ser mencionada no *New York Times*?

As lembranças dos escritores tendem a ser literárias, um relato rancoroso das próprias conquistas honrosas e das desonras dos inimigos, mas os escritores também são humanos, e meu maior problema na primavera de 1950 foi uma forte dor de dente. Perguntei à Miss Toklas se ela tinha uma indicação de um bom dentista e ela disse que sim. Duas irmãs que tinham um consultório no bulevar Montparnasse. "Tente marcar com aquela que tem uma boa

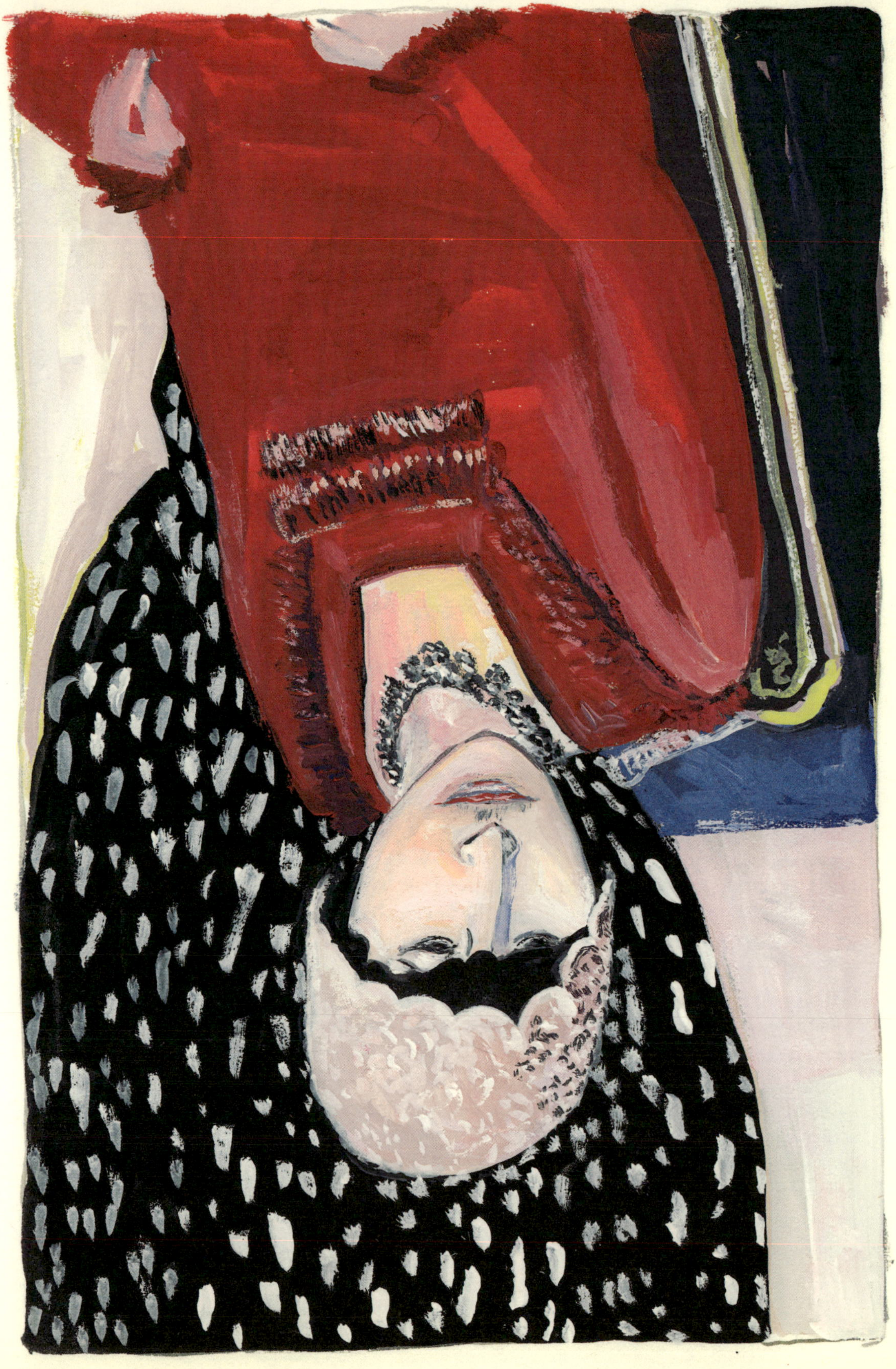

aparência", e acrescentou, "porque ela é também a melhor. A outra é boa, mas não é tão boa."

"Não posso marcar com a melhor pelo nome?"

"Não, elas não deixam", ela disse. "Além do mais, não consigo lembrar quem é quem. Elas usam apenas as iniciais do nome e as iniciais são quase idênticas, algo como E.B. e E.H."

"Mas como poderei dizer qual delas eu quero?"

"Bom, você vai saber", ela disse animada. "Você vai saber assim que vir as duas."

Na manhã seguinte, telefonei para o consultório das irmãs e marquei uma consulta para aquela tarde. Fui recebido por uma senhora pequena e encurvada que me levou até a cadeira de dentista e começou a examinar seus instrumentos. Sempre detestei ir ao dentista, e um dos primeiros resultados de ter saído de casa foi que parei de ir. Agora estava sentado ali e me contorcia cada vez que a pinça encostava em um dente. "*Oh, qu'il est nerveux!*" [Nossa, você está nervoso!], a senhora me repreendia toda vez que eu estremecia. "Por que está tão nervoso, *Monsieur*?" Não podia dizer a ela que estava na verdade me perguntando qual era a aparência da outra irmã, então disse apenas que eu tinha medo de dentista. "*Ça se voit*" [Dá para ver], ela respondeu gentil, enfiando mais ainda o instrumento na minha boca. Depois de ter analisado meu problema, ela se desculpou e saiu por uns instantes, voltando com uma senhora imponente, com uma exuberante cabeleira branca. "Minha irmã", disse a senhora que tinha uma curva nas costas e eu percebi, como Miss Toklas disse que aconteceria, que estava nas mãos da irmã errada. A que tinha uma boa aparência também analisou minha boca e eu estava vagamente torcendo para que ela assumisse o problema, diante da gravidade do caso, mas então as duas recuaram e deram o veredicto. O dente teria de ser arrancado, mas elas não faziam extrações. Seria preciso muita força. Para esse procedimento, elas chamavam o irmão, que morava no campo e era forte. Mas que sorte a minha. O irmão estaria na cidade no dia seguinte e elas poderiam pedir ajuda a ele.

Aceitei a prescrição para tomar comprimidos Veganine, para a dor, e voltei no dia seguinte para a consulta com o irmão. Ele era um homem de porte pesado, com o rosto avermelhado e áspero e um corte de cabelo militar. "*Très mauvais*" [Está péssimo], disse ele, levantando meu lábio superior e aplicando a primeira dose de novocaína. Depois, enquanto esperávamos fazer efeito, ele me contou seu problema. Ele odiava odontologia. Tinha tido uma ampla prática na *rue de la* Paix, mas não conseguiu suportar. A odontologia é um tédio, os mesmos problemas todos os dias. Ele era artista, disse, e não dentista. Tinha se mudado para o interior para poder pintar. Está vendo ali? Tinha pintado dois quadros que estavam na parede, um era uma paisagem, o outro uma casa de campo. Os dois eram, à maneira impressionista, confusos, feitos em feias cores pastel. Eu não os achava bonitos? Sim, claro que eram bonitos, disse, esperando minha mandíbula ficar dormente, passando a língua pela boca, imaginando se este pintor de paisagem tinha colocado a agulha no lugar certo, sim, muito bonitos. E aqui, veja esta. Ele deu um passo na direção de outra parede, tirou do prego uma pintura grande e a levou até a cadeira de dentista. "Esses são meus dois pastores-alemães", ele disse orgulhoso. Os dois animais imensos, disformes por incompetência de seu criador, me encaravam com um ar ameaçador. "Muito bom", eu disse, "muito bonito."

"*Eh bien*", o pintor afinal anunciou o momento decisivo, segurando o alicate em formato de garra. Ter um dente extraído é uma operação desagradável, desagradável especialmente pelo ruído seco de uma coisa sendo torcida, mas na verdade não dói, e eu fiquei muito surpreso por ter terminado tão rápido quando o dentista exclamou: "*Voilà!*" e, triunfante, segurou o objeto ensanguentado enquanto suas irmãs elogiavam sua força e maestria. Elas disseram para eu ir a um café tomar dois conhaques, depois apertaram minha mão, desejaram que eu ficasse bem e me despacharam confuso para o trânsito impetuoso do bulevar Montparnasse. Naquele momento, me senti bem para ir outra vez visitar Miss Toklas, contei a história para ela como sendo uma história engraçada e ela disse rindo: "Bom, pelo menos acabou, graças aos Deuses".

—

Tive outros afazeres naquele inverno e na primavera. Tinha terminado meu romance sobre o campo de concentração, *Dies Irae*, e começado o outro. Era para ser o quarto romance da tetralogia sobre a Alemanha, a história de amor; na ocasião a chamei de *Lilacs Out of the Dead Land*. Graças às boas relações de Jimmy Baldwin, que na época era um jovem romancista fascinante e praticamente desconhecido, consegui uma agente literária, Helen Strauss, que começou a mandar meus originais para vários editores, mas ela e eles concordavam que eu estava escrevendo muito e rápido demais. As pessoas em Paris me diziam o mesmo. Até mesmo Miss Toklas estava menos entusiasmada com *Dies Irae* do que com o livro anterior. Lionel Abel, dramaturgo e crítico que na época morava em Paris, defendeu com veemência que *Dies Irae* não era melhor que o anterior, mas muito pior, e disse que boa parte do livro deveria ser jogada fora e que apenas um capítulo deveria ser publicado. Com a ajuda dele, transformei o capítulo em uma novela sobre um guarda de um campo de concentração e a enviei para Nova York, mais um texto que se juntava aos muitos originais circulando. Acontece que eu gostava de escrever muito e depressa. Certa vez, como uma espécie de jogo, tive uma ideia à noite e comecei a escrever à meia-noite. Na meia-noite seguinte, tinha pronta uma coletânea de 120 páginas e cerca de 25 contos, que também enviei para Nova York.

No meio disso tudo, conheci Priscilla Boughton, com quem eu estava determinado a me casar, e fui atrás dela em Nova York para convencê-la a fazer isso.

Ela não se convenceu facilmente e, como eu tinha limitado a viagem a seis semanas, passamos seis semanas discutindo. Durante essas mesmas seis semanas, conheci afinal Miss Strauss, e as engrenagens da edição foram por fim postas em funcionamento. Meus vários romances estavam todos na editora Little, Brown, em Boston, que, embora tivesse dúvidas sobre todos eles, assinou um contrato para o livro novo, que seria uma história de amor, e me deu um modesto adiantamento. Miss Strauss também conseguiu para mim um adiantamento da revista *Life* para eu ir a Roma escrever um perfil de Santayana. E James Laughlin aceitou a novela sobre o guarda de um campo de concentração para a sua antologia anual, *New Directions*. Além disso, Priscilla concordou em vir a Paris para se casar comigo em abril. E, por fim, copiei à máquina um capítulo de um romance que ela estava escrevendo e enviei a Helen Strauss, que conseguiu um contrato com a Dial Press. Logo depois do meu aniversário de 21 anos, em fevereiro de 1950, voltei de barco para a França. Não consegui terminar a tetralogia no prazo, como tinha dito a Miss Toklas, mas fora isso tudo parecia estar indo bem. Eu tinha um trabalho bastante regular traduzindo roteiros de filmes do francês para o inglês; e o adiantamento da *Life* daria para pagar a lua de mel em Roma depois do casamento em abril. Mostrei a Miss Toklas algumas fotografias de Priscilla e ela expressou sua admiração. "Que ótimo", disse, "ela parece ser muito civilizada."

—

Três meses depois de ter voltado a Paris, quase tudo com que eu contava deu errado. Durante minha ausência, o pessoal do cinema tinha achado outros tradutores que podiam fazer o trabalho tão bem e por preços mais em conta, assim não me passaram mais nada. A *Life* recusou o artigo sobre Santayana. Corri com o romance para a Little, Brown, já que o contrato dizia que haveria outros pagamentos quando o original fosse entregue, mas agora eles tinham adiado essa decisão. Procurei por empregos em Paris, mas não consegui nada. O dinheiro foi ficando escasso até que acabou. Peguei emprestado 100 dólares com amigos relutantes e, sem me despedir de ninguém, sem levar nada além de uma mala e uma máquina de escrever, fugi com Priscilla em busca de algum emprego na Alemanha. Encontramos um quarto de hotel barato em Frankfurt, dando vista para um monte de escombros, e nos acostumamos a viver com uma dose diária de dez cigarros e duas refeições de pão, queijo e tomate. Era possível encontrar trabalhos para fazer, para o exército ou para as autoridades da Ocupação na Alemanha da Alta Comissão Aliada, mas eles exigiam a apresentação de um "certificado de segurança", e os responsáveis pelo certificado de segurança estavam tão ocupados naqueles anos da guerra da Coreia que levavam três meses para certificar qualquer pessoa de qualquer coisa. Depois de mais ou menos duas semanas de fome crescente, por fim encontrei um trabalho tão modesto que não precisava ter nenhum certificado de segurança. E também era tão modesto que eu não estava "autorizado" a ter uma esposa e, por isso, tivemos de nos mudar do hotel e buscar abrigo em um lugar menos oficial, em um quarto na casa de uma viúva alemã, e eu percorria o longo caminho até o trabalho de bicicleta, indo pelas ruas de paralelepípedo de uma cidade que tinha sofrido um pesado bombardeio, chamada Darmstadt. Foi só então que consegui escrever para Miss Toklas e contar a ela que fim eu tinha levado. Por 60 dólares semanais, agora trabalhava como revisor da seção de esportes do jornal *The Stars and Stripes*.

"Enfim, você explicou seu silêncio", ela me respondeu de uma cidade perto de Burges, onde estava passando o verão.

> Que alívio saber que vocês dois estão bem. A esta altura você terá recebido meu cartão contando que Rinehart deseja ter notícias suas. Felizmente você ficou em Paris o bastante para ser considerado um escritor por lá. [...] Me diga se posso fazer alguma coisa para ajudar. Desejo o melhor para você e para os romances. *Chaude poignée de patte de Basket* [um carinhoso aperto de patas de Basket].

A carta dela me deixou meio confuso, até que alguém me mandou a capa da seção de livros dominical do *New York Times* de 6 de agosto e ali vi um ensaio chamado "Eles que vieram a Paris para escrever", de Alice B. Toklas. Até onde sabia, era a primeira coisa que ela tinha escrito para ser publicada e era bem a cara dela, uma memória em tom de conversa e devaneio sobre Sherwood Anderson e Scott Fitzgerald, Pound e Eliot. Adiante no texto ela dizia:

> Entre os jovens escritores americanos que estão em Paris hoje, há aqueles que foram à guerra e carregam consigo suas declarações de direitos e estão escrevendo seus segundos romances e tendo aulas de civilização francesa na Sorbonne, que, ao fim do ano, vai lhes dar um certificado de presença. Há, por outro lado, os acadêmicos, que são mais sérios e estão escrevendo vários tomos para a sua tese de doutorado. Há também um rapaz bem jovem chamado Otto Friedrich que agora está escrevendo seu quarto romance e que pode vir a ser um importante escritor no futuro.

É claro que fiquei muito lisonjeado, que honra para um revisor da seção de esportes, que vivia de marcar maiúsculas e vírgulas nas matérias da Associated Press sobre o Philadelphia Phillies, receber um cumprimento de tal magnitude no *New York Times*. Acho que Miss Toklas também estava satisfeita e se divertiu vendo como a indústria da publicidade tentava abocanhar atenção. Ela tinha, afinal, acompanhado de perto os longos anos em que Gertrude Stein lutou para conseguir publicar seus primeiros livros, por qualquer editor e a qualquer preço. Agora Rinehart tinha escrito para ela para perguntar onde estavam aqueles quatro romances de Friedrich, e também a Knopf, e a Harcourt Brace, e pouco depois ela contou:

Desta vez, é a Random House que anda atrás de você. Uma carta de ninguém menos que Bennett pedindo seu endereço, e eu o aconselhei que "contratasse" você. E enviei seu endereço. Pedi desculpas por estar dando um conselho, mas disse que me surpreenderia muito se você não fosse em frente cumprindo com o esperado. Uma breve notinha biográfica de sua precocidade passada, sua criatividade e talento. [...] Com o carinho de sempre.

Foi agradável experimentar todo esse interesse súbito, mas acho que veio um pouco tarde demais. Eu já tinha começado a desistir das apostas de "jovem escritor promissor". A Little, Brown tinha afinal decidido comprar a história de amor, cujo título troquei para *The Poor in Spirit*, e eles mandaram o restante dos adiantamentos, que eu gastei comprando um carro usado cheio de problemas, de 1938, feito por uma companhia de trem chamada Hanomag, e assim consegui vender minha bicicleta antes de o inverno chegar. Mas na editora disseram que ninguém conseguiu entender o fim do romance e queriam que o livro fosse reescrito, coisa que eu não tinha tempo para fazer. Estava ocupado tentando escrever um novo romance chamado *Child of Scorn*, sobre um estudante de Harvard que comete um assassinato aleatório e nunca é descoberto, pois um assassinato aleatório seria quase impossível de descobrir e porque um estudante de Harvard nunca seria suspeito. Mas tudo o que tinha escrito até aquele momento era ruim. Eu sabia que era ruim ainda que continuasse escrevendo obstinado. Alguma coisa tinha dado errado em Paris, naquele curto período de três meses enquanto o grandioso devaneio dourado escorria pelos meus dedos e desaparecia bem na minha frente. Por falta de coragem ou simples instinto de sobrevivência, eu tinha percebido depressa que não conseguiria e, como alguém pendurado num imenso penhasco que de repente começa a despencar, tinha dado um salto para salvar minha vida. Eu tinha sobrevivido, mas é horrível fracassar, de repente e de forma tão dura. É horrível ter de mudar de um país para outro, como um refugiado, e mais ainda quando isso significa fugir de um país que você ama para um país que você odeia. É horrível, como refugiado, ter de trocar um trabalho que você gosta por um que você despreza. Mas lá estava eu em Darmstadt, e estava sendo pago para escrever manchetes que diziam coisas como "Phils abocanhou Cubs, 2-0". Também estava sendo pago para cobrir os campeonatos locais entre os vários times de militares. Quando o verão virou outono e o Heidelberg Hawks venceu a Série Mundial dos soldados, eu estava escrevendo matérias que começavam assim: "O campeonato muito disputado da 1ª Inf Div Conference finalmente será decidido neste domingo no Campo dos Soldados em Nürnberg, quando o 16º Inf Rangers e o 18º Inf Vanguards lutarão em uma partida eliminatória que vai fechar a temporada deste ano na rivalidade entre os dois times".

A única coisa boa que aconteceu foi que Priscilla ficou grávida. Ela estava decidida a ter um menino e, por motivos que nunca entendi, queria dar a ele o nome de Inigo. "Gostei da sua carta e das notícias", Miss Toklas me escreveu de Paris.

> Você e Priscilla devem estar muito felizes. Inigo ou Inogine dependendo do que for. Nos próximos dias, vou receber um pouco de lã para fazer uma manta de crochê, você deve se lembrar que essa é uma das atividades que faço à noite. As lãs são brancas, mas se Priscilla quiser uma borda colorida talvez possa me dizer qual cor prefere. [...] O que aconteceu com Little, Brown que justifique o comportamento deles com você? Não basta a desculpa esfarrapada da Coreia? Será que isso justifica os maus modos?

Miss Toklas ficou intrigada com o nome, Inigo, em parte porque o único homem que já tinha nascido com esse nome tinha sido Inigo Jones, arquiteto inglês do século 17, de quem Ben Jonson tinha dito: "Sempre que vejo um vilão, chamo de Inigo". Ela escreveu:

> No dicionário de Bennett Cerf, deparei com a possibilidade de Inigo ser Ignatius, então perguntei a Max White – talvez você se lembre dele ou não, mas ele se lembra de você com prazer – e que é a única pessoa aqui agora que conhece bem a Espanha – Ele diz que Inigo é a forma basca de dizer Ignatius – O que Priscilla acha disso – E agora preciso saber como é que o único outro Inigo de que já ouvi falar vai ganhar este nome – Será que ele teve uma avó basca ou a mãe dele, Priscilla, simplesmente gosta do nome? O cobertor do bebê não deve ficar pronto para março, mas diga a Priscilla que vai recebê-lo a tempo.

Ainda queria chamar meu filho de Max, e concordamos que pelo menos o nome do meio seria esse. "Max é um nome esplêndido e vai muito bem com Inigo...", Miss Toklas escreveu.

> Mas e se for uma menina? O resultado de uma negligência criminosa como a que estão fazendo produziu uma Billie-Anne. Não sei se já sabem que na França o pai precisa registrar o bebê no máximo 24 horas depois do nascimento na sede da prefeitura mais próxima e assinar o nome do bebê. Você não poderá chamar uma menina de Nancy por ser este o nome de uma cidade.

Chegamos a falar em ir até Chamonix para ter o bebê lá, assim ele não passaria pela desgraça de ter de nascer na Alemanha, mas não tínhamos dinheiro e o bebê estava demorando, e tudo estava tão incerto, e Miss Toklas escreveu ansiosa da Riviera:

> Você pode me considerar um pouco velha e preocupada. Mas Priscilla e você estão exagerando um pouco com essa tranquilidade de pais modernos – um pouco mais de determinação e acho que Inigo já estaria entre nós há mais tempo. É claro que

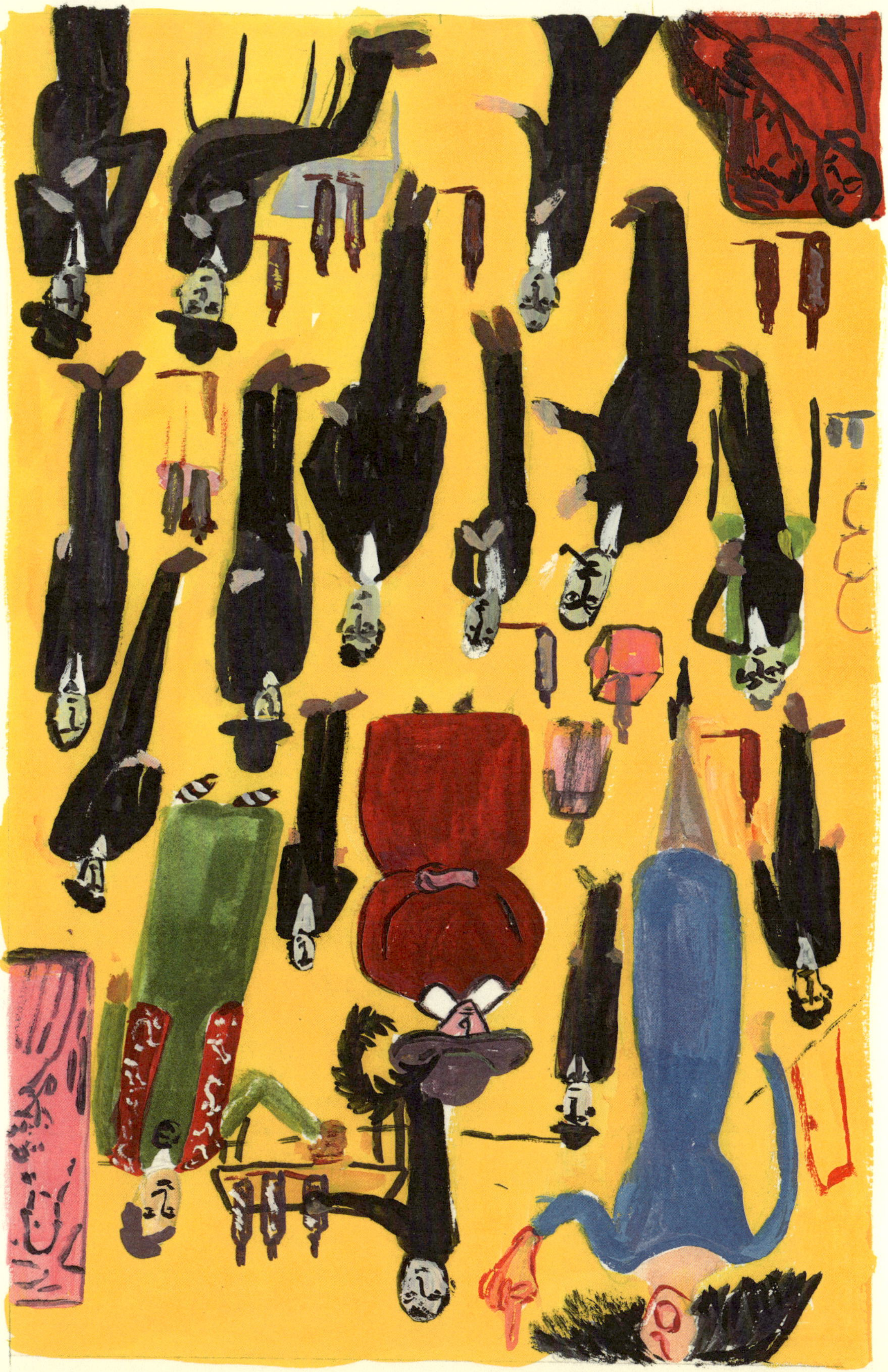

agora ele pode ter chegado alegremente já há alguns dias, pois o correio é lento e já faz uma semana desde que me instalei aqui com amigos em uma casa antiga nesta ainda mais antiga cidadezinha nas montanhas em cima de Cannes. [...] Você faz bem em evitar os jornais americanos. O país não pode ser tão estúpido como eles fingem ser – é provável que sejam bastante solenes, mas certamente não tão estúpidos. Será que você leu sobre a investigação diária de general MacArthur feita pelo senado – era cheia de detalhes, como o antigo Registro do Congresso que me deixava fascinada quando eu era nova. [...] Os comunistas chineses são muito mais animados do que isso. Basket está pedindo para sair – então vou deixar esta carta no correio. Me mande boas notícias logo. Felicidades para vocês.

Finalmente o bebê nasceu depois de mais de 24 horas de trabalho de parto e sono e mais trabalho de parto durante o qual tocamos a ópera *O rapto do Serralho* do começo ao fim e eu li *No caminho de Swann* inteiro, que é todo o Proust que eu já li ou que gostaria de ler, e, é claro, era uma menina, a quem demos o nome de Liesel. Contei tudo a Miss Toklas, que me respondeu animada:

Se ninguém falou nada ainda – que alívio a chegada de Liesel – acompanhada de Mozart e Proust – estou certa de que um vai equilibrar a influência do outro – foi – não perca seu tempo pensando que não foi o maior *soulagement* [alívio] de todos, e, embora tivesse a maior confiança de que Priscilla conseguiria, fiquei muito nervosa – a gente fica se perguntando, será que ela vai conseguir? Bom, nada além do que já se deseja ou se espera de alguém. Sem dúvida, a filha está agora sentada escrevendo e perguntando por um bom livro. Será que ela precisa de alguma coisa ou vocês querem alguma coisa para ela que não seja possível conseguir por aí? Me avisa se tem alguma coisa que eu possa mandar para você.

Ela seguia adiante, falando de Paris e Gide e de uma adaptação francesa de *A volta do parafuso* e de um editor americano que lhe desagradava, mas ela não esqueceu o que era essencial entre nós dois. "Quando vai sair seu livro? Já tem data marcada? Você gostaria que eu fizesse alguma coisa sobre o assunto? Gostaria de me dizer o que você gostaria de falar a eles? Não hesite em dizer, a não ser que você esteja em um grande estado de confusão mental."

O que tinha acontecido foi que eu finalmente tinha aceitado fazer a revisão que me pediram de *The Poor in Spirit*, e a nova versão tinha sido aceita para publicação em uma data inespecífica. Nesse meio-tempo, o editor da seção de esportes tinha saído, e o novo editor era um tirano que me detestava tanto quanto eu o detestava. Em três dias, nós dois concordamos que eu deveria mudar para a editoria de notícias gerais. Para marcar vírgulas nos textos que não fossem de esportes, era preciso ter um certificado de segurança, então oficialmente ainda tive de ficar no departamento de esportes até que os detetives do governo confirmassem as referências que eu tinha dado a eles; uma delas era

Miss Toklas. "Você fez bem em usar meu nome como referência para qualquer coisa que esses insensatos possam estar investigando", ela escreveu.

> Lamento, mas ninguém apareceu para ouvir as minhas recomendações, teria sido um prazer poder dizer todas as coisas que há para dizer sobre as suas opiniões políticas e vida privada – da qual, é claro, nada sei, e ligo menos ainda –, ao longo da declaração eu poderia dar minhas impressões e avaliações sobre você e isso poderia ajudar na investigação, mas a pessoa encarregada não veio. É tarde demais para esperar que alguém apareça.

Ela também enviou um cobertor branco de crochê feito com tanto esmero que serviu para enrolar a bebê. E no prazo previsto consegui o certificado de segurança, e agora, em vez de revisar tabelas com os pontos, eu revisava as iniciais do meio dos nomes das pessoas. Era uma regra de revisão do *Stars and Stripes*: o nome de todos os oficiais em cada história deveria ser verificado no catálogo volumoso e marrom do exército, incluindo a inicial do nome do meio. Quanto ao romance, *Child of Scorn*, tinha desistido dele depois de 100 páginas, e enviei o original para Nova York só para ver o que os editores diriam. Depois de um tempo razoável para pensar bem, o editor-chefe da Little, Brown escreveu para a minha agente, Helen Strauss, dizendo que o original era tão ruim que um editor mais cínico poderia considerá-lo como uma "bomba" – em outras palavras, alguma coisa escrita só com o propósito de ser rejeitado –, mas ele considerava tanto Miss Strauss quanto eu pessoas honradas para entrar em joguinhos desse tipo, e por isso preferiria tratar o assunto como se o original nunca tivesse sido enviado. Miss Strauss me encaminhou a mensagem dele e disse que ela também tinha achado o texto bem ruim. Escrevi de volta dizendo que concordava e que ela podia jogar o original no lixo.

—

Depois de um ano e meio trabalhando no *Stars and Stripes*, recebi um telefonema de um amigo que tinha conseguido escapar da seção de esportes para ir trabalhar na United Press em Paris e me contou que havia uma vaga aberta na United Press de Londres. Isso significava uma redução no salário de 90 para 85 dólares por semana, mas ele achou que podia me interessar. Assim que pude, peguei um avião para Londres, aceitei o emprego por 75 dólares a semana, voei de volta para a Alemanha, pedi demissão do *Stars and Stripes*, vendi o velho Hanomag, e lá fomos nós, minha esposa grávida e minha bebê de um ano, em um trem, e depois um barco, para a Inglaterra. A United Press era um lugar estranho mas interessante, onde o critério de qualidade jornalística era se você ficava sabendo das notícias um minuto antes ou um minuto depois que a Associated Press.

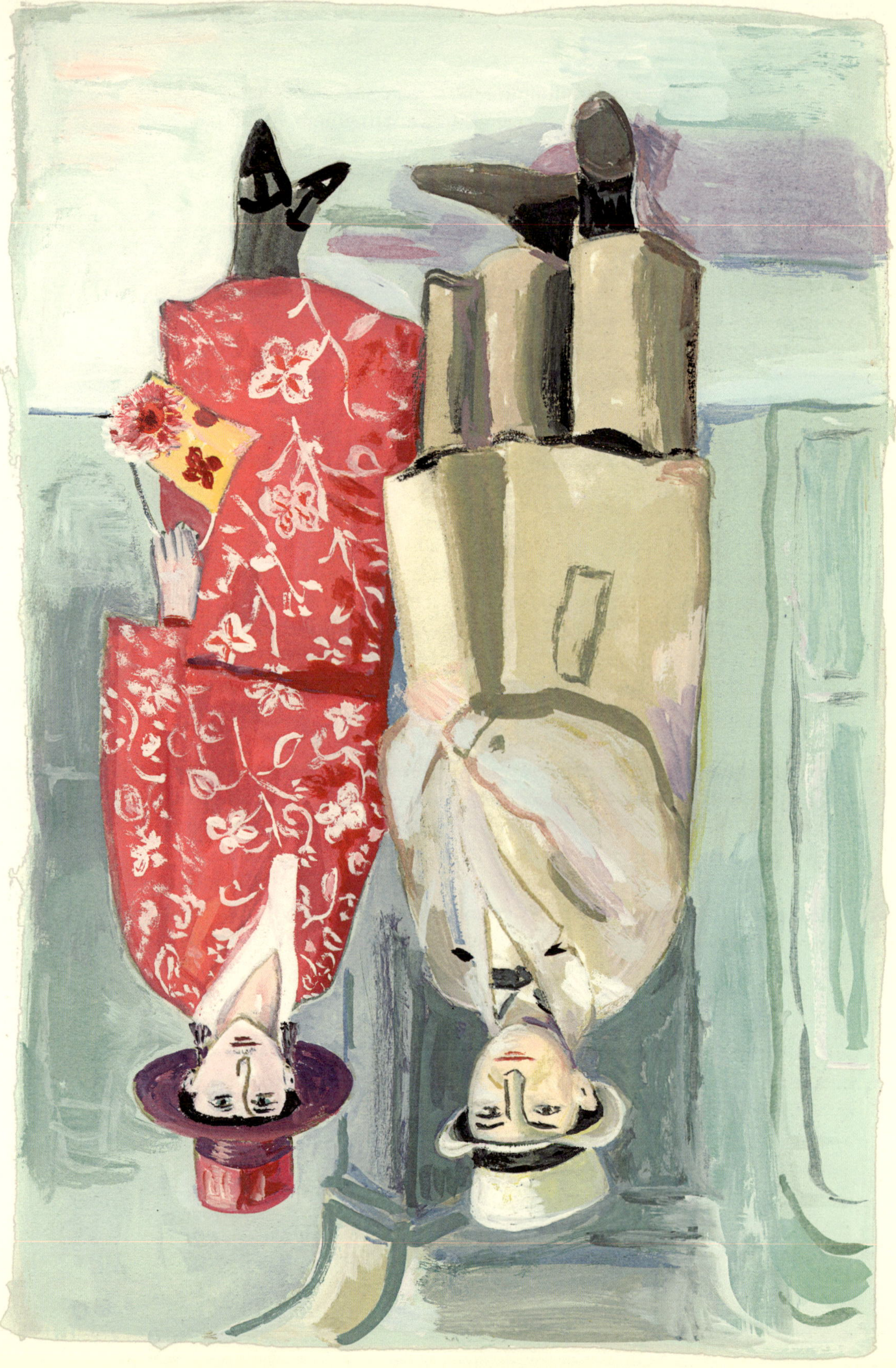

Assim que cheguei a Londres, o rei George morreu e a nova rainha Elizabeth voltou de uma expedição de caça no Quênia direto para sua coroação – e nosso repórter escreveu uma descrição completa do evento um dia antes de ele acontecer, matéria que ficou na redação com o aviso: "Aguardando liberação". No dia da coroação, nossos repórteres ficaram espalhados pelo caminho acompanhando o cortejo sem conseguir chegar a nenhum telefone, e o presidente da United Press assistiu a tudo da janela do Claridge's Hotel, mas o diretor da sucursal ficou sentado ao lado da televisão gritando *flashes* que atualizavam periodicamente os lides que tinham sido enviados no dia anterior. Até onde sei, ninguém que de fato viu a coroação contribuiu para as matérias que descreveram o evento nos mais vívidos detalhes.

Foram esses também os dias que precederam a publicação do meu livro *The Poor in Spirit*. Tudo corria conforme a lei de Murphy: "Tudo o que pode dar errado vai dar errado". Depois das discussões iniciais sobre a revisão, houve reviravoltas internas na Little, Brown. O editor-chefe desapareceu e eu recebi um documento misterioso, impresso em um papel muito chique, declarando com todas as letras ao público geral que a Little, Brown era uma empresa editorial distinta e que nunca tinha estado sob influências esquerdistas. E, especificamente sobre o livro, recebi um telegrama desvairado perguntando o que eu tinha feito com as provas tipográficas, dizendo que a publicação seria adiada se elas não fossem devolvidas dentro de 48 horas. Eu já havia mandado as provas de volta para a gráfica, como combinado, mas pelo visto elas tinham se perdido. Quando finalmente chegou a data planejada, maio de 1952, recebi um telegrama de felicitações do editor, gesto muito gentil da parte dele, mas foi só isso que aconteceu. Meu "primeiro romance" estava afinal saindo, acontecimento que eu estava esperando havia quase cinco anos, mas o que quer que estivesse acontecendo estava acontecendo muito longe de mim. Em Londres naquele dia, o sol nasceu como sempre, não ouvi o som de trombetas angelicais e trabalhei meu turno em meio aos barulhos dos teletipos da United Press.

A única pessoa que fez soar uma trombeta foi Miss Toklas, que me mandou uma carta cheia de exageros, indo além de qualquer expectativa, mesmo do jovem escritor mais egoísta de todos.

> Deixe-me dizer de uma vez por todas – *Félicitations, monsieur.* Tiro meu chapéu para você. Definitivamente, você é aquele escritor importante que as previsões anunciaram, e mais do que isso, pois *The Poor in Spirit* marca o início da segunda metade do século. [...] Ele tem uma rebeldia discreta, como a de Juan Gris. O que posso dizer além disso? Obrigada por ter escrito este livro.

Fiquei muito lisonjeado, é claro, mas as resenhas impressas que foram saindo pouco a pouco eram bem menos entusiasmadas. A *New Yorker* chamou o livro de "sensível, cuidadoso, generoso e em muitos momentos inteligente", mas também de "fraco" e longo demais. A resenha, perdida no meio de uma miscelânea de outras notas curtas, dizia tudo o que precisava dizer em 13 linhas. O *New York Times* saudava o livro da seguinte forma: "Ele escreve muito bem, cria uma tensão, e em alguns momentos sugere uma gestação moral de Camus", mas seguia dizendo que era "material para um conto que foi estendido até virar um romance". E o *Times* limitou seus comentários a quatro parágrafos curtos. O *Saturday Review* não gostou do romance e, até onde sei, o *Herald Tribune*, a *Time* e a *Newsweek* nunca fizeram menção a ele. Assim, ele já nascia morto. Os números das vendas correspondiam ao clima de funeral. De acordo com meu último e desacreditado relatório de prestação de contas da Little, Brown, eu tinha recebido um adiantamento de $1.000,00 e o livro vendeu $95,94, resultando naquilo que os contadores chamam de "débito" de $904,06. Acho que significa que menos de 300 exemplares foram vendidos. É normal os escritores culparem seus editores por esses desastres, alegando que uma publicidade agressiva poderia gerar vendas melhores. Mas eu fiquei mais consternado e envergonhado do que raivoso; consternado porque decepcionei todo mundo, porque todos consideraram meu livro de segunda categoria, porque eu considerei que estava em uma situação delicada com a editora, com a minha agente e com todo mundo que tinha demonstrado alguma confiança em mim. Até hoje, nunca o reli.

Todos os dias, pegava o metrô até a Fleet Street e dedicava minhas horas de trabalho à United Press, e a única pessoa que não aceitava ficar desanimada com meu fracasso era Miss Toklas. Em uma carta enviada de Sevilha, depois de uma breve visita ao historiador Bernard Faÿ, ela ofereceu o apoio de um não especialista:

> Antes de vir para a Espanha, passei três dias felizes na companhia de Bernard. Levei seu romance para presenteá-lo. Ele se lembra bem de quando você era criança com seu pai e da felicidade do seu pai com você. Não tinha mais ouvido falar dele desde um encontro há muito tempo, mas mando notícias assim que ele me escrever para falar sobre seu livro, que aliás acabo de reler na viagem e no qual não encontrei nada para revisar depois da primeira leitura. [...] É uma tristeza ele não ter causado um grande alvoroço. O único consolo é que isso prova não apenas a diferença do seu livro, mas também a originalidade dele, estes que são dois fantasmas de seus compatriotas. Não seriam esses escritores tão prósperos, mas também tão estúpidos justamente por serem tão iguais? Espero que você esteja tentando publicar o outro livro – seja onde for. E não fique muito ansioso, é o que peço a você. A coisa importante agora é ter seus livros publicados, e não viver deles ainda.

Era justo o que eu estava tentando, claro. Nessa época, tudo o que eu tinha escrito antes de *The Poor in Spirit* tinha sido jogado fora, mas logo que cheguei a Londres comecei a escrever um romance chamado *The Summer Soldiers*, que era sobre o *Stars and Stripes* e o modo como as notícias eram distorcidas e editadas para se adequarem aos ditames da propaganda da Guerra Fria – e também sobre a corrupção interna que contaminava todas as pessoas envolvidas nessa propaganda. O estranho era que, mesmo depois de cinco romances acabados e dois inacabados, era a primeira vez que eu escrevia, agora que eu tinha um pouco mais de experiência, sobre algum assunto que eu dominava. Infelizmente, eu detestava tal assunto, e os pareceristas das editoras logo começaram a mandar seus comentários sobre o livro dizendo coisas como "senhor Friedrich é talentoso, porém despreza seu tema" e "este romance é interessante, mas não há nenhum personagem que cative o leitor". E desse modo, lendo os pareceres, e aceitando-os, comecei a planejar um livro que foi pensado como um contra-ataque, seria um livro de crítica literária com ensaios que explicariam por que eu escrevia dessa forma, por que os romances não precisavam de personagens cativantes, por que os romances poderiam e deveriam ser escritos sob o signo do ódio, por que, em suma, na minha opinião os dois mais importantes acontecimentos do século 20 tinham sido Auschwitz e Hiroshima, por que muitos romances tinham antecipado esses dois desastres e por que qualquer romance escrito depois deles deveria ser escrito sob a sua influência. O livro se chamava, desde o princípio, *The Dark Tradition*.

A United Press, porém, julgava todo mundo minuto a minuto. Certo dia, em julho de 1953, o vice-presidente da divisão europeia da agência foi a Londres em busca de alguém para o escritório em Paris. Ele me chamou em sua sala, me fez perguntas em um francês capenga e decidiu que eu deveria ir. Com uma mulher grávida e agora dois bebês, embarquei em um trem e depois em um barco. De início, foi maravilhoso voltar a Paris, de onde eu tinha fugido. Tinha fugido de lá sem um centavo, mas agora tinha um emprego e um patrão e um salário pequeno, mas fixo. Além disso, era o dia da Bastilha, e, da varanda do segundo andar do hotel onde a United Press tinha nos instalado, podíamos ver os músicos tocando no cruzamento do bulevar Montparnasse com o Raspail – as duas avenidas estavam fechadas, as pessoas podiam dançar nas ruas debaixo das pequenas luzes penduradas para a festa. Logo deixamos os bebês com uma camareira, descemos e ficamos vagando pelo bairro, ouvindo os músicos a cada esquina e sentindo que toda a cidade era nossa outra vez, parecia que tínhamos voltado e reconquistado o nosso lugar nela.

Mas a Paris de 1950 tinha desaparecido para sempre, e a Paris de 1953 era bem diferente, porque a cidade onde se mora sozinho é bem diferente da cidade onde se tem um emprego e três filhos. Era inevitável. A cidade em que, à noitinha, eu podia andar algumas quadras até o apartamento de Miss Toklas para tomar um Armagnac com meu novo romance debaixo do braço era bem diferente da cidade em que eu era convidado para almoçar. Nos três anos desde que tinha conhecido Miss Toklas, e desde então ficamos bastante próximos, nunca tinha sido convidado para uma refeição. Fui convidado para drinques, para um chá, e até mesmo, numa ocasião, para sobremesa – um delicioso *crème de marrons* que estava sendo servido quando cheguei. Depois de muita negociação sobre o melhor dia e hora, finalmente fomos levados – ainda era Gabrielle que cuidava da recepção – para a conhecida sala. Miss Toklas estava encantadora como sempre, alegre, perspicaz e agitada com os preparativos para o almoço. Ela parecia feliz em me ver, e eu estava feliz em vê-la, e feliz em levar Priscilla para esse encontro, e falamos sobre Paris e sobre livros e sobre a alegria de estarmos juntos outra vez. Falamos de Ivy Compton-Burnett, que Priscilla e Miss Toklas admiravam. Miss Toklas gostava da história de Miss Compton-Burnett reclamando: "Não entendo por que não sou uma *best-seller*, afinal não escrevo sobre os temas escandalosos que todo mundo adora – adultério, incesto, fraude?". Quando morávamos em Londres, tinha convencido minha mulher a adotar minha tática tradicional e pedir uma entrevista a Miss Compton-Burnett. Mas Miss Compton-Burnett tinha sido bem menos hospitaleira que Miss Toklas. E parecia acreditar em várias teorias bizarras, dizendo a certa altura: "Eu sei, é claro, que os químicos produzem toda a comida que vocês americanos consomem". Priscilla saiu de lá confusa, e agora a história do encontro divertia Miss Toklas. Mas nossa amiga estava mesmo preocupada com o almoço. Prestava atenção em Priscilla, olhava para o vazio e vigiava ansiosa a porta da sala de jantar até decidir que era o momento de servir. Então ela nos conduziu pelas portas altas e nos fez sentar em duas cadeiras altas de espaldar alto em torno de uma mesa de jantar espanhola escura e igualmente alta, rodeada por diversas pinturas gigantescas de *sir* Francis Rose. Enquanto isso, ela correu até a cozinha para ver o que estava acontecendo.

Três anos antes eu me sentia desprezado por não ser convidado para jantar por Miss Toklas, mas retrospectivamente o convite que nunca veio parecia uma honra, sinal de que ela e eu tínhamos assuntos mais importantes que não poderiam ser tratados à mesa. Pois agora que tínhamos sido honrados com um convite para o almoço, Priscilla e eu estávamos sentados sozinhos, esperando, olhando um para o outro, encarando os quadros desagradáveis e imaginando o que poderia ter acontecido com Miss Toklas. Depois de mais ou menos dez minutos na cozinha, ela entrou correndo, seguida por Gabrielle, carregando pratinhos com uma entrada de camarões. Começamos a comer, Miss Toklas fez algumas perguntas e, antes que tivesse terminado o próprio camarão, ela já estava na cozinha outra vez, nos deixando de novo a contemplar as obras de *sir* Francis Rose. Então voltou com o frango, seguida por Gabrielle com um prato de abobrinha. Miss Toklas enfiou um enorme garfo no frango e começou a serrar uma das coxas. Por um instante, Gabrielle ficou em pé observando, preocupada, até deixar o prato de abobrinhas na mesa e voltar para a cozinha. Miss Toklas sabia o que estava fazendo, mas era tão pequena que mal conseguia alcançar o bicho por cima da mesa alta, parecia um toureiro se lançando sobre sua presa. Quando terminou de servir as três porções, desapareceu outra vez e ficamos em silêncio por alguns minutos até ela voltar com o molho de laranja. E mais perguntas aleatórias, elogios ao molho, conversas sobre o novo romance, e então Miss Toklas escapuliu de novo de sua cadeira alta e foi supervisionar a sobremesa, uma receita complicada de creme de ovos. A sobremesa estava deliciosa, mas foi um alívio chegar ao fim daquela luta, e da refeição, já com o café servido na sala de estar, e a conversa voltou a acontecer naturalmente como na época das longas noites que só envolviam um ritual simples em torno de uma garrafa de Armagnac.

Paris com três filhos, um salário de 85 dólares e seis dias de trabalho por semana logo se mostrou intolerável. O terceiro filho, Nicholas, nasceu lá e foi levado do hospital para casa para dormir numa mala forrada com casacos de *cashmere* até encontrarmos enfim um apartamento perto de Trocadéro, onde o aluguel era mais caro do que podíamos pagar, os vizinhos reclamavam do barulho e chegamos a uma espécie de beco sem saída. No meu único dia de folga, trabalhava no capítulo sobre Henry Adams do meu livro *The Dark Tradition*, mas, ao escrever sobre a análise dele de Chartres, eu não tinha condições de ir até a cidade, que ficava a cerca de 80 quilômetros de Paris. E ao me juntar aos trabalhadores que se aglomeravam no metrô às sete da manhã indo para os escritórios parisienses, seis dias por semana, para trabalhar oito ou nove horas escrevendo matérias sobre a guerra no Vietnã, rebeliões no Marrocos, greves de vinicultores da Borgonha, novos desfiles de moda e alguma crise na sede da Otan, ou seja, nada que eu entendesse, me interessasse ou quisesse, de repente tive uma sensação de olhar para mim de fora, como se reconhecesse no espelho um rosto estranho, cheio de rugas, percebendo que não era para isso que tinha ido para a Europa, não era o que eu queria. Bastou um telefonema cheio de insultos do editor da United Press, criticando a matéria que eu tinha acabado de escrever por ser idiota e mal realizada – "não é para isso que estamos te pagando" – e mais uma queixa à polícia dos nossos vizinhos que odiavam barulho, e que me obrigou a ir pessoalmente à delegacia, para me convencer a desistir da Europa, único lugar em que eu tinha gostado de viver, e voltar para casa. Fiz minha última pauta, a cobertura da eleição presidencial em Versalhes, e então pedi demissão. "A vida", escreveu Fitzgerald em *A derrocada*, "era qualquer coisa que podia ser dominada se você valesse alguma coisa." É uma doutrina infantil, mas quase todos nós somos crianças, e acredito nisso com tanta intensidade como ele, e agora tinha de enfrentar o fato de que, por duas vezes em três anos, fora derrotado pela cidade de Paris, pela ideia de morar em Paris e escrever. Ainda tive de pedir ajuda aos meus pais e à família de Priscilla para a passagem de navio de volta para Nova York. Deveria ter ido ver Alice Toklas antes de ir embora. Deveria ter ido à *rue* Christine para uma última visita e um último Armagnac, e contado a ela que estava indo embora e ter dito por que eu estava indo embora e também que levaria muitos anos até que pudesse vê-la outra vez. Mas não lembro ter feito nada disso.

Era 1954, e os anos começaram a passar com uma velocidade cada vez maior. De volta a Nova York no meio de uma recessão, tentei empregos em quase 100 lugares – primeiro, em lugares respeitáveis, como no *Times* e no *Herald Tribune*, depois na *Time* e na *Newsweek* e em uma nova revista conhecida como *Muscles*, que se tornou *Sports Illustrated*, depois em agências de publicidade e escritórios de relações públicas e no *Supermarket News* e na *Electronics* e em editoras de revistas em quadrinhos –, até que, num inesperado golpe de sorte, consegui um emprego como revisor no *Daily News* de Nova York. E, enquanto trabalhava lá, três anos se passaram e tive mais um filho. Agora tínhamos quatro crianças com menos de três anos, todas gritando e engatinhando numa pequena casa de campo na costa sul de Long Island. Trabalhei com afinco no *The Dark Tradition*, ainda tentando obsessivamente explicar às pessoas por que eu escrevia o tipo de romance que eu já não estava mais escrevendo. Terminei a parte sobre Melville em Londres, Henry Adams e Jonathan Edwards em Paris, e agora explicava Hemingway, Mark Twain e Ambrose Bierce. Também escrevi, em colaboração com a minha mulher, alguns livros infantis que tiveram um sucesso razoável, mas nesse momento estava comprometido sobretudo com a crítica literária, o que é um caminho quase certo para a falência. Com sorte, seis meses de trabalho resultariam em um cheque de 75 dólares. Enquanto isso, as compras do supermercado eram pagas com o cheque semanal de 134 dólares que recebia para escrever sobre os processos do dr. Sam Sheppard e os casamentos de Marilyn Monroe. Depois de três anos, fui trabalhar na *Newsweek* e fiz uma última tentativa de escrever um romance que, desta vez tinha certeza, seria um sucesso comercial. Era sobre um crime, um sequestro e sobre a responsabilidade de um jornal em desvendar a história antes de o bebê sequestrado ser resgatado. O livro foi recusado por oito editoras e até por dois agentes antes que eu resolvesse engavetá-lo. Quanto a *The Dark Tradition*, ainda estava lutando com ele, mas foi recusado por 18 editores. O que mais eu poderia contar a Miss Toklas além dessa série de derrotas e frustrações? De tempos em tempos, escrevia a ela, mas cada vez menos. "Me mande *boas* notícias", ela me disse ao terminar uma de suas cartas.

Os livros que estavam de fato saindo naqueles anos eram os da própria Miss Toklas. Em 1954, ela lançou *The Alice B. Toklas Cook Book*, uma ótima reunião de memórias e receitas, que ela definiu para o editor da Harper como sendo sua própria autobiografia – ou o mais próximo disso que ela esperava escrever. Em 1958, ela publicou um livro de culinária não tão original, *Aromas and Flavors of Past and Present*, com uma introdução e vários comentários de Poppy Cannon. Por fim, em 1963, saiu sua própria autobiografia, *What Is Remembered*. Curiosamente, ela começa quase com as mesmas palavras com que Gertrude Stein tinha começado *A autobiografia de Alice B. Toklas*: "Nasci e cresci na Califórnia, onde meu avô materno tinha sido um dos pioneiros antes de o estado se unir ao restante do país". Gertrude Stein aparece na página 23, e a partir daí

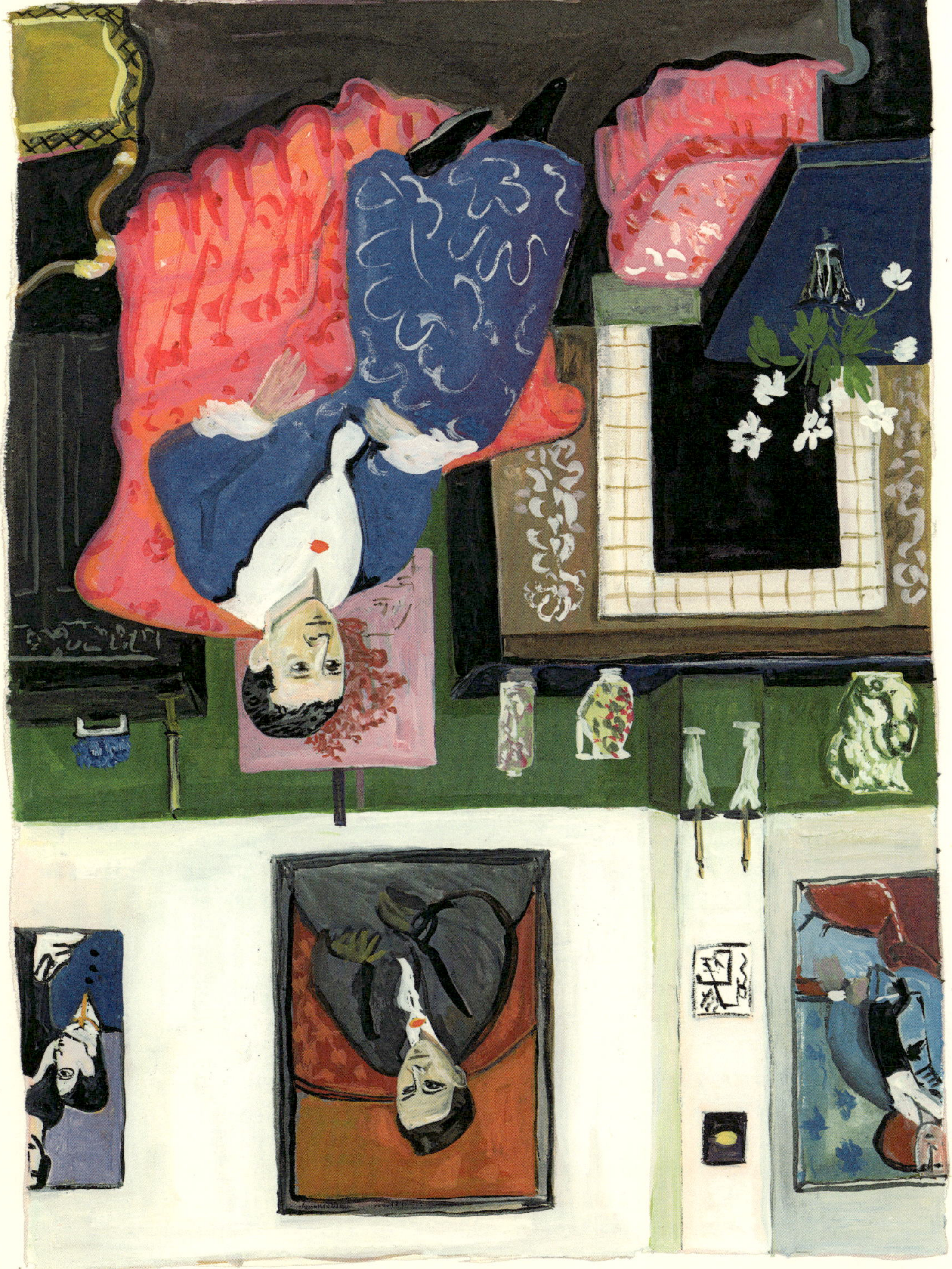

o padrão é bem parecido com o do outro livro. Mas há uma cena final inesquecível. Gertrude Stein está deitada em uma cama de hospital, tão perto da morte que quase todos os médicos se recusavam a operá-la. Um cirurgião, afinal, concorda em tentar.

> Nessa hora, Gertrude Stein se encontrava em um triste estado de angústia e indecisão. Sentei-me ao lado dela e, no começo da tarde, "qual é a resposta?". Fiquei em silêncio. Diante de meu silêncio, ela disse: "Então, qual é a pergunta?". O dia correu agitado, confuso e muito instável até que no fim da tarde eles a levaram numa maca para a sala de operações e eu nunca mais a vi.

Depois dos 80 anos, Miss Toklas entrou numa decadência lenta, relutante e inexorável. Ela ficava aborrecida, mas era estoica. "Estou escrevendo ao lado de uma lâmpada forte e coloco o papel a 20 centímetros dos meus olhos", contou numa carta enviada de Roma, onde estava passando, num convento, o inverno de 1960-1961. A letra estava maior e muito mais tremida do que costumava ser.

> Abri mão parcialmente do meu único luxo – fumar. É meu maior desgosto. *Schwamm Darüber.* Fora isso, a vida no convento é bastante agradável e Roma é uma cidade encantadora – os jardins, as igrejas e as lojas, os restaurantes e a culinária local – as ervilhas verdes do campo são inacreditáveis. E o sorvete não tem igual. Na Califórnia produzem em mais abundância, mas com menos delicadeza.

E outra vez naquele janeiro:

> Por conta do meu problema na vista, ficou dificílimo escrever – só consigo terminar graças à memória que tenho dos movimentos. Um bom oculista em Paris me disse que não tinha nada a fazer, mas que eu deveria aproveitar e fazer tudo que pudesse com o que ainda tinha. Agora chega. O inverno aqui está confortável e feliz. O convento é quente e as duas freiras reclusas que eu encontro são boas e gentis. O inverno romano, tal como você lembra, não está sendo frio este ano, mas com chuvas torrenciais. Além da vista falhando, uma artrite aguda torna difícil sair. [...] Muito obrigada pelo seu cartão com votos de felicidade. [Foi] útil como marcador quando ainda era possível ler.

A realidade era ainda mais séria do que ela deixava transparecer. Miss Toklas tinha sofrido uma queda feia, que a manteve acamada por um tempo, e sua audição, assim como a visão, estava muito prejudicada. Além disso, durante a longa convalescença em Roma, herdeiros distantes de Gertrude Stein, que ficariam com a coleção de arte depois da morte de Miss Toklas, entraram com uma ação judicial argumentando que sua ausência de Paris estava comprometendo as condições físicas das pinturas abandonadas. O Tribunal de la Seine determinou que toda a coleção, incluindo 22 obras de Picasso e sete de Juan Gris, fosse retirada do apartamento de Miss Toklas e guardada nos cofres da filial parisiense do Chase Manhattan.

Em janeiro de 1963, tive a chance de voltar à Europa pela primeira vez em nove anos. A viagem seria de apenas duas semanas, e eu ficaria somente quatro dias em Paris, mas escrevi a Miss Toklas para contar que estava indo e dizer que esperava poder visitá-la. A resposta dela me deixou com um mau pressentimento. Era um postal. Rabiscada na horizontal, no alto de uma das partes do cartão, estava uma mensagem praticamente indecifrável. Só consegui entender algumas palavras. Abaixo, outra pessoa tinha escrito uma mensagem dizendo que Miss Toklas queria me ver, e que ela achava que a visita lhe faria muito bem. Quando cheguei a Paris, telefonei e uma empregada atendeu. Miss Toklas estava dormindo, disse, mas tinha deixado um recado: se eu telefonasse, era para me convidar para um chá às três da tarde no dia seguinte.

A mesma empregada abriu a pesada porta e me levou pelo *hall* até a sala vazia. "Miss Toklas está descansando – todas as tardes ela dorme um pouco –, mas quer muito ver você", ela disse, fechando a porta atrás de si. A grande sala estava infinitamente sombria. Era um dia frio e cinzento de janeiro, e a luz que entrava pelas altas janelas deixava a sala acinzentada. A ausência de todos os conhecidos quadros que um dia tinham ocupado aquele lugar deixava as paredes nuas, marcadas de leve pelas linhas indicando a posição das obras. Estava frio e havia apenas um pequeno aquecedor elétrico com um leve brilho perto da lareira apagada.

Miss Toklas entrou devagar como sempre pelas altas portas brancas que ficavam na outra extremidade da sala. Ela se deteve por um momento, como se não pudesse reconhecer meus traços, e então perguntou: "Otto?". Em seguida, avançou com a mão esticada. Sentamo-nos nos lugares de sempre, ela na cadeira dela, eu no sofá, e tivemos as mesmas conversas sobre quanto tempo tinha passado e como parecíamos os mesmos. Mas ela – e, acho, tampouco eu – não parecia a mesma, tinha envelhecido muito nos dez anos que se passaram desde que a vira pela última vez. Na época ela já era muito idosa, mas tinha uma vivacidade de ferro. O modo como andava encurvada era apenas um de seus atributos curiosos, como a pele ressecada e a franja pintada. Mas agora os olhos um dia brilhantes estavam embaçados, a voz profunda, mais fraca, e as costas eram as de alguém sendo esmagado.

"Então, me conte as novidades. Você ainda está escrevendo?"

"Ah, pouco", dei de ombros. "O trabalho toma quase todo o meu tempo."

"Não escuto", ela disse. E eu repeti.

"Você desistiu?", ela perguntou.

"Não, não desisti. Apenas tem sido mais devagar. Lembra aquele romance sobre um sequestro, que eu escrevi há uns cinco anos? Acabei de reescrever tudo. Joguei fora as primeiras 50 páginas e comecei da página 51."

"Ótimo, e o que aconteceu com ele?"

"A mesma coisa que sempre acontece... Está sendo avaliado."

Depois ela começou a contar uma longa história sobre uma mesa que antes estava naquela sala e que não estava mais. Envolvia uma loja de conserto de móveis que ficava no bairro, a inépcia do carpinteiro para seguir as instruções, as desculpas que ele tinha lhe dado e a reprimenda de Miss Toklas.

"Mas me conte de você. Como está Priscilla? E as crianças?"

"Ah, estão bem. Liesel está na sexta série agora..."

"Quem? Desculpe, mas eu não escuto."

"Liesel, a mais velha", eu disse mais alto. "Ela está na sexta série. Está indo bem."

"Priscilla ainda está escrevendo?"

"Não, ela escreveu um romance há dois anos, mas não conseguiu editora, e depois veio o bebê..."

Então, outra história. Dessa vez tinha a ver com a papelada que a embaixada americana tinha pedido a ela e a quantidade de formulários a serem preenchidos e o absurdo e a irrelevância das perguntas que a embaixada sempre fazia.

"Mas escute", de repente ela se interrompeu. "Quero muito te ver outra vez. Vamos almoçar amanhã?"

Eu lamentei, mas realmente não podia. Estava em Paris só por mais dois dias. "Ah", lamentou ela. "Tem um ótimo lugar aqui na rua aonde vou de vez em quando. Não é nada chique, mas a comida é boa." Não posso, lamentei muito, mas simplesmente não podia mesmo. Não estava mentindo, eu realmente tinha marcado almoços nos dois dias que me restavam, mas também sabia que não queria almoçar com Miss Toklas. Muito tempo tinha passado e muita coisa tinha acontecido – ou, talvez, para ser mais preciso, muito pouco tinha acontecido –, e nós não éramos mais quem tínhamos sido, e a relação entre nós nunca mais poderia ser como havia sido. O fato era que a morte estava 14 anos mais próxima de nós dois, e dela ainda mais. Naquela sala cinzenta e vazia, a morte, invisível, rodeava Miss Toklas e, embora ela pudesse aceitar sua presença, como qualquer pessoa de 85 anos está destinada a fazer, não dava para simplesmente negá-la olhando para fora pela névoa ou esticando a mão para alguém. E eu, com uma necessidade incontrolável de escapar, só pude me desculpar de novo – mesmo sabendo que, pela primeira e última vez, eu a magoava, mesmo sabendo que ela sabia o que eu estava fazendo, repelindo a mão que pedia o socorro de um bote salva-vidas e dizendo, desculpe. Mesmo sabendo de tudo isso, nos despedimos, prometendo manter contato, e eu fui embora.

Decidi que escreveria a ela palavras alegres e carinhosas, não para explicar nada, só para dizer coisas agradáveis e poder transmitir uma sensação de que coisas melhores viriam. Durante um ano, fazia notas de tempos em tempos com as coisas que diria a ela em uma carta que escreveria no final de semana seguinte, ou nas férias seguintes, ou definitivamente antes do primeiro dia do mês seguinte. E ao longo do outro ano não fiz notas, mas ainda pensava no que queria escrever. Num dia de primavera de 1966, recebi um telefonema de um ex-correspondente do *New York Times* em Paris que conhecera no apartamento de Miss Toklas e que, 20 anos antes, tinha escrito aquela nota idiota sobre mim. Convidei-o para almoçar no Ratazzi, pequeno restaurante barulhento, mas muito bom, na East Forty-Eight Street. Não nos reconhecemos de imediato, mas foi um almoço agradável e falamos aleatoriamente sobre Paris e os velhos tempos e os amigos em comum. Ele ainda encontrava sempre com Alice Toklas, então a conversa voltou a ela várias vezes, e comecei a ficar incomodado com o modo como ele parecia supor que eu sabia de todos os recentes detalhes da vida dela. A certa altura, enfim, disse: "Lamento tanto não ter mantido o contato com ela. Há anos que não nos falamos."

"Sério?", ele perguntou.

"Sim, não escrevo a ela há uns três ou quatro anos."

"Olha só que curioso", ele disse. "Ela sempre fala de você como se tivesse acabado de receber notícias suas."

O obituário saiu no *New York Times* em 8 de março de 1967. "Alice B. Toklas, amiga de muitos anos de Gertrude Stein, que ao lado da escritora organizava um célebre salão literário, morreu hoje cedo. Ela tinha 89 anos e passou vários anos, adoentada." Miss Toklas tinha se convertido ao catolicismo nos últimos anos e o obituário encerrava dizendo: "Na sexta-feira, depois de uma missa de corpo presente na igreja romana católica de Saint Christophe, Miss Toklas será enterrada ao lado de Miss Stein no Cemitério Père-Lachaise".

—

Ao subir a avenida a caminho da outra extremidade do cemitério, a selva de castanheiras e heras começa a se dispersar, e passamos do século 19 para o 20. Então, há apenas alguns túmulos de pedra cinza. O século 20 é mais prático. Os túmulos modernos ficam junto ao chão, grandes placas de mármore, em sua maioria pretas, cada uma trazendo os nomes inscritos em dourado, com datas e cruzes, a 30 centímetros de distância do vizinho.

O túmulo de Edith Piaf é uma atração à parte, exatamente como tinha dito o guarda. Ele bate na altura da cintura, e no alto os admiradores da cantora instalaram placas para expressar sua devoção. "*Edith – nous avons prié pour toi à Lourdes*" [Edith, oramos por você em Lourdes], diz uma. "*Nous avons prié à Lisieux*" [Oramos em Lisieux], diz outra. Há sete placas no total, cada uma dando testemunho das orações feitas em um santuário. Entre as placas, vasos de flores, 15 ao todo, com cravos e narcisos já murchos.

A avenida de fora que contorna o cemitério, a *avenue* Circulaire, de onde se veem diversos prédios velhos, é ampla e aberta, adequada para cerimônias públicas.

Aqui ficam os frios monumentos institucionais dedicados aos homens franceses, judeus e gentios, que morreram nos campos de concentração nazistas. Um é dedicado a Buchenwald. Outro celebra os dez mil que morreram em Mauthausen. Há ainda outro que cita os 13 mil mortos em Neuengamme. Aqui também, bem perto, ficam os burocratas do comunismo francês. Maurice Thorez. Marcel Cachin. Um grande mausoléu parece reservado aos membros do Comitê Central Comunista. Três nomes listados, com espaços em branco para serem completados.

Enquanto subo o asfalto sob o sol de fim de tarde, está quente, e o mapa mostra que estou indo pelo caminho errado. Diz que eu deveria pegar a *avenue* Transversale até a *avenue* Greffulhe e depois ir até o ponto que a senhora da administração tinha marcado com um x. Sigo as instruções, mas no ponto marcado há túmulos e mais túmulos, mas não de celebridades. Os túmulos são baixos e alinhados, e sigo meu caminho subindo uma aleia e descendo na seguinte, lendo todos os nomes desconhecidos em cada pedra, como se estivesse fazendo o inventário de estoque num depósito. Tiro o casaco e continuo minha busca.

De repente, o túmulo está diante de mim. É uma lápide quadrada que diz: Gertrude Stein. Ao lado dela, há somente um pedaço de terra vazio. Não entendo. Olho em volta. Mais à frente, à esquerda, há uma pequena construção em pedra, talvez um depósito. E, então, a lápide quadrada que diz apenas Gertrude Stein e as datas e os lugares de nascimento e morte. Ao redor da lápide, a borda áspera de uma caixa de sebe, de mais ou menos 15 centímetros de altura. O túmulo mesmo é de terra, com um vasinho em cima contendo quatro rosas mortas. À direita, um túmulo grande e preto, brilhante, pertencente à família Douieb, que teve seu último representante enterrado aqui em 1964. Entre Gertrude Stein e a família Douieb, há apenas um pedaço de terra vazio, levemente alteado no centro, e dois ou três cacos de cerâmica quebrada e alguns caquinhos de vidro e um pedaço de tijolo, aquele tipo de entulho que sempre aparece quando a terra é cavada e depois coberta de novo. Algum dia, quem sabe em breve, uma lápide será colocada neste lugar com o nome de Alice B. Toklas gravado na pedra. Mas não precisarei voltar aqui para poder vê-la.

Jornalista e historiador de imaginação e estilo literários, **Otto Friedrich** (1929-1995) deixou uma obra variada que traduz a diversidade de seus interesses e sua insaciável curiosidade intelectual. É autor de *Cidade das redes – Hollywood nos anos 1940, Olympia – Paris no tempo dos impressionistas, Antes do dilúvio – Um retrato de Berlim nos anos 20, O fim do mundo* e da biografia *Glenn Gould: uma vida e variações* – os dois primeiros traduzidos pela Companhia das Letras, os demais pela Record. Este ensaio pessoal foi originalmente publicado na *Esquire* em janeiro de 1968 e dá título a *The Grave of Alice B. Toklas – And Other Reports from the Past*, coletânea de textos memorialísticos lançada em 1989 e inédita no Brasil. Tradução de **Marília Garcia**

Nascida em Tel Aviv e radicada em Nova York desde a infância, a ilustradora, designer, artista visual e escritora **Maira Kalman** (1949) é autora de mais de 30 livros e colaboradora frequente de veículos como *The New Yorker* e *The New York Times*. Os desenhos aqui reunidos são da edição ilustrada de *A autobiografia de Alice B. Toklas*, de Gertrude Stein, que Kalman publicou em 2020 pela Penguin. Seu fascínio pelas duas escritoras é tanto que, por ocasião do lançamento, ela se fantasiou de Toklas para gravar a leitura de trechos do livro. A ***serrote*** publicou desenhos de Kalman nas edições 5 e 8.

#38
julho 2021

IMS InstitutoMoreiraSalles

Walther Moreira Salles (1912-2001)
FUNDADOR

CONSELHO DE ADMINISTRAÇÃO
João Moreira Salles
PRESIDENTE
Fernando Roberto Moreira Salles
VICE-PRESIDENTE
Pedro Moreira Salles
Walther Moreira Salles Jr.
DIRETORES EXECUTIVOS

DIRETORIA EXECUTIVA
Marcelo Araujo
DIRETOR-GERAL
João Fernandes
DIRETOR ARTÍSTICO
Jânio Gomes
DIRETOR EXECUTIVO

serrote é uma publicação do Instituto Moreira Salles
que sai três vezes por ano: março, julho e novembro.

EDITOR **Paulo Roberto Pires**
DIRETOR DE ARTE **Daniel Trench**
EDITOR-ASSISTENTE **Guilherme Freitas**
COORDENAÇÃO EDITORIAL **Flávio Cintra do Amaral**
ASSISTENTE DE ARTE **Cristina Gu**
PRODUÇÃO GRÁFICA **Acássia Correia**
PREPARAÇÃO E REVISÃO DE TEXTOS **Ana Paula Martini,**
Flávio Cintra do Amaral, Huendel Viana, Juliana
Miasso, Julio Haddad, Luisa Destri e Nina Schipper
CHECAGEM **Luiza Miguez**
IMPRESSÃO E TRATAMENTO DE IMAGENS **Ipsis**

© Instituto Moreira Salles
Av. Paulista, 2439 / 6º andar
São Paulo SP Brasil 01311-936
tel. 11.3371.4455 fax 11.3371.4497
www.ims.com.br

Capa: Arjan Martins, *Sem título*, 2020
Folha de rosto: Thiago Honório, *Desenho*, 2012 (Foto: Edouard
Fraipont)

© Ynaê Lopes dos Santos; © Stephanie Borges; © Evandro
Cruz Silva; © Bruno Paes Manso; © Ilana Feldman; © Eloar
Guazzelli; © Otavio Leonidio; © Rafael Cardoso; © 2021 Coco
Fusco, publicado originalmente na *The New York Review of Books*;
© The Estate of Otto Friedrich, publicado sob permissão de
The Friedrich Agency.

Agradecimentos: Arjan Martins, Coco Fusco, Elaine Ramos,
galerias Alexander Gray e A Gentil Carioca, Ricardo Basbaum
e Thiago Honório.

As opiniões expressas nos artigos desta revista são de
responsabilidade exclusiva dos autores. Os originais
enviados sem solicitação da *serrote* não serão devolvidos.

ASSINATURAS 11.3971.4372 ou serrote@ims.com.br
www.revistaserrote.com.br